SUR|FACE

UNSER WOOG

Jetzt schon 444 Jahre Woog: Er ist ursprünglich nicht Natur, sondern von Menschenhand angelegt. Was einst von den Landgrafen Ludwig IV. und Georg I. künstlich geschaffen wurde und 1568 mit dem Woogsdamm seine Ersterwähnung erlebte, hat bis heute nichts von seiner magischen Anziehungskraft verloren. Im 17. Jahrhundert hat man an Darmstadts Stadt-Teich schon prunkvolle Hoffeste gefeiert. 1828 nutzte die Stadt den Woog erstmals als öffentliches Bad, seit 1935 ist er Stadtbad. Selbst Open Air-Klassikkonzerte, Feste oder Sport-Großveranstaltungen gehen hier über die Bühne. Im Frühling und Herbst zaubert der Woog seine Spiegelbilder – und: Wer einmal auf dem Woog Eislaufen war, will dieses Erlebnis nicht mehr missen. Der Woog ist in der kalten Jahreszeit ein Wintermärchen. Und erst im Sommer: Nicht umsonst gilt der Große Woog seit Generationen als „die alternative Badewanne" der Darmstädterinnen und Darmstädter. In heißen Sommern spendet er willkommene Abkühlung und ist Treffpunkt für Jung und Alt unserer urbanen Stadt. Der Woog bietet uns die unterschiedlichsten Perspektiven und Eindrücke, einige der interessantesten sind in diesem Buch von Natascha Braun zu sehen. Es dient uns als Erinnerung, aber auch als Anreiz, den Woog immer wieder selbst zu entdecken und zu genießen.

Jochen Partsch
**Oberbürgermeister der
Wissenschaftsstadt am Woog**

Ganz oben ist die Luft nicht dünn, sondern frisch

EDITION DARMSTADT. Band 5

DARMSTADT EN WOOG

444 Jahre Woog
Eine Hommage an Darmstadts grüne Mitte

Fotos **Natascha Braun** Text **Meike Heinigk**

Alle Rechte vorbehalten
© 2012 by Surface Book, Darmstadt

Herausgeber
Woogsfreunde – Bürgeraktion zum Schutz des Naturbadesees

Redaktion
Meike Heinigk

Fotos
Natascha Braun

Bildkomposition
Gerd Ohlhauser, www.surface-book.de

Bildbearbeitung
Lasertype GmbH, Darmstadt, www.lasertype24.de

Gestaltung, Layout und Satz
Natascha Braun, www.loewenherz-design.de

Umschlag
Gerd Ohlhauser/loewenherz-design, unter Verwendung zweier Fotos von Natascha Braun

Lektorat
Ursula Ott, Darmstadt

Schrift
ITC Officina

Gesamtherstellung
printmedia-solutions GmbH, Frankfurt, www.printmedia-solutions.de
ISBN 978-3-939855-30-9

Mitherausgeber Birgit Adler (FRIZZ – Das Magazin für Darmstadt) | René Antonoff | Jürgen Barth | Heiko Becker (Agentur für Mediendesign Lichtenberg) | Michael Beißwenger | Dr. Ariane Bentner | Dirk Bentlin | Hanno Benz | Imogen Blechschmitt | Christian Blümel | Bertheide + Helmut Böhme | Natascha Braun (Löwenherz Design) | Peter Buhlinger | Heinrich Dieckmann | Roland Dotzert | Hanno Durth (Kanzlei Kipper + Durth) | Ulli Emig | Reiner Engel | Hans Christian Ettengruber | Bernd E.R. Festner | Vera Fles-Schönegge | Wolfgang Frotscher (Frotscher Druck) | Elke Glenewinkel (Keller-Club) | Hans-Peter Gompf | Rosel Grassmann (Wilderness BodyPainting) | Annette Graumann | Marianne Henry-Perret + Klaus Rohmig (Restaurant Belleville/Jagdhofkeller Darmstadt) | Volker Hilarius | Thomas Hönscheid – von der Lancken | Frank Horneff | Ives Humeau (Darmstadt KulturStärken/Literaturinitiative Darmstadt) | Tommy Igiel | Matthias Itzel | Gabriele Jacobshagen | Klaus Janek | Rolf Kerger | Regina + Michael Krumb | Petra + Alexander Kaffenberger | Katja König | Dr. Bernd Kretschmann | Andreas Kroitzsch | Juliane Kroitzsch | Dr. Ingeborg + Dr. Hans Joachim Landzettel | Reinhard Launer (Fotoatelier Launer) | Lutz Lehning (Lindenmayer + Lehning) | Holger Lentzen (Focus-Immobilien) | Karin und Walter Löffler | Werner Mansholt | Sybille Markgraf | Hagen Mathy | Hans-Werner Mattis | Renate Meidinger | Hannes Metz | Dr. Peter Noller | Sabine Nothhaft (Gaststätte Gebhart) | Verena + Wolfgang Pankoke (P2-Pankoke Innenarchitektur) | Uwe Petry (Büro VAR) | Birgit Prasser | Uwe Prinzisky | Martin Rau (Fahrradstation Darmstadt) | Bastian Ripper | Ute Ritschel | Carla + Dr. Hans-Rolf Ropertz | Dr. Ellen Rössner | Sandra Russo (Darmstädter Kulturforum der Sozialdemokratie) | Klaus Ryczyrz (Buchheimer Käsespezialitäten) | Bernd Salm (Salm Imbissbetriebe) | Michael Schaefer | Dietrich Schäfer | Klaus Peter Schaumann + Hannah Eifler-Schaumann | Petra Schecker | Klaus Peter Schellhaas (Landrat des Landkreises Darmstadt-Dieburg) | Pia + Uwe Schlegel (Restaurant Goldschmidts Park) | Martina Schönebeck | Antje Schmidt | Hildegard Schmidt + Elke Wolf | Peter Schmidt | Ingolf Schulze (Schulze & Assoziierte Architekten) | Karl Richard Schütz | Armin Schwarm | Elke Schwinn (Café Carpe Diem) | Wolfgang Seeliger (Konzertchor Darmstadt/Darmstädter Residenzfestspiele) | Werner Seibel (Bezirksverein Martinsviertel) | Marco Single | Stadtbibliothek Darmstadt | Andreas Storm | Cem Tevetoglu (Stadtkulturmagazin P) | TPM Engineering Griesheim | Kirsten Uttendorf | Dr. Thomas Vogel | Ulla von Sierakowsky | Nicolas von Wilcke (Nexplan) | Rechtsanwälte Wackerbarth + Ochmann | Susanne Wagner | Sabine Welsch (Heimatverein Darmstädter Heiner) | Klaus Wiedenroth | Wissenschaftsstadt Darmstadt Marketing | Werner Worm (Kulturnachrichten) | Christian Zährl | Irene Zechner | Ilonka + Wolf-Dieter Zorn | Brigitte Zypries und 3 ungenannte Mitherausgeber. *Schreiben Sie Stadtgeschichte und werden Sie Mitherausgeber und Abonnent der EDITION DARMSTADT (Seite 308).* www.surface-book.de

Verschneite Eisoberfläche, Luftaufnahme von Nikolaus Heiss vom 28.1.2006

UNSER WOOG Jochen Partsch Oberbürgermeister der Wissenschaftsstadt am Woog ...Seite 2
DER BLUTROCK DES... Dr. Ralf Beil Direktor Institut Mathildenhöhe ...Seite 10
NICHT NUR FÜR HISTORIKER... Dr. Peter Engels Leiter Stadtarchiv Darmstadt ...Seite 12

EN VOGUE – EN WOOG ...Seite 15
DER WOOG, SO WIE ER IST ...Seite 16
DER WOOG UND DER STADTTEIL ...Seite 21
DER WOOG UND SEINE ENTSTEHUNGSGESCHICHTE ...Seite 25
DER WOOG UND DER SPORT ... Die ersten Badegäste ...Seite 26
Das Schlittschuhlaufen ...Seite 33
DER WOOG UND DIE BILDER VON EINST ...Seite 30
DER WOOG UND SEINE FREUNDE ...Seite 36
DER WOOG UND DIE ARCHITEKTUR ...Seite 41
DER WOOG UND DIE KULTUR Aktionen rund um den Badeteich ...Seite 44
DER WOOG UND SEINE ZUKUNFT ...Seite 53
DER WOOG fotografiert von Natascha Braun ...Seite 56
BILDLEGENDEN Die Kurzgeschichten zum Bild ...Seite 298
ANZEIGEN ...Seite 300
DER WOOG UND SEINE LITERARISCHEN QUELLEN ...Seite 302
EDITION DARMSTADT ...Seite 306
EDITION SURFACE / SURFACE BOOKS ...Seite 308
EN WOOG UND SEINE MACHERINNEN ...Seite 310
GEWOOGENER DANK – DIE UNTERSTÜTZER ...Seite 312

DER BLUTROCK DES JOHANN PHILIPP SCHNEIDER ODER: WIE WOYZECK AN DEN WOOG KAM | Ein historisch-literarischer Seitenblick

Hat Büchner je im Woog gebadet? Jenseits unschuldiger Badefreuden scheint jedenfalls die dunkle Seite des Darmstädter Gewässers auf, wenn man, wie der junge Schriftsteller, damals viel diskutierte Strafrechtsfälle studiert. In der erstmals 1816 in Darmstadt erschienenen Druckschrift „Kurze Darstellung des von Philipp Schneider in Bischoffsheim verübten Mordes und des darauf eingeleiteten Prozesses und der Hinrichtung des Verbrechers" lesen wir, wie einst der Dichter: „Nach Versteckung der Kleider des Ermordeten ging Schneider nach Darmstadt in ein Kaffeehaus, wo er eine Tasse Thee trank, von da, auf die Wache ans Bessunger Thor, wo er, stets unter dem Vorgeben, man habe ihn in einem Streite im Wirthshaus blutig geschlagen, Hände und Gesicht vom Blut reinigte, und von da an einen in der Nähe gelegenen Teich, den sogenannten Großen Wog [sic], wo er seinen blutgetränkten Rock auswusch." [13]

Büchner hat diese kriminalgeschichtliche Realität seiner Zeit – künstlerisch gesteigert – in seinem Dramenfragment *Woyzeck* verarbeitet und mit medizinischen Gutachten zum Leipziger Eifersuchtsmörder Johann Christian Woyzeck sowie zum Darmstädter Täter aus gleichem Motiv, Johann Dieß, verschnitten. Dank Georg Büchners düsterer, kriminalhistorisch-literarischer Collage ist nicht nur die Fluchtmauer in der Grafenstraße, das Alte Pädagog oder das Schloss mitsamt Gemäldegalerie und Hofbibliothek, sondern auch der „Teich" unweit des Bessunger Tores ein – wenn auch makabrer – Gedächtnisort der Büchnerstadt Darmstadt.

Ralf Beil | Direktor Institut Mathildenhöhe Darmstadt

„Situations Carte von Darmstadt" aufgenommen und gezeichnet von C. Bechstatt Darmstadt, Druck um 1808

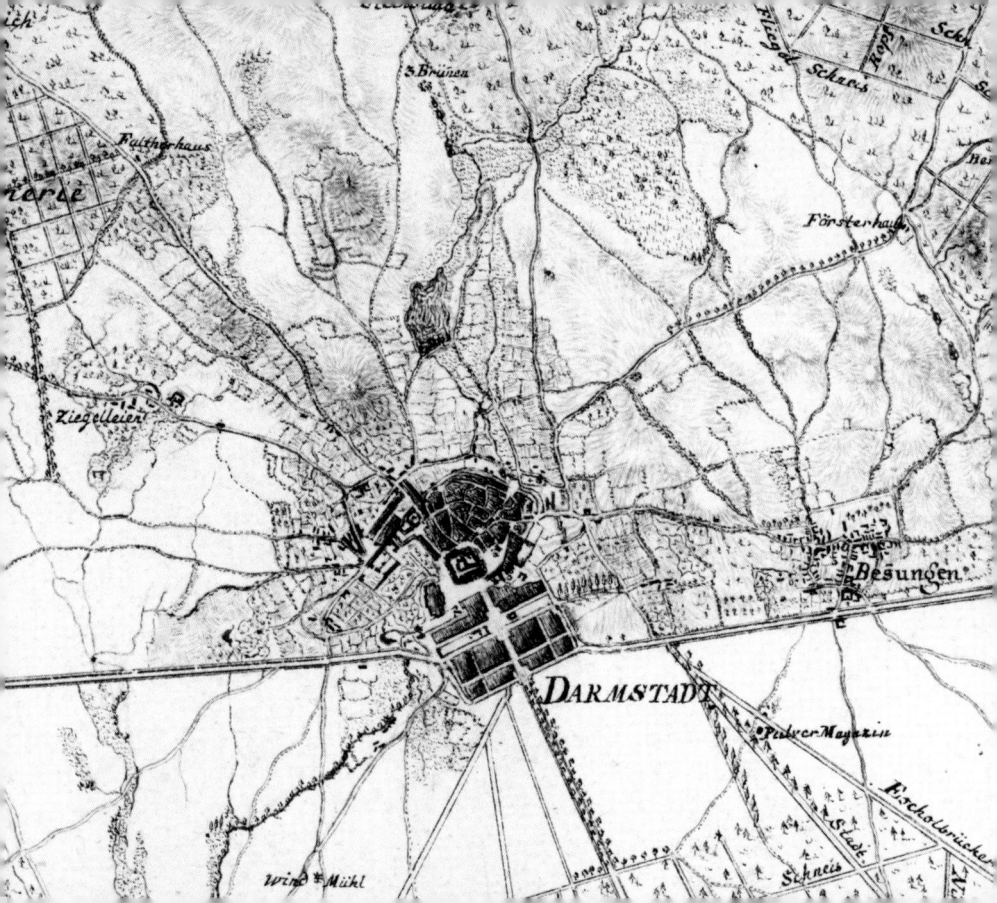

NICHT NUR FÜR HISTORIKER: OHNE WOOG KEIN DARMSTADT

Hunderte Male im Jahr führt der Weg am Woog entlang: Morgens zur Arbeit, abends zurück und häufig auch am Wochenende. Selten passiert man den Badeteich, ohne einen Blick aufs Wasser zu werfen, ohne im Sommer die Morgenstimmung kurz nach Sonnenaufgang oder im Herbst das farbige Kleid der Bäume am gegenüberliegenden Ufer zu genießen und ohne die Hintergrundkulisse und Stadtkrone, die Mathildenhöhe, zu bewundern. In mehreren Wintern hat die Familie, lange bevor der Magistrat es erlaubte, die geschlossene Eisfläche zum Schlittschuhlaufen und Spazierengehen genutzt; man kannte die Stellen, an denen der Zaun sich gut überwinden ließ.

Viele Sommer lang lag man auf der Insel im Schatten, sah den Töchtern beim Planschen, dann beim Schwimmen zu. Generationen von Darmstädtern sind vor uns hier geschwommen – im Damenbad, im Herrenbad, im Flöhbad – und haben sich vom Woogsaufseher zur Ordnung rufen lassen. Tausende von Soldaten haben in der Militärschwimmschule das Schwimmen gelernt. Goethe allerdings hat niemals seinen Fuß in das Woogswasser gehalten, ebenso wenig wie Matthias Claudius sein Mondlied am Schnampelweg gedichtet hat. Dies zu bemerken sollte dem Historiker gestattet sein. Im Winter übten sich die Darmstädter im Schlittschuhlaufen oder sägten große Eisblöcke heraus, um sie als Kühlung für ihre Bierproduktion zu nutzen. Landgraf Ludwig IV. von Hessen-Marburg hätte sich wahrscheinlich nicht einmal im Traum vorstellen können, was die Darmstädter in den letzten Jahrhunderten mit dem von ihm geplanten und von seinem Nachfolger vollendeten Woog anstellten. Es ist zu hoffen, dass der Große Woog, das Schmuckstück der Darmstädter Seenlandschaft, auch künftigen Generationen als Badesee und als Augenweide erhalten bleibt.

Ich wünsche dem vorliegenden Buch, der Hommage an Darmstadts zentralen und schönen Badesee, in das Meike Heinigk, Natascha Braun und Gerd Ohlhauser viel Zeit und ebenso viel Herzblut investiert haben, viele interessierte Leserinnen und Leser.
Peter Engels
Stadtarchivar und Woogsanrainer

Schon 1910 gab es ein nahezu uneingeschränktes Badevergnügen: hier im Flöhbad

EN VOGUE – EN WOOG

en Vogue: beliebt, modern, in Mode, im Schwange
en Woog: fabelhaft, familiär, farbenprächtig, faszinierend, fotogen

WOOG

Die Entwicklung des Wortes „Woog" hängt mit Woge, Welle zusammen. Wog, die verdumpfte Form von wag – in einer Mulde, einem Becken stehendes Wasser. (vgl. Deutsches Wörterbuch von Jacob und Wilhelm Grimm, Bd. 30, 1960)

DER WOOG, SO WIE ER IST

Verlässt man die Darmstädter Innenstadt in Richtung Osten, trifft man auf eine Treppe mit 23 Stufen und wundert sich über die angenehme Weite an deren oberem Ende: Hier weht meist eine frische Brise und das ungläubige Auge macht hinter Bäumen und Sträuchern am Rande eines kleinsteinigen Fuß- und Radwegs Wasser aus, viel Wasser.

Da schwimmen Enten und fischen Reiher. Und wenn es warm genug ist, sieht man auch Menschen: im Wasser planschend, auf Betonstegen, beim Sprung vom hohen Betonturm, auf der grünen Insel inmitten des Sees oder beim Fußballspielen, im Sand buddelnd und von einer harmonisch geformten Rutsche ins Wasser sausend.

Das ist er: der Woog. Schön, schroff, graugrün oder blau und begeisternd großräumig am Rande der Innenstadt. Und wichtig ist er, weil er uns arme Städter reich macht an Freiheit, weitem Horizont und ein wenig Abenteuer verspricht. Sitzt man abends auf der Insel und blickt blinzelnd in Richtung Sonnenuntergang, könnte man meinen, am Meer zu liegen: an einem kleinen Meer für den täglichen Gebrauch, für die lange Zeit zwischen den Urlauben am großen Meer.

Dieses Buch macht sich auf die Suche nach den vielen Gesichtern, Farben und Stimmungen des Woogs. Mal erscheint er frisch und himmelblau, oft grünlich, heimlich kommunizierend mit Schilf und Gras. Dann wieder ist er bräunlich muffig und trist oder auch leuchtend rot-orange, die Sonne auffangend, die von der Stadt her kommend glutrot ins Wasser fällt.

Und immer ist er so schön still, im Gegensatz zu seiner Nachbarin gen Norden, der Landgraf-Georg-Straße.

„Fischteich, Feuerteich, Badeteich, moderne Schwimmbahn, Badestrand! Lieber, alter Woog, was hast Du nicht alles erlebt! Und bist doch jung genug, um auch uns zu dienen. Doch sei gewiss: Wir danken es Dir, und wenn wir in der warmen Sommersonne uns braten lassen, dann raune uns ins Ohr die köstlichen Geschichten, die du weißt, weil du alt bist und vielerfahren. Wie Märchen klingen sie und sind doch wahr. Lieber, alter Woog, fang an. Wir hören! ...
Es war einmal." [1]

Darmstadt ist großstädtisch: Darmstadt steht für Wissenschaft, für Kunst, für Kultur, Darmstadt hat Bewohnern wie Besuchern eine Menge zu bieten. Ankommende finden die Stadt auf den ersten Blick grau und unattraktiv. Die traurige Tatsache, dass das einst liebliche Residenzstädtchen in der Brandnacht vom 11. September 1944 in seinem Herzen vollkommen zerbombt wurde, ist nicht zu übersehen, ist eine sichtbare Narbe auf der städtischen Oberfläche. In selbiger Nacht verschwanden „Die Weißen" auf dem Woog: Die „Weißen Häuschen", auf Pfahlbauten errichtete Jugendstilpavillons, die 1903/04 als Männerbadeanstalt gebaut wurden.

Unentwegt wird in Darmstadt verschönert, übertüncht und erneuert. Die städtebauliche Entwicklung der knapp 150.000-Einwohner-Stadt ist in ständiger Bewegung. Inmitten des städtischen Wandels trotzt eine 60.000 Quadratmeter große Fläche aller Modernisierung und allem Vorankommen, sie ruht in sich, sie ist wunderschön zeitlos und strahlt ein vollkommenes Selbstbewusstsein aus: Der Große Woog. Vielen Darmstädtern ist es ein Selbstverständnis, dass es ihn gibt, den Woog, aber vielen ist der – gerade heute – unermessliche Wert dieses Gewässers in der Stadt nicht bewusst. *"Eine Stadt ohne Wasser ist eine ziemlich trockene Angelegenheit." (Günther Metzger, Oberbürgermeister 1993 bis 2005)* Der Große Woog ist Herzstück des Woogsviertels, das zu den alten Wohngebieten der Stadt gehört.

„Er ist das Herzstück fast einer jeden Darmstädter Jugenderinnerung." [2]

Nähert man sich dem Gewässer zeitgeschichtlich, so findet der Woog erstmals als solcher Erwähnung im Jahr 1568 als „Woogsdamm". Ergo ist es mitnichten eine Schnapsidee, seinem somit 444-jährigen Jubiläum 2012 einen Fotoband zu widmen.

Die Fotografien dieses Buches, in denen Natascha Braun dem Stadtsee über ein Jahr lang bildlich auf die Schliche kam, zeigen ihn jenseits der Retusche als den freundlichen Nachbarn, der er wirklich ist: Unser "lieber, alter, großer Woog" – ungeschminkt und bodenständig. Auf seine einfache Art den bescheidenen Bürger beglückend: durch die Befriedigung ganz rudimentärer Bedürfnisse wie den Drang nach Freiheit und Weite, nach Ruhe.

Die Fotos dieses Buches sind eine Reportage der Stimmungen, der Farben und (Ober-)Flächen, eine Reportage der Natur im Wechsel der Jahreszeiten, eine Geschichte der

Menschen, die sich am Woog erfreuen, ihn besuchen, an ihm arbeiten oder in seiner Nähe wohnen. Sie sind eine Hommage an die blaue Mitte in einer grünen Stadt, und sie möchten werben für die Erhaltung unseres kleinen Meeres für jeden Tag: unseren Woog. Auf die nächsten – sagen wir – mindestens 444 Jahre.

Die weißen Häuschen nach einer Überschwemmung um 1920

DER WOOG UND DER STADTTEIL

Der Woog ist entgegen der vielen „babbelnden Heiner" ein eher stiller Genosse Darmstadts. Abgeschirmt und eingezäunt wird er bewahrt vor ungehaltenen Besuchern, zuviel Müll und spontanen Gelagen. Nur wer Eintritt zahlt, kann in den Sommermonaten an seinen Ufern liegen und in ihm schwimmen. Immer aber kann man ihn umrunden, an ihm entlangspazieren und ihn genießen.

In Zeiten hellblau leuchtender und nach Chlor riechender Freibäder mutet ein Naturbadesee nostalgisch an. In ihm vereint sich ein Stück alter Kultur mit einer immer moderner werdenden Stadt, hier treffen sich Generationen, und hier hat jeder seinen Platz. Der zentral gelegene Woog ist genauso Darmstadt wie der lange Lui oder die über dem Woog schwebende Mathildenhöhe. Dennoch meint man, der Woog sei weniger bekannt und nicht (mehr) so präsent in allen Darmstädter Köpfen. Dabei bestimmt er sein Viertel und ist für seine Bewohner nicht wegzudenken. Wenngleich er ein beliebter Badesee ist, scheinen ihn viele Darmstädter nicht in seiner Einzigartigkeit für die Stadt wahrzunehmen. Dies hat zur Folge, dass er nur an richtig heißen Tagen überlaufen ist, und wenn er – wie 2012 erstmals nach 18 Jahren wieder der Fall – im Winter zum Schlittschuhlaufen freigegeben wird.

Das Woogsviertel ist nicht nur wegen des schönen Namensgebers attraktiv, es zieht auch aufgrund anderer Orte Spaziergänger, Jogger, Radfahrer und Ausflügler an: der Botanische Garten, Darmstadts „Zoo", das Vivarium, die angrenzende Lichtwiese und die Nähe zum Oberfeld bieten grüne Oasen im großen Stil.

Magnolien vor 1950er-Jahre-Bau in der Heidenreichstraße

Obwohl das Viertel der Innenstadt so nah ist, gibt es hier alles für den täglichen Bedarf junger und alter Woogsviertler. Die Kinder haben ihre *Schule im Grünen*, die Elly-Heuss-Knapp-Schule direkt an der Lichtwiese. Der *Gartenhort* liegt unterhalb des Woogs und sein Gelände wird zur Freude der Kinder durch den Darmbach in eine Abenteuerlandschaft verwandelt. Mit dem *Café Lotte* in der Soderstraße ist ein bisschen Kiezcharakter entstanden, denn hier treffen sich Jung und Alt mit Klein und Groß. Viertler nennen es liebevoll *das Wohnzimmer des Woogsviertels*. Nicht weit davon entfernt liegt das *WoogRad*: Hier verkauft man Fahrräder und bietet den besonderen Service für die kleinen Nöte beim Radeln. Italienisch essen kann man im *Delfino,* und der Umbau des DSW-Vereinsheims direkt neben dem Sprungturm am Woog lässt auf ein weiteres gastronomisches Kleinod hoffen, das die einmalige Möglichkeit bietet, direkt am Seeufer die Sonne bei einem Getränk zu genießen.

Vom Woog direkt durch den städtischen Gartenhort: der Darmbach | *re: Schule mal farbig: die „Elly"*

DER WOOG UND SEINE ENTSTEHUNGSGESCHICHTE

Die Enstehungsgeschichte des Woogs wurde vielfach beschrieben und malt ein illustres Bild der vergangenen 444 Jahre (eines halben Jahrtausends) in Darmstadt, wenn man auf das Jahr 1568 blickt, in dem der „Woogsdamm" historisch erwähnt wird. „Von Menschenhand gegraben" steht der Woog von Anbeginn seiner Geschichte in enger Verbindung mit gesellschaftlichem Wandel. Während es im 18. Jahrhundert noch verpönt war, öffentlich zu baden, wurde hier mit der Entstehung des Darmstädter Vereinswesens 1846 der Grundstein zu einer dauerhaften Schwimmanstalt gelegt.

„Keine Stätte ist mit der Darmstädter Vergangenheit der letzten 400 Jahre so eng verbunden wie der Große Woog." [3]

Landgraf Ludwig IV. (1537-1604) wurde von seinem Vater, Landgraf Phillip dem Großmütigen von Hessen, als Erbe der Grafschaft Katzenelnbogen mit der Residenz Darmstadt eingesetzt. Er residierte von 1560-1567 häufig in Darmstadt und leitete ein umfangreiches Programm für den Wiederaufbau von Stadt und Schloss ein, die beide im Schmalkaldischen Krieg 1546 weitgehend zerstört worden waren.

Der erste Landgraf von Hessen-Darmstadt, Georg I., regierte im Anschluss von 1567 bis 1596. Er vollendete die Umsetzung des von seinem Vorgänger und Bruder eingeleiteten Wiederaufbaus.

Auch die Entstehung des Woogs fällt in diese Zeit. Ursprünglich wurde er als Fischteich,

Märchenhafte Gestalten vor gespiegelter Kulisse 1927

Feuerlöschteich und Rückhaltebecken angelegt. Vom Darmbach gespeist, sollte er den landgräflichen Hof von Georg I. mit Fischen versorgen. Alte Rechnungen vom Hof belegen, dass der Landgraf zahlreiche Karpfensetzlinge erwarb sowie sich eine „Woogsflotte" anlegte, womit Fischerkähne gemeint waren. Der Reichtum an Fischen im Woog muss zu dieser Zeit sehr groß gewesen sein.

Allerdings waren einige Ratsherren mit der Anlage des Teiches nicht einverstanden und reichten bei Landgraf Georg I. Beschwerde ein. Er konnte sie jedoch vom Nutzen des Gewässers überzeugen: Als Rückhaltebecken konnte der Woog drohendes Hochwasser abfangen und die Stadt vor Wasserschäden durch Überschwemmungen bewahren, bei Bränden reichlich Wasser liefern.

Der Woog hatte außerdem noch weitere Funktionen: Der künstlich angelegte Mühlbach wurde mit Woogswasser gespeist und sollte die von Georg I. angelegte Baumühle in der heutigen Alexanderstraße betreiben. Ein Nebenarm des Mühlbaches sollte später den Schlossgraben mit reinem Wasser füllen. Der über den Karolinenplatz weiterfließende Mühlbach mündete dann in den Darmbach.

Von der Bedeutung bzw. Nutzung des Großen Woogs als Freizeitbad war zu dieser Zeit natürlich nicht im Entferntesten die Rede, diese schöne Funktion erhielt dieser erst im Laufe des 19. Jahrhunderts.

DER WOOG UND DER SPORT ... Die ersten Badegäste

1820 wird der Große Woog als Schwimm- und Badeteich erwähnt. Noch im 18. Jahrhundert galt das Badeverbot im Großen Woog, welches Landgraf Ludwig IX. 1768 erlassen hatte. Auch gesellschaftlich war es verpönt, im Woog zu baden, es ziemte sich nicht, in der freien Natur zu schwimmen. Ausnahmen bestätigten allerdings auch hier die Regel. In vielen Städten, die an einem Fluss lagen, stellten die Stadtverwaltungen bereits in den 1770er Jahren hölzerne Badeschiffe oder Badeanstalten zur Verfügung. Die Stadt Frankfurt schuf in dieser Zeit sogar eine Badeanstalt, die beheiztes Flusswasser bot.

Es waren vor allem die jungen Darmstädter Burschen, die das Badeverbot ignorierten und sich in den kühlen See stürzten. Hiervon zeugen die zahlreichen Berichte über Todesfälle im Woog: Schon aus dem 16. Jahrhundert weiß man von den ersten Woogsopfern: 1599 ertrank ein Pferdejunge, 1618 ein Schwarzfärberlehrbub aus Groß-Gerau und 1623 der Sohn des Reichelsheimer Zentgrafen Caspar Spengel und 1629 ein „Bübchen Martin Schmids" beim Hüten des Hofbierbrauers Tuch, das auf der Wiese zum Bleichen lag.

Erst mit der Turnerbewegung zu Beginn des 19. Jahrhunderts kam das Schwimmen in Mode. 1828 eröffnete die Stadt mitten im Woog die erste Pfahlbau-Badeinsel.

Am 8. Juli 1828 sandte der damalige Bürgermeister folgenden Bericht an die Polizei: „Da schon von vielen Seiten der Wunsch geäußert wurde, sich im Großen Woog von andern Badelustigen abgesondert baden zu können, so hat man von Seiten der Stadt vier Bäder bauen lassen, welches ich hier mit anzuzeigen nicht verfehlen wollte." [4]

Die ersten Badehäuser inmitten des Woogs waren nur für Männer zugänglich. Hinzu kam 1831 eine Schwimmschule für Soldaten, die das hessische Kriegsministerium auf der Nordweststrecke des Sees erbaute, in der die Soldaten ohne Badehose schwammen.

Im Frühjahr 1840 stellten sechs angesehene Stadträte den Antrag, man möge die „Badehosenpflicht" einführen, da ringsum öffentliche Wege seien und immer wieder Klagen über große Schamlosigkeiten einliefen. Das Kriegsministerium lehnte den gewiss berechtigten Wunsch jedoch mit der Begründung ab, es seien keine Mittel vorhanden, für die Soldaten Badehosen anzuschaffen. In ihrem Band über *Darmstadt aus Frauensicht* bezweifeln die Herausgeberinnen Agnes Schmidt und Elke Hausberg, dass unter den Klagenden auch Frauen gewesen seien. Es ist anzunehmen, dass sich die Frauen – meist als Wäscherinnen am Woog zugegen – über die „Schamlosigkeit der Soldaten eher amüsiert als geärgert haben!". [5]

Auf dem westlichen und auf dem südlichen Damm ließ die Stadt Darmstadt 1846 zwanzig Bänke und zehn Kleiderbänke aufstellen. Der damalige Woogswärter Christian Arnold erhielt zudem die Erlaubnis, auf eigene Kosten Schwimmanstalten zu bauen.

Auch die Tatsache, dass die Stadt im Jahre 1884 den Woog von der Großherzoglichen Hofverwaltung für die Dauer von fünfzig Jahren gepachtet hatte, brachte eine wichtige Entwicklung mit sich.

Es gab eine Badeanstalt für männliche Schwimmer, die „Weißen Häuschen" sowie eine „Frauenbadeanstalt" mit abgeschlossenem Schwimmbassin. Mitten auf dem Wasser lag die auf Pfählen ruhende Badeanstalt für Schwimmer und Nichtschwimmer. Ein umzäunter Badeplatz war für die Garnison reserviert und ein umzäunter Kinderbadeplatz – das „Flöhbad" – war angelegt. Ob der Name von den dort badenden jungen Heinern herrührt oder ob es an den Wasserflöhen lag, die man dort für sein Aquarium fing, ist nicht belegt. Die Bedürftigen nutzten die unentgeltlichen Badeplätze: die Bänke am Ufer. Schutzmann Heil (1852-1931) sorgte dafür, dass die Kleider vorschriftsmäßig abgelegt wurden. [6]

564 Darmstädter besaßen ein Abonnement für die Schwimmsaison im Jahr 1885, hinzu kamen 113 Schwimmschülerinnen. Als 1892/93 neue Sprungbretter in der Frauenbadeanstalt angebracht wurden, entdeckte man einen Missstand: Die Sprungbretter waren höher ausgefallen als vorgesehen, sodass (so wörtlich) „eine Dame, welche das Sprungbrett

benutzt, nicht allein mit einem Teile des Oberkörpers von außen sichtbar ist, sondern auch den ganzen Woog und die darin befindlichen Schwimmer überblicken kann". Damen waren hinausgeschwommen. Männer hatten hineingesehen. 1903 wurde das Damenbad ringsum mit Latten zugemacht.

„Im Juni 1913 musste das Tiefbauamt alarmiert werden, um möglichst schnell einen Kieshaufen abzutragen, der gegenüber dem Damenbad in der Landgraf-Georg-Straße lag und lüsternen, mit Feldstechern bewaffneten Männern als Ausguck diente." [7]

Die Entwicklung des Woogs als Badeanstalt und als Schwimmschule hing, wie bereits erwähnt, mit dem Wiedererwachen des turnerischen Gedankens im Jahr 1846 zusammen. Allerlei Verbesserungen an Darmstadts See rühren daher. Mit der Gründung der Darmstädter Turn- und Sportgemeinde (TSG 1846) verfolgte man neben den sportlichen Tätigkeiten auch zahlreiche Aktivitäten kultureller Art und in Sachen Heimatpflege.

1926 errichtete man den zehn Meter hohen eisernen Sprungturm, der auf Sprünge aus einer Höhe von fünf und von acht Metern eingerichtet war. Ein Jahr später ersetzte man die aus dem Jahre 1919 stammende Holzbrücke der 100-Meter-Schwimmbahn durch eine Betonbrücke mit Start- und Zielsteg. Auch das Damenbad wurde durch ein moderneres Bauwerk in leicht expressionistischem Stil ersetzt, ein Umkleidehaus auf die Insel gebaut.

DER WOOG UND DIE BILDER VON EINST

1| Schutzmann Heil auf Kontrollgang 1904 2| Wasserentnahme in den 1950er Jahren
3| Woogsaufseher Gunder auf Überfahrt 4| Postkarte handschriftl.: „Anbei die Darmstädter Waschschüssel! ... Herzlichen Gruß, ein Tip an Sie." Woogsdamm 1900 5| Sicht für Hochzeitspaare auf der Mathildenhöhe in den 1920er Jahren 6| Badende Damen um 1930

7| Sandstrand auf der Inselseite Ende der 1950er Jahre 8| Inselstrand um 1930 mit Sicht auf die „Weißen" 9| Luftaufnahme um 1955/58 10| Partie mit 3 Schwänen, Blick nach dem Damenbad um 1915 11| Der kleine Woog mit altem Gymnasium um 1826 12| Postkarte aus 1906 mit den weißen Häuschen in voller Pracht

Nach langem Ringen konnte die Stadt Darmstadt 1935 den Woog endlich vom Land erwerben. Sie investierte sogleich in Wettkampfbahnen und in den Sprungturm. Anlässlich eines deutsch-französischen Länderkampfes im Jahr 1937 wurde die Anlage auf internationalen Standard ausgebaut und ausgestattet. Der Wettkampf und vor allem das im Anschluss daran veranstaltete Sommernachtsfest am Woog zog geschätzte 30.000 Besucher an.

Die Schwimmanlage von damals steht heute unter Denkmalschutz. Neben den Kulturdenkmälern Wettkampfanlagen und Damenbad fallen auch die Insel und die mit Terrazzo ausgekleidete, elegant in Beton gegossene Rutschbahn darunter.

Wettkämpfe dieser Art haben sich am Woog nicht etabliert, dafür aber gibt es seit 1984 den Merck Heinerman Triathlon am Woog. Der Badesee dient hier als Wechselzone, als Herzstück des Wettkampfes. „Schwimmen zu Rad" und „Rad zu Laufen" finden hier statt, sodass die Zuschauer inklusive Siegerehrung alle Disziplinen hautnah erleben können. Obwohl der Woog für eine Triathlon-Schwimmstrecke eher klein ist, konnte diese mit einem ausgeklügelten Plan auf 1,5 km „gezogen" werden. Rund 600 Teilnehmer sind alljährlich rund um den Woog erfolgreich und mit viel Sportsgeist am Schwimmen, Laufen und Radfahren.

Ein Ungeheuer wurde im Woog zum Glück nie gesichtet, dafür aber quert der Woogsdrachen, 21 Mann schwer, ab und an den Badeteich: Die Drachenbootsparte gehört zur TSG, dem an den Woog grenzenden Sportverein, mit Tennis- und Turn- und eben auch Kanuabteilung. Die TSG 1846 zählt 2400 Mitglieder und bietet in rund 40 verschiedenen Disziplinen Breiten- wie Spitzensport an.

... Das Schlittschuhlaufen. Zahlreiche historische Aufzeichnungen belegen, dass das Eislaufen auf dem Woog seit jeher zu einem wichtigen Darmstädter Wintervergnügen – vornehmlich der männlichen Darmstädter – gehörte. Auf einer Kammerrechnung zur Zeit des Landgrafen aus dem Jahr 1579 steht:

„Ein Gulden hat Henrich, der Kammerdiener, einem Mann von Frankfurt, welchen seine fürstlichen Gnaden zu sich erfordern lassen und mit den *Schritt*schuhe uff dem Eis gelaufen, verehren lassen." [8]

Ein eigens aus Frankfurt geladener Schlittschuhläufer gab also vor dem Landgrafen Georg I. und vielen Darmstädtern auf dem Großen Woog sein Können zum Besten. Die hierfür gezahlte Gage in Höhe eines Guldens war beträchtlich. Beispielsweise erhielten die Teichgräber, die den Kranichsteiner Schlossteich anlegten, einen Wochenlohn in Höhe eines Guldens. Der in Bessungen geborene Ernst Beck berichtet 1840, dass bereits in den sechziger Jahren des vorhergehenden Jahrhunderts eine junge Dame beim Eislaufen gesichtet wurde. „Die jugendlichen Schönheiten wurden vordem in Stuhlschlitten, die auf dem Woog zu ermieten waren, von den beschlittschuhten Herren gefahren, während die Mütter auf dem Damm warteten."

Zu Beginn des 20. Jahrhunderts gab es vorwiegend Holzschlittschuhe, die man mittels eines Gewindes in den Absatz hineinschrauben musste. Es bildete sich so die Gilde der „Schlittschuhanschnaller", vorwiegend Maurer, Dachdecker usw., die im Winter nicht gebraucht wurden, und die sich als ebensolche Anschnaller oder auch als Schneeschipper etwas hinzu verdienten.

Auch damals erlaubte die Polizei wegen der Tiefe des Woogs das Betreten der Eisfläche nur, wenn sie eine ausreichende Dicke erreicht hatte. Um dennoch der neuen

Passion nachkommen zu können – es hatten sich viele Eis- oder Schlittschuhklubs gegründet – suchte man nach anderen Orten, auf denen man bei niedrigem Wasserstand eine Eisdecke herstellen konnte. Unter anderem wurden so Eisbahnen auf den Wiesen hinter dem Woog angelegt.

Im Jahr 444 des Großen Woogs, also im Februar 2012, kamen nach 18 Jahren Eiskunstpause die Darmstädter kurzzeitig zu dem herrlichen Vergnügen, wieder einmal – offiziell genehmigt – auf dem Großen Woog Schlittschuh zu laufen. Nach 14 aufeinanderfolgenden Eistagen, an denen die Temperaturen bis minus 18 Grad betrugen, konnte die Stadt Darmstadt den See für die so beliebte Wintersportart auf spiegelglatter Fläche freigeben. Rund 5000 Darmstädter machten das Wochenende zu einem historisch unvergesslichen Erlebnis, indem sie mit ihren Schlittschuhen über das Eis glitten.

Auch die Bürgeraktion Woogsfreunde hat in einem Schreiben an Oberbürgermeister Jochen Partsch und Bürgermeister Rafael Reißer die Entscheidung, das Eislaufen auf dem zugefrorenen Woog offiziell freizugeben, begrüßt. „Das Eislaufen im Winter gehört nach Meinung der Woogsfreunde genauso zur Tradition des Großen Woogs wie das Baden in dem See im Sommer. Seit vielen Jahren habe sich die Bürgeraktion deshalb dafür eingesetzt, den Naturbadesee zugänglich zu machen, wenn die Eisdecke die notwendige Dicke erreicht hat. Die große Zahl der Besucher am Wochenende zeige, dass die Entscheidung der Stadt richtig sei", hieß es im *Darmstädter Echo* vom 12. Februar 2012.

Vor allem den Natur- und Sportliebhabern ist es zu verdanken, dass der Woog bis heute viele Freunde hat, die sich in Organisationen um die Pflege und den Erhalt des Stadtsees kümmern.

Endlich: nach 18 Jahren Eislauf-Pause der erste herrliche Schlittschuh-Tag

DER WOOG UND SEINE FREUNDE

Neben den treuen Kennern des Woogs – den Anwohnern, Spaziergängern, Badegästen – sind es die Organisationen, Vereine und Interessengemeinschaften, die sich um den Erhalt des Sees kümmern und ihn als kulturelles und historisches Gut der Stadt würdigen. Seit jeher fühlen sich die regelmäßigen Woogsbesucher mit ihrem See verbunden, und schon zu Beginn des 20. Jahrhunderts formierten sich Gruppierungen wie die Woogsgeschworenen oder die Woogsratten, bestehend aus dem grünen Nass verbundenen Männern. Die „Schlammbeißer" entstanden 1911 als Altherrenschwimmclub. Sie existieren heute noch. Erst im Jahr 1974 kamen dann auch Damen als Mitglieder hinzu, sie sind in dem heute circa 50 Mitglieder zählenden Verein inzwischen in der Überzahl. Die Schlammbeißer(innen) lieben den Woog und unterstützen ihn, so gut sie können. Treu besuchen sie ihn von Mai bis September. „Wir versuchen, mit unseren Spenden kleinere Anschaffungen für den Woog zu ermöglichen wie beispielsweise Rettungsringe an den Stegen oder ähnliches", erzählt Schlammbeißerin Hannelore Mayerhofer de Montoto. Einmal im Monat treffen sich die Schlammbeißer zu einem Stammtisch und im August zu einem sommerlichen Frühstück auf der Terrasse des Familienbades.

Neben dem Schwimmclub Schlammbeißer gibt es noch die „Woogsfreunde", die sich als Bürgeraktion zum Schutz des Großen Woogs als Naturbadesee verstehen. Entstanden sind die Woogsfreunde 1973 als Bürgerinitiative, um gegen die Pläne der Stadt Darmstadt und des Darmstädter Schwimm- und Wassersportclubs DSW 1912 zu protestieren, die vorsahen, ein Schwimmleistungszentrum mit beheizten Wannen in den Woog zu bauen. Der Protest war erfolgreich, das Schwimmleistungszentrum wurde im Bürgerpark Nord gebaut und der Naturbadesee blieb unangetastet. Die Bürgeraktion blieb trotzdem weiter bestehen und trug in den folgenden Jahren unter anderem dazu bei, den – man höre und staune – geplanten Bau einer vierspurigen Autobahn durch den Darmstädter Ostwald und mitten durch das Wassereinzugsgebiet des Großen Woogs zu verhindern.

Heute sind die Woogsfreunde mit ihren 270 Mitgliedern ein gemeinnütziger Verein zur Förderung der Erhaltung und Pflege des Darmstädter Großen Woogs als umweltgerechten und denkmalgeschützten Naturbadesee. Die Verbesserung der Wasserqualität des Sees und seiner Zuflüsse sowie die denkmalgerechte Erhaltung des Gesamtensembles „Großer Woog" einschließlich seiner Gebäude sind ihnen wichtig. Aus ihrem Beitrags- und Spendenaufkommen unterstützen die Woogsfreunde die Stadt bei ihren Ausgaben für den Naturbadesee Woog. Mehrfach gab es „Schattenspenden" der Woogsfreunde, indem zusätzliche Baumanpflanzungen auf der Insel und der Liegewiese finanziert wurden. Ruhebänke und ein neuer Rasenmäher sowie zusätzliche Bojen, die jüngeren wie älteren Badegästen beim Durchqueren des Sees Sicherheit bieten, wurden beschafft. Und auch an den Anschaffungskosten der neuen Ponton-Badeinsel haben sich die Woogsfreunde beteiligt. Im Rahmen einer übernommenen „Gewässerpatenschaft" beobachten die Woogsfreunde den Zustand des Badesees mit seiner Flora und Fauna regelmäßig und melden der Stadt Darmstadt eventuelle Beeinträchtigungen. Schon zur Tradition geworden sind das jährliche „Anschwimmen" und „Abschwimmen" der Woogsfreunde am jeweils ersten und letzten Öffnungstag des Woogs, bei dem auch die befreundeten Schlammbeißer immer dabei sind. Kein Jahr vergeht, in dem nicht die Pressefotografen anwesend sind, um einen Schnappschuss der ersten Woogsschwimmerinnen und -schwimmer aufzunehmen, die sich in das oft noch recht kalte Wasser wagen, um die ersten Ehrenrunden zu drehen. Musikalisch begleitet wird diese Veranstaltung vom Posaunenchor der Evangelischen Südostgemeinde.

Als großzügiger Woogsfreund und -mäzen in vielerlei Hinsicht hat sich der Darmstädter Henry Nold gezeigt, der schon Bänke, Wasserpflanzen oder den „Hyperbolischen Trichter" zur Wasserreinigung gespendet hat. Henry Nold selbst lädt in eine geheimnisvolle Wildnis am Woog ein: in seinen 1600 Quadratmeter großen Privatgarten oberhalb des Woogs im Prinz-Christians-Weg gelegen, genannt „The Vortex Garden" (Synonym für Wirbel in der Strömungslehre), den er 2009 für Besucher öffnete.

Auch die Parteien haben den Woog entdeckt. Seit über 30 Jahren lädt die SPD jährlich zum Woogsfest ein, die CDU zog mit dem „Woogsfrühstück" nach und hat mittlerweile auch ein Bürgerforum Woogsviertel. Ein weiterer Höhepunkt des Jahres im Woogsviertel ist das Wilhelm-Jäger-Straßen-Fest, welches die umliegenden Anlieger in liebevoller Kleinstarbeit selbst auf die Beine stellen. Neben historischen Spielgeräten, jeder Menge alter Go-Carts und Dreirädern spielt dann eine Band aus dem Woogsviertel bis tief in die Nacht hinein. Der Erlös wird einer sozialen Einrichtung gespendet.

Selbstverständlich wird am Woog geangelt: in der Anglergemeinschaft Großer Woog e.V. Nicht zu unterschätzen ist der Fischreichtum des Woogs, der zumindest in einer historischen Fangstatistik von 1740 bis 1819 folgende Fischarten aufwies: Hechte, Schoßhechte, Karpfen, Karauschen, Schleien, Barsche, Weißfische, Aale und Krebse. 1952 gründete sich die Anglerinteressengemeinschaft Großer Woog, die dann 1961 zu einem eingetragenen Verein umgewandelt wurde. Bis 2008 war der ehemalige Polizeipräsident Peter C. Bernet der Vorsitzende, seitdem ist es Tatjana Hofmann. Der Verein zählt 25 Mitglieder im Alter von 21 bis 80, die Mitgliederzahl ist begrenzt. Die Vereinsarbeit umfasst nicht nur das sportliche Vergnügen des Fischfangs (der größte geangelte Hecht maß 82 cm und wog 4000 Gramm), sondern wichtige Aktivitäten rund um den Erhalt des

Gewässers in der Rolle des Naturschutzes. 2001 und 2002 spendete die HSE (damals die Südhessische Gas und Wasser AG) beispielsweise jeweils 1000 kleine Zander, um das biologische Gleichgewicht wieder herzustellen und der Wassertrübung im Woog Abhilfe zu verschaffen. Auch Teichmuscheln werden aus dem gleichen Grund regelmäßig gesetzt, die Wasserqualität dadurch verbessert. Damit erhält der Verein auch eine der ursprünglichen Funktionen des Großen Woogs, Fischteich zu sein.

Fisch satt, ein kleiner Barsch erwischt beim Nachtangeln

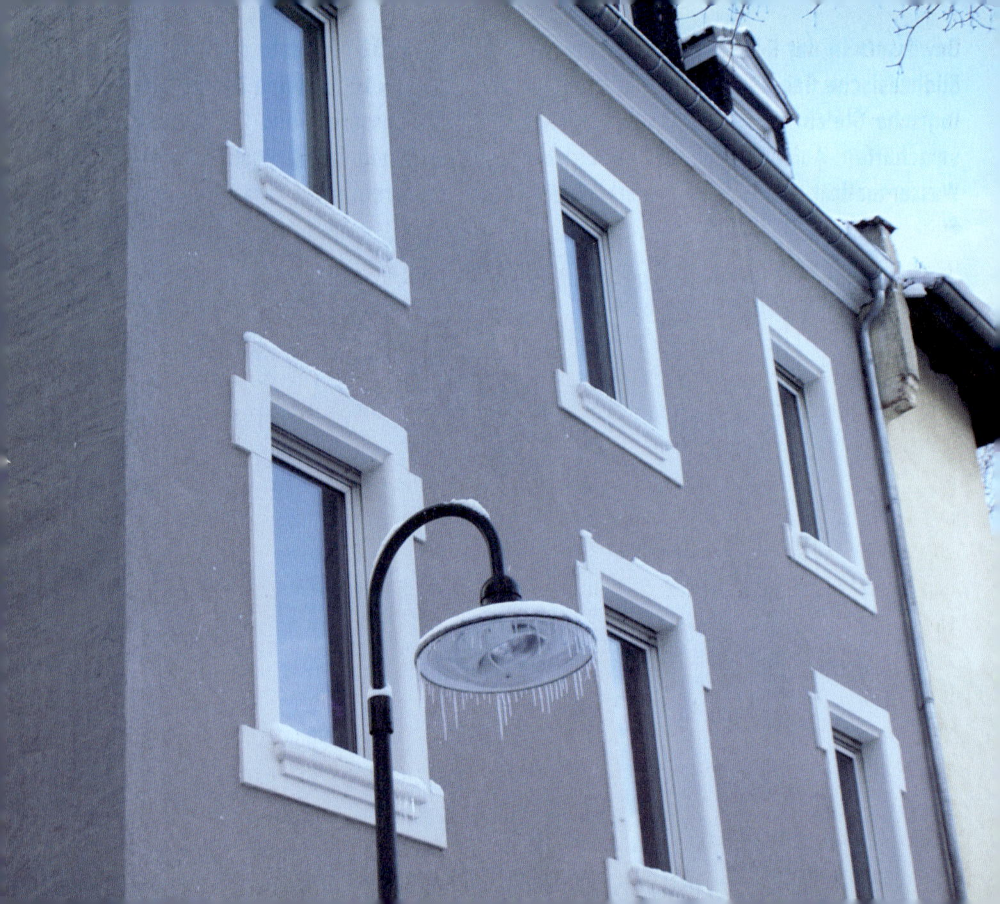

DER WOOG UND DIE ARCHITEKTUR

Das Woogsviertel kommt bis heute eher still und unaufgeregt daher. Es ist ein typisches Wohnviertel, und es ist eines der ganz alten Wohngebiete der Stadt. Vor allem zur Gründerzeit wurde hier viel gebaut. Typisch für diese Epoche ist beispielsweise eine vier- bis sechsgeschossige Blockrandbebauung mit reich dekorierten Fassaden. Es entstanden sowohl Villen für das im Zuge der Industrialisierung reich gewordene Bürgertum als auch große Mietskasernen für die rasant wachsende Stadtbevölkerung.

Die Bomben des Zweiten Weltkrieges und hier vor allem die Darmstädter Brandnacht am 11. September 1944 haben fast das gesamte Woogsviertel zerstört. Nur wenige Überreste historischer Bebauung sind heute noch zu finden. Gebäude in der Soderstraße stehen unter Denkmalschutz. Gebäude aus den Zwanziger Jahren finden sich allenfalls noch in der Roßdörfer Straße, der Gundolfstraße oder der Heinrich-Fuhr-Straße. In der Heidenreich- und in der Gundolfstraße sind Mosaikpflaster-Gehwege erhalten. Die Spuren großbürgerlichen Wohnens sind in der Brandnacht im Grunde komplett verschwunden. Weil sich der Wiederaufbau hier quasi über den gesamten Stadtteil erstreckt, veranschaulicht das Woogsviertel den Wohnungsbaustil der Nachkriegszeit, erkennbar beispielsweise am Hegemag-Block in der Heinrichstraße. [9]

Auch das heutige Jugendstilbad gehört zum Woogsviertel. 2007 wurde es komplett saniert und in Anlehnung an sein ursprüngliches neoklassizistisches Erscheinungsbild mit zahlreichen Jugendstilelementen wieder in Betrieb genommen. Entstanden ist das Darmstädter Stadtbad als bauliches Großprojekt zwischen dem Jahr 1900 und dem Ersten

Eisige Zeiten vor Gründerzeithaus in der Darmstraße

Weltkrieg. 88 Entwürfe kamen in einem groß angelegten Architekturwettbewerb zusammen. Ein Entwurf von Joseph Maria Olbrich schaffte es nicht unter die Preisträger. Beauftragt mit dem Bau des Hallenbades wurde ein von der Jury zum Ankauf empfohlener Entwurf des Architekten August Buxbaum. Für die Woogsviertler stellte das neue, große Hallenbad eine Konkurrenz für den Badesee dar und wurde nicht nur gelobt.

Bei der Einweihung im Sommer 1909 appellierten sie deshalb an die Heiner, dem Geist der Neuzeit eine Chance zu geben. Vor versammelter Prominenz lamentierte der Geist des Großen Woogs auf den Treppen des Bades: „Warum dann nor – in aller Welt – hat mer deß Ding do hingestellt? E Schwimmbad! Wann ich so wos heer! Als ob de Woog kaa Schwimmbad weer?" Und ein Hochdeutsch parlierendes Gegenüber beschwichtigte den Zweifler mit den Worten: „Gewiß, das wird ja nicht bestritten – die Neuzeit aber fordert mehr!" [10]

Allerdings sollte sich herausstellen, dass das neue Stadtbad sehr gut angenommen wurde und der Große Woog deshalb keineswegs an Beliebtheit verlor, Darmstadts Badesee zu sein. Dieser Zustand hat sich im Grunde bis heute gehalten, es erfreuen sich sowohl der Große Woog als auch das in 2008 neu eröffnete Jugendstilbad zahlreicher Besucher.

Im weiteren Sinne sei zum Woogsviertel und seinem architektonischen Potenzial für die Stadt Darmstadt noch die Starkenburger Milchzentrale zu nennen, wo ein neues Wohnviertel, das „Edelsteinviertel" entsteht. Benachbart liegt das Hofgut Oberfeld mit seiner großzügigen Einrichtung für Behinderte, dem „Haus Lebensweg" und seinem erwähnenswerten landwirtschaftlichen Engagement für die Stadt. Es ist nicht zu vergessen ein weiterer wichtiger Naherholungsort der Stadt.

Hier wohnt man mit Blick auf den Woog: der Beginn der Heidenreichstraße

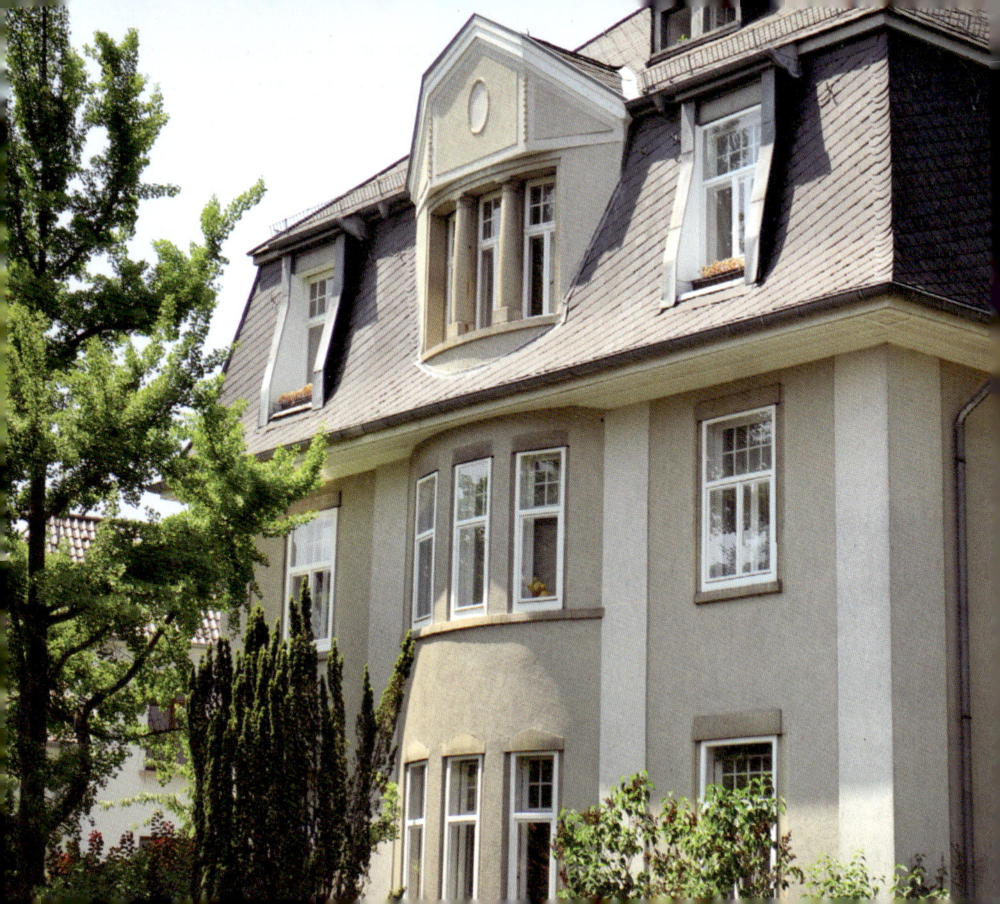

DER WOOG UND DIE KULTUR
Aktionen rund um den Badeteich

Seit seinem Bestehen ist der Große Woog auch ein Ort der Kultur oder wird von eben dieser thematisiert. Erst kürzlich, nämlich im Jahr **2009**, saßen zahlreiche junge Darmstädter (oder in Darmstadt Studierende) erwartungsvoll im Kino, um den in Darmstadt gedrehten Film „13 Semester" zu sehen. Die deutsche Kinokomödie von Frieder Wittich nutzte die Woogskulisse für gleich mehrere (nächtliche) Szenen auf den Badestegen und auf dem Sprungturm. Auch das Darmstädter „theater die stromer" lässt sein fulminantes Stück „Eine Dame verschwindet", welches auf geniale Weise die Genres Theater und Film verschmelzen lässt, mit einem nächtlichen Schusswechsel auf dem 10-m-Sprungbrett des Familienbades in ein unvorhergesehenes Ende münden.

Der Literatur fällt es seit Jahrhunderten nicht schwer, sich dem Woog zu nähern: lyrisch, prosaisch oder im zeitgenössischen Krimi. Christian Gude veröffentlichte **2007** den Damstadt-Krimi „Mosquito". Im Woog wird ein Skelett gefunden, und wie sich herausstellt, handelt es sich um einen historischen Fund aus dem Zweiten Weltkrieg. Minutiös recherchiert legt Gude dar, wie die Alliierten ihren Plan, Darmstadt zu zerstören, in der sogenannten „Brandnacht" vom 11. September 1944 umsetzten, und dies, obwohl Deutschland zu diesem Zeitpunkt den Krieg bereits so gut wie verloren hatte.

In seinen **1972** in Zusammenfassung erschienenen „Gedichtcher un Geschichtcher in Hesse-Darmstädter Mundart" vergaß auch Robert Schneider nicht, dem Woog lobende Worte in Reimform zukommen zu lassen:

„Drum, ich loß nix uff dich kumme,
Liewer, alter Großer Woog,
Hab dich stets in Schutz genumme,
Un ich halt dich immer hoch;
Meege aach die annern kreische
Mit ihrm Rhei' un mit ihrm' Maa' –
So en Woog doch, ohnegleiche,
Den hot Darmstadt ganz allaa'!"

Als eine von acht Strophen über den Darmstädter Woog, wird deutlich, wie humorvoll und sympathisch das Gewässer charakterisiert wird. [11]

Im Jahr **1885** wurde „Die Woognixe" als romantische Oper in drei Akten mit Ballett beim Judithfest der hessischen Akzessisten aufgeführt. Als eine Art „umgekehrter Froschkönig" angelt sich hier ein der irdischen Damenwelt überdrüssiger Gutsbesitzer eine Nixe aus dem Woog, die dann jedoch von „Van der Sumpf", dem Woogsfrosch und ehemaligen Geliebten der Nixe mit List und Liebe in den See zurückgeholt wird. Der Gutsbesitzer und Wasserbau-Assessor hingegen wird bestraft und wegen der sträflichen Liebeslist von Darmstadt wegversetzt.

Liebevoll und äußerst umfangreich zusammengetragen finden sich in der Dokumentation *Lieber, alter Großer Woog* von Werner Kumpf (ein ehemaliger Flöhheiner), Heiner Lautenschläger und Gerhard Wittwer aus dem Jahr **1989** viele weitere Angaben, Zitate und Gedichte, Theateraufführungen und literarische Fundstücke, die dem Großen Woog seit seinem Bestehen gewidmet wurden.

Der berühmteste Literat, der mit dem Großen Woog in Verbindung gebracht wird, soll gar nackend in ihm gebadet haben: Johann Wolfgang von Goethe. Durch Vermittlung der Gebrüder Schlosser soll Goethe den Kriegsrat Johann Heinrich Merck kennen gelernt haben. Die Geschichte über nackt badende junge Männer in Begleitung Goethes aus dem Jahre **1775** ist zwar nicht bewiesen, aber dennoch in die Literaturgeschichte eingegangen.

„Unter die damaligen Verrücktheiten, die aus dem Begriff entstanden, man müsse sich in einen Naturzustand zu versetzen suchen, gehörte... auch das Baden im freien Wasser, unter offenem Himmel, und unsere Freunde konnten... auch diese Unschicklichkeit nicht unterlassen. Darmstadt, ohne fließendes Gewässer, in einer sandigen Fläche gelegen, mag doch einen Teich in der Nähe haben, von dem ich nur bei dieser Gelegenheit gehört. Die heiß genaturten und sich immer mehr erhitzenden Freunde suchten Labsal in diesem Weiher; nackte Jünglinge bei hellem Sonnenschein zu sehen, mochte wohl in dieser Gegend als etwas Besonderes erscheinen, es gab Skandal auf alle Fälle.(14. Mai)." [12]

Auch bei Georg Büchner, der einen Teil seines viel zu kurzen Lebens in Darmstadt verbrachte, findet man Verbindungen zum Großen Woog.

In Straßburg – so weiß man – dissertierte Büchner über das Nervensystem der Barben, einer Karpfenart. Da in Kasimir Edschmidts Büchner-Roman von 1969 zu erfahren ist, dass Georg als Student für Laborarbeiten seines Vaters Karpfen und Krebse angelte und ihm in diesem Zusammenhang etwas über deren Nervenstränge auffiel, ist die Vermutung, dass Büchner tatsächlich im Woog gefischt hat, naheliegend. Ob er auch darin gebadet hat, weiß man nicht.

Doch dass Georg Büchner als Inspirationsquelle für seinen „Woyzeck" unter anderem einen Mord in Darmstadt benutzt hat, ist anzunehmen: Georg Büchners Vater hatte *Henkes*

Zeitschrift für die Staatsarzneikunde abonniert, aus welcher Georg Büchner Informationen über den Leinenwebergesellen Johann Dieß besaß, der am 15. August 1830 seine Geliebte Elisabeth Reuter in der Nähe von Darmstadt erstach. Eine weitere Quelle aus 1816 verweist auf den Mord des Schustergesellen Johann Philipp Schneider am Druckereigesellen Bernhard Lebrecht, weil er seine Schulden nicht zahlen konnte. Der Mörder soll Hände und Gesicht am Bessunger Tor in Darmstadt gereinigt und anschließend seine Kleider im Großen Woog gewaschen haben. Danach erholte sich Schneider in einem Wirtshaus, ein Barbier fand die Leiche, und Schneider wurde von der Polizei anhand der Mordwaffe überführt, verurteilt und hingerichtet. Parallelen zu Büchners Drama sind hier gegeben. [13]

1955 zog der Schriftsteller Arno Schmidt in die Inselstraße 42. Er tat dies eher unfreiwillig, da er im protestantischen Darmstadt einem Gerichtsverfahren wegen Gotteslästerung und Verbreitung unzüchtiger Schriften entgehen wollte. Obwohl Schmidt von der Stadt Darmstadt finanzielle Unterstützung erhielt, fühlte er sich nicht wohl. In einem Brief an Helmut Heißenbüttel wünschte er sich: „Lieber tot in der Heide als lebendig in Darmstadt". In seinen drei Darmstädter Jahren entstanden deshalb vorwiegend kurze Texte, mit Ausnahme des Romans *Die Gelehrtenrepublik*. Zu seiner Erzählung *Tina oder über die Unsterblichkeit*, die ebenfalls in Darmstadt entstand, inspirierte Arno Schmidt eine Litfaßsäule vor seinem Haus in der Inselstraße. In der Erzählung ist darin der Fahrstuhl zur Unterwelt verborgen, zum Elysium der Dichter, die sehnsüchtig darauf warten, vergessen und so endlich erlöst zu werden.

Die Woog Riots einmal nicht am Woog

Zwei zeitgenössische begeisterte Badegäste des Woogs haben den Namen für ihr Bandprojekt verwendet. Als Silvana Battisti und Marc Herbert **2004** nach einem Bandnamen für das neu gegründete Indie-Pop-Duo suchten, kam es ihnen auf zwei Aspekte an: Etwas positiv Sonniges passend zur Vorliebe für schöne Popmelodien und etwas Rebellisches zur Illustration der Texte sollte beinhaltet sein. Und schon war der Name *Woog Riots* geboren. Findige Journalisten begannen sofort nach den historischen Fakten einer 1968er Revolte am Woog zu suchen. Die *Woog Riots* selbst veranlassten eine Recherche im Stadtarchiv, die aber zu keinem Ergebnis führte. Analog zum englischen „Riots" wird das „Woog" im Bandnamen „Wuuug" ausgesprochen, was in Darmstadt immer wieder zu Diskussionen führt. Außerhalb der Stadt rätselt man eher mal über die Bedeutung des Wortes. So konnte der Bayerische Rundfunk unter Beteiligung seiner Hörer stolz vermelden, dass es sich hierbei um ein stehendes Gewässer handelt.

Im Ausland hingegen akzeptieren Musikinteressierte den Begriff „Woog" als Eigennamen, da man scheinbar Bezüge zu dem legendären „Moog Synthesizer" mit einem auf dem Kopf stehenden Anfangsbuchstaben sieht. Während sich um den Bandnamen also vielfältige Interpretationen ranken, ist man sich ansonsten einig: Die *Woog Riots* feiern mit ihrer Musik sowohl hierzulande als auch international beachtenswerte Erfolge.

Fast ungewöhnlich mutet es an, dass *Heinerfest-City* nicht längst eine große Eventidee für den Badesee umgesetzt hat. Eher bescheiden wirkt da das jährliche Anschwimmen der Woogsfreunde bei Kaffee und Kuchen, vor allem, wenn man die Berichte über die Woogsfeste verfolgt, die vor einigen Jahrhunderten hier stattfanden. Bereits im 17. Jahrhundert wurde der Darmstädter Woog erstmals als Blickpunkt für Aufsehen erregende Festivalkultur der damaligen Epoche erwähnt.

1654 gab es auf dem Woog ein Feuerwerk zu Ehren der fürstlichen Kindstaufe von Georg, der nach einem knappen Lebensjahr wieder verstarb. Hierfür war, so ein Bericht, *außer Flößen und Kähnen ein mit drei Masten versehenes ‚Kriegsschiff' erbaut worden, das den Angriff mit Feuerwerk aller Art auf die im Woog erbaute Scheinburg ausführte. Die Verteidigung der Burg erfolgte aus dieser selbst und von der auf den Dämmen aufgestellten Hilfsarmee, bestehend aus ein groß Pöller von 130 Pfund, 3 Stückposten auf jeder 12 Stück, 6 kleiner Pöller, eine große Raquet von 50 Pfund, 6 Raketen Posten, Wasserkugeln, so von den Flossen geholt und aus den Schiffen geworfen wurden, 6 Feuer Räder, 8 Kolben Kugeln allerseits voll Schwärmer und Schläg, 60 Kegel, eine Salva von 500 Doppelhaken.* [14]

1660 stellte Erbprinz Ludwig auf dem Großen Woog eine ganze Seeschlacht nach, *bei der eine aus 8 Schiffen, Jachten und Nachen bestehende Flottille verschiedene Seeschlachtmanoeuvres ausführte.* Nach diesem Seegefechte wurde die geladene fürstliche Gesellschaft auf den Schiffen bewirtet und dann bei hereinbrechender Nacht ein prächtiges Feuerwerk auf dem Wasser abgebrannt", so erzählt ein Zeitungsbericht des *Darmstädter Tagblatt* aus dem Jahre 1937. [15]

1928 veranstaltete das „Amt für Leibesübungen" auf dem Woog ein großes Sommernachtsfest, um für den Sport zu werben und zog mehrere tausend Besucher an, wie es im Zeitungsbericht des *Darmstädter Tagblatt* heißt. Auch **1937** wird von einem solchen berichtet, bei dem die Woogsinsel beleuchtet wurde, der See ringsum mit Lichtgirlanden eingefasst wurde und ein riesiges Feuerwerk den Abschluss brachte. [16]

Den Zauber dieser vor Jahrhunderten veranstalteten Sommerfeste wird heute nur gelegentlich wiederbelebt:

Die Darmstädter Residenzfestspiele auf Initiative des Darmstädter Konzertchors und seinem Leiter Wolfgang Seeliger greifen seit 2001 die Tradition höfischer Feste in Darmstadt auf und beleben historisch und architektonisch bedeutsame Ensembles mit vielfältiger Musikkultur. So wurde der Woog kultureller Schauplatz mit Empfang, Musik und Feuerwerk und wurde in Anlehnung an die Uraufführung von Händels „Wassermusik" auf Booten in der Themse in London als Ort ausgewählt. Und auch die Flaneurkonzerte vor dem eigentlichen Beginn waren von barocken Gartenfesten inspiriert.

Die Darmstädter Schriftstellerin Alina Bronsky las 2012 im Rahmen des Jugend- und Kinderliteraturfestivals „Huch, ein Buch!" aus ihrem Fantasy-Roman „Spiegelkind" vor der Woogskulisse.

2011 belebte eine engagierte Gruppe von Architekten und Studierenden im Rahmen des Architektursommers Rhein-Main mit der Kunstaktion „Ahoi" den Badesee, indem sie ihn an einem Wochenende im Juni mit einer spannenden wie kritikübenden Installation bespielte: Um darauf aufmerksam zu machen, dass das Juwel der Stadt eingezäunt und abgeschirmt wird, wurde der Große Woog mit 220 Schwimmreifen poetisch inszeniert. Das Strandbad war bis elf Uhr abends für alle geöffnet, mehr als 300 Gäste tummelten sich am Ufer, plauderten und schauten und hätten – bei wärmeren Temperaturen – auch die Reifen schwimmend erleben können.

Nach anstrengendem Aufbau der Installation „Ahoi" belohnt die Abendstimmung

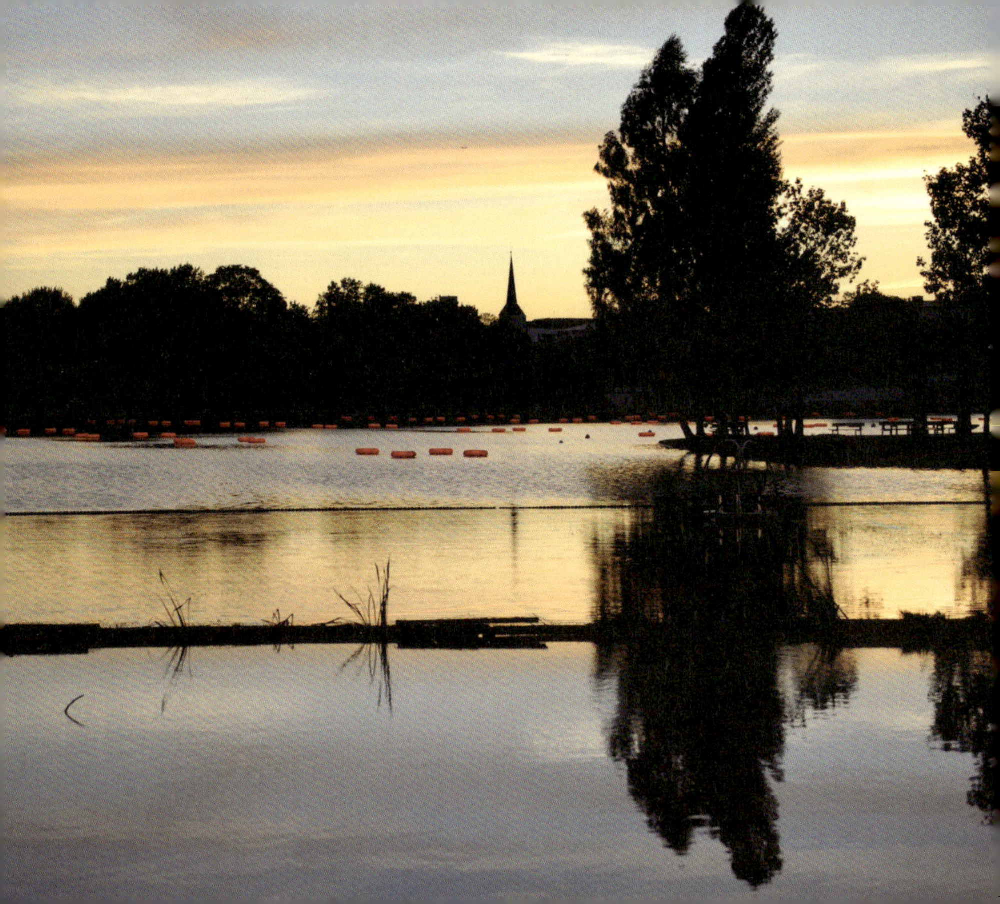

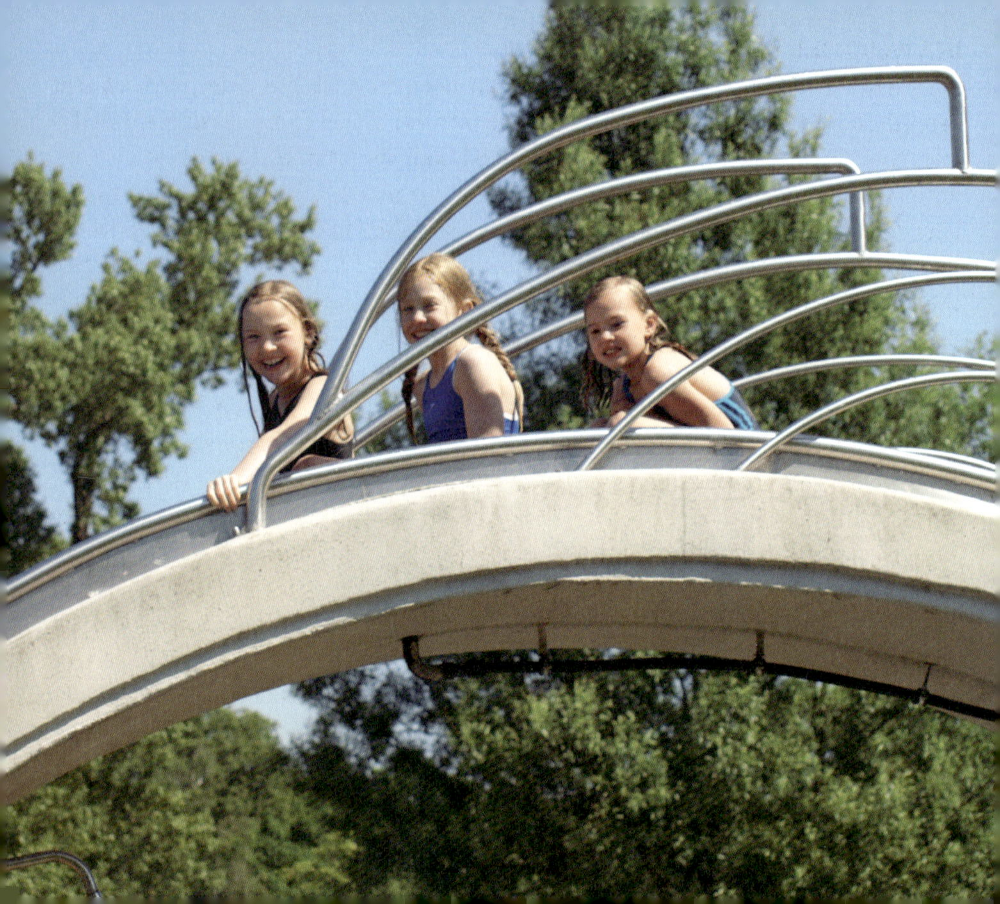

DER WOOG UND SEINE ZUKUNFT

Die Vielfalt an Ideen und Plänen rund um den Woog ist groß, die Meinungen, ob man den See so belassen sollte, wie er ist, oder ob man ihn öffnen sollte, divergieren stark. Im *Darmstädter Echo* vom 15. September 1954 wird der „Ausbau des Woogs zu einer würdigen Erholungsstätte" angekündigt. So brüte man beim Tiefbauamt „gegenwärtig über den Plänen eines großzügigen Ausbaus des Nordufers an der Landgraf-Georg-Straße. Dort soll, wenn alles klappt, schon übernächstes Jahr am Fuße von Restaurants so etwas wie eine ‚Côte d'Azur' geschaffen werden." Daraus wurde nichts, denn bis heute ist außer der sehenswerten Jugendherberge und dem Familienbad an der Woogsseite entlang der Landgraf-Georg-Straße nur der Verkehr in Richtung Dieburg präsent.

Die Problematik der Bundesstraße 26 und der Erweiterung des Campus der angrenzenden Technischen Universität auf der Lichtwiese mit der Regenwasserverwendung seien mit Hinblick auf die Grundwassersituation des Woogs nicht unerwähnt, da der Zufluss an Wasser in den Sommermonaten dadurch sinken wird. Die Bürgerinitiative Woogsfreunde kann mit ihrer Unterstützung hier zwar kosmetisch entgegenwirken, aber elementar wird der Schutz des Wassereinzugsgebietes werden. In diesem Zusammenhang muss auch die Darmstädter Initiative zur Freilegung des Darmbachs genannt werden, die den Darmbach wieder offen durch Darmstadt fließen lassen möchte. Durch die damit verbundene Wieder-Anbindung des Meiereibachs würde der Zufluss am Woog erhöht, wodurch sich dessen Wasserqualität verbessern könnte.

Die Besonderheit, dass ein Naturgewässer wie beispielsweise der Große Woog von einem Zaun umgeben ist und ihm eine Privatsphäre verleiht, karikiert der Autor Marc-Uwe

Der Weg ist schnell, steil und spaßig, ab ins kühle Nass

Kling in seinem Buch *Das Känguru-Manifest*: *"Irgendwas muss der See aber in der Zwischenzeit verbrochen haben, denn man hat ihn eingesperrt. Das Gewässer ist komplett eingezäunt und auf den Schildern steht: "Privatgrundstück. Betreten verboten...Verdammt sei der Erste, der ein Stück Land mit einem Zaun umgab und auf den Gedanken kam zu sagen: "Dies gehört mir", und verdammt seien die Leute, die einfältig genug waren, ihm zu glauben!", ruft das Känguru. ... "Das ist doch irgendwie bemerkenswert"*, sage ich, während ich oben auf dem Zaun sitze. *"Im Realsozialismus wurden Mauern gebaut, um die Leute drinnen zu halten, im Kapitalismus werden Mauern gebaut, um sie draußen zu halten." "Aber in beiden Fällen ist es ein Armutszeugnis, dass die Leute offensichtlich nicht da hin dürfen, wo sie hinwollen, und nicht da sein wollen, wo sie sind"*, sagt das Känguru. [17]

In Darmstadt und am Woog wird der Zaun vorerst bleiben und dem Woog seinen Status erhalten, nur in den Sommermonaten und nur den zahlenden Gästen zugänglich zu sein. Doch so oder so ist und bleibt die Existenz des Darmstädter Badesees ein wichtiges Lebenselixier für die Stadt Darmstadt.

Von der Evangelischen Kirche wurde 2008 erstmals eine Woogstaufe durchgeführt. Die Pfarrer tauften 60 Täuflinge mit Woogswasser, 20 davon direkt im Woog auf der Seite der Halbinsel. 350 Besucher, in festlicher Kleidung wie in Bikini und Badeschuhen, nahmen am Ereignis teil. Ein Freilichtgottesdienst im laufenden Badebetrieb, vielleicht gibt es so etwas nur in Darmstadt.

Ein echter Darmstädter muss nicht unbedingt mit allen Wassern gewaschen sein, aber es wäre schön, wenn er es zumindest einmal in seinem Leben mit Woogswasser versucht.

Mit allen Wassern gewaschen: auf in eine schöne Darmstädter Zukunft

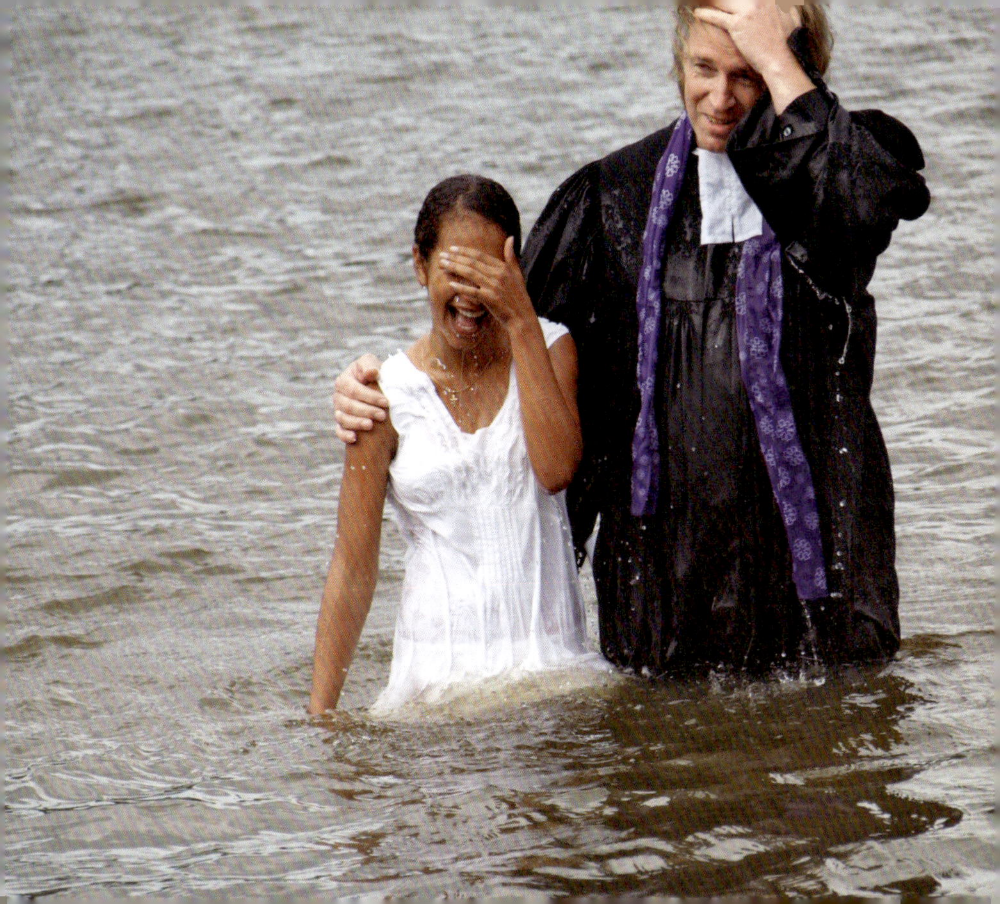

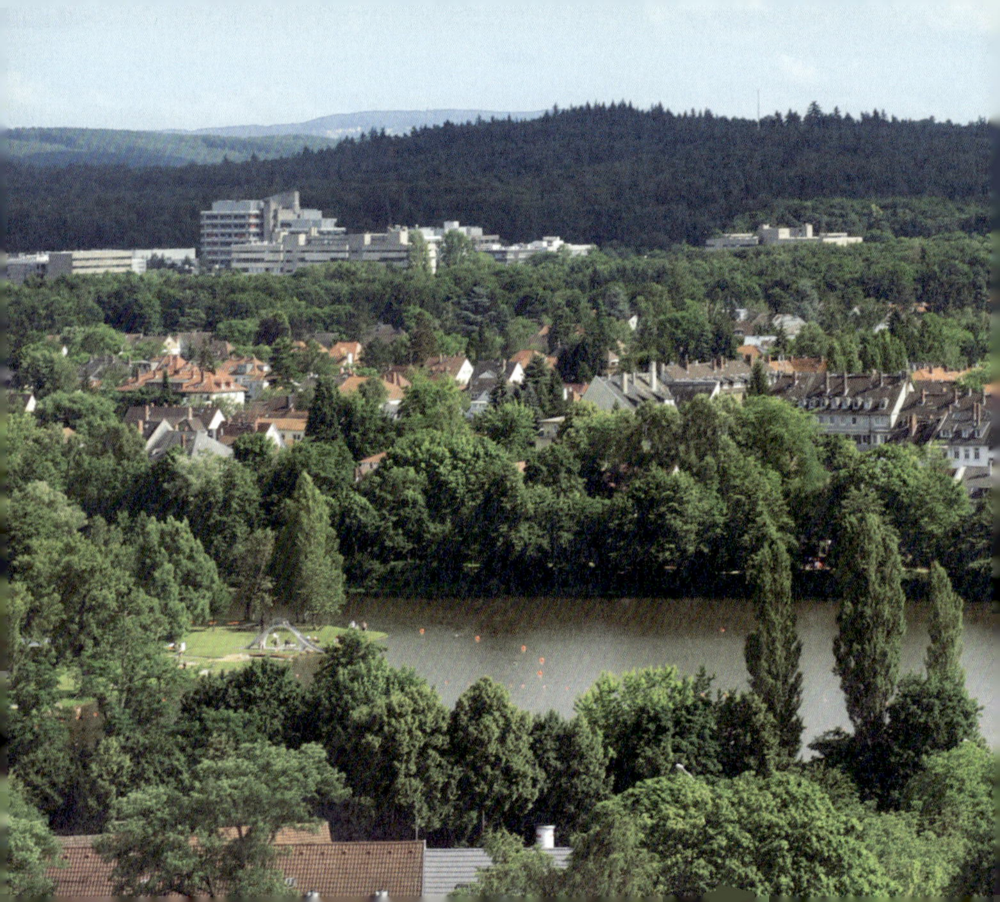

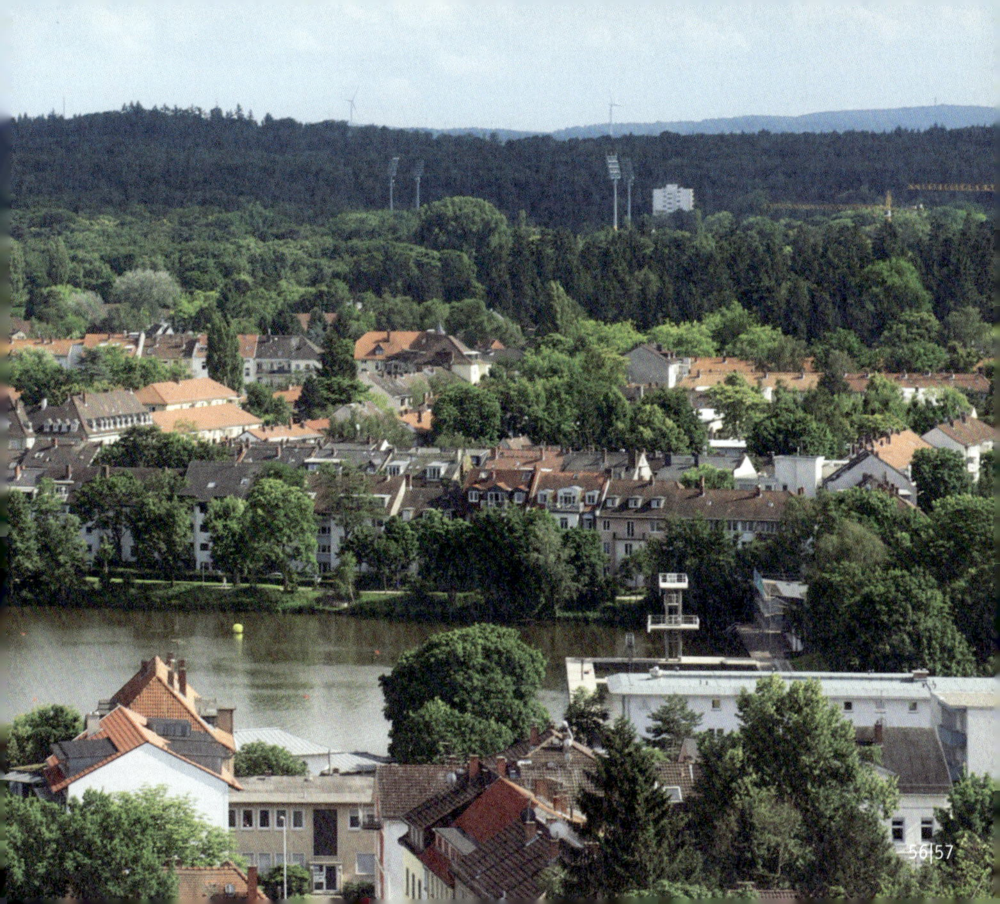

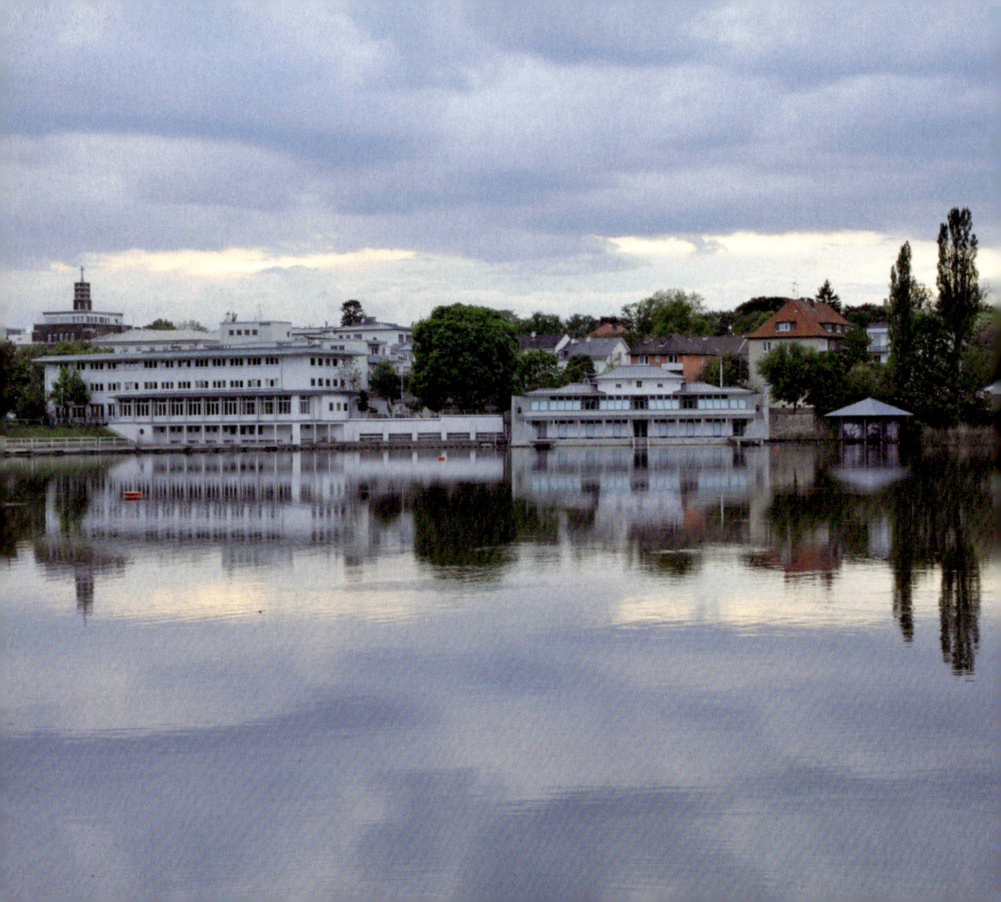

58|59

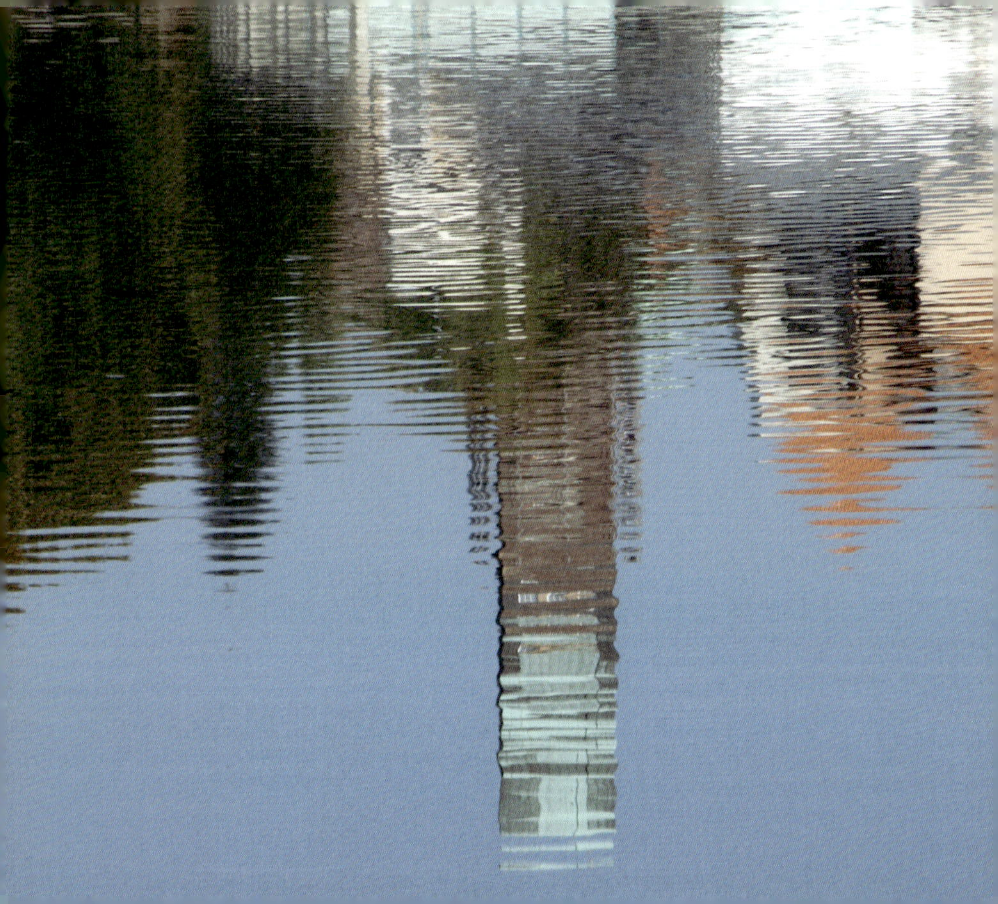

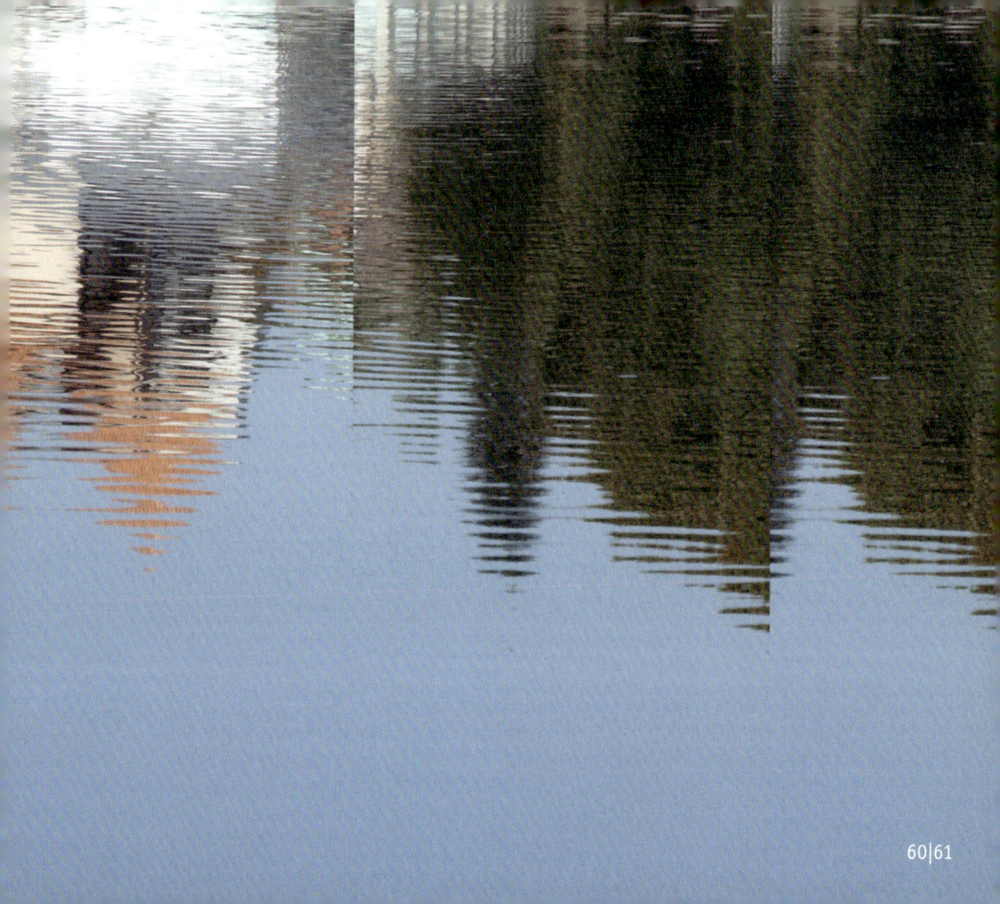

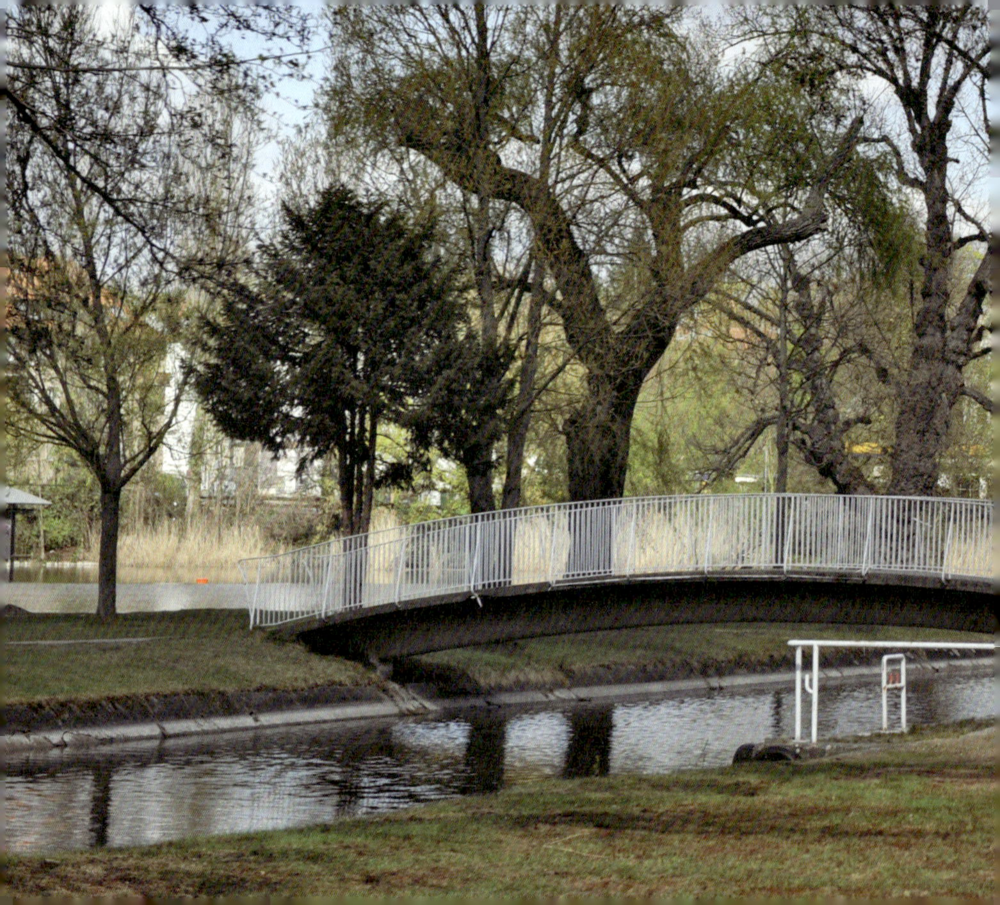

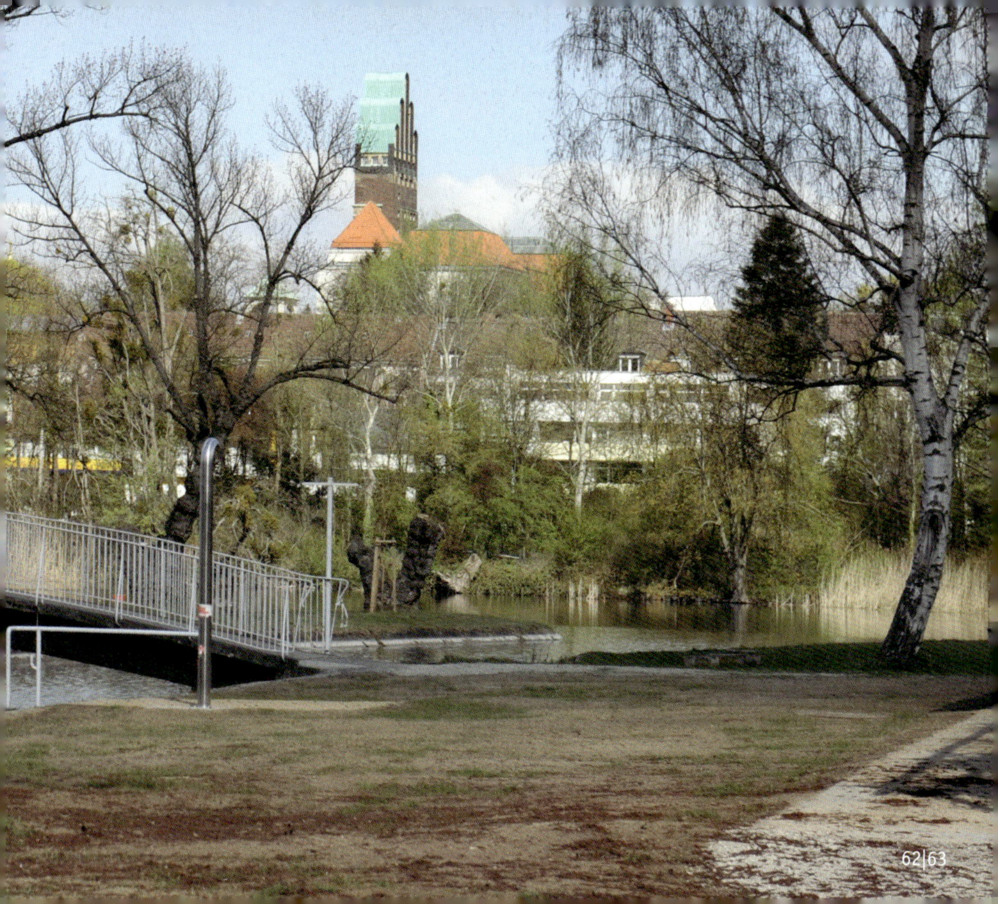

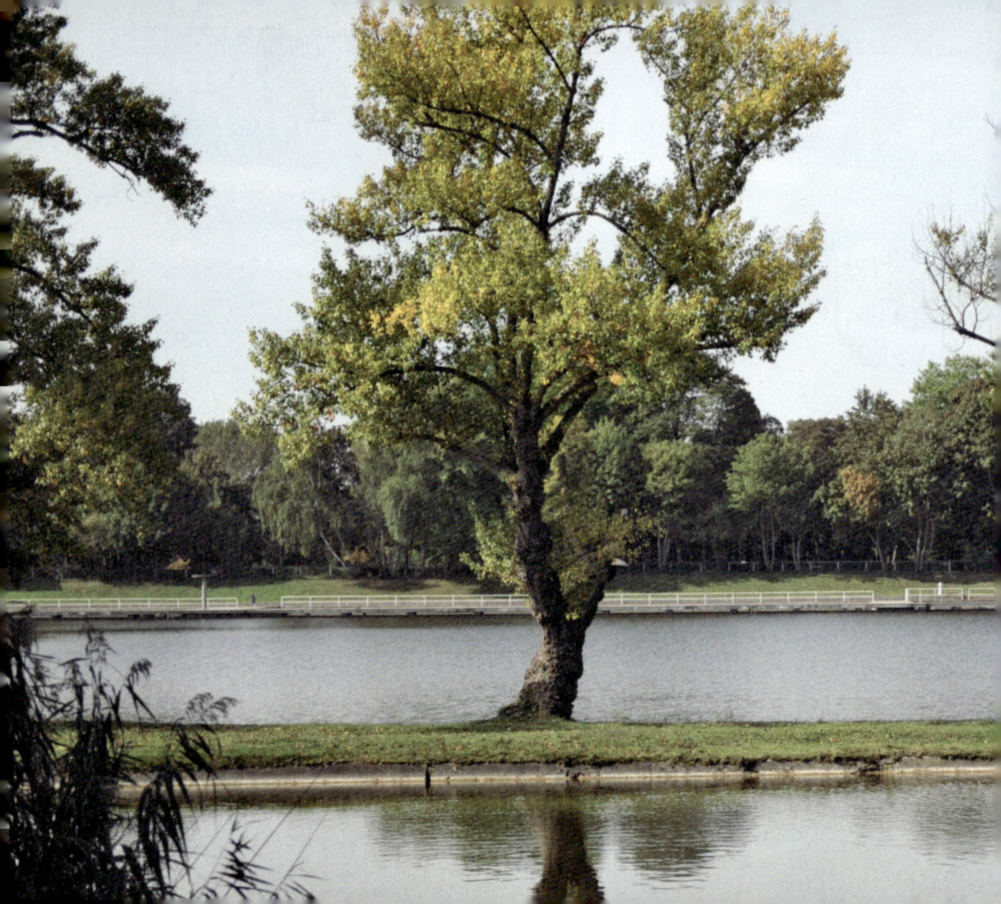

64|65

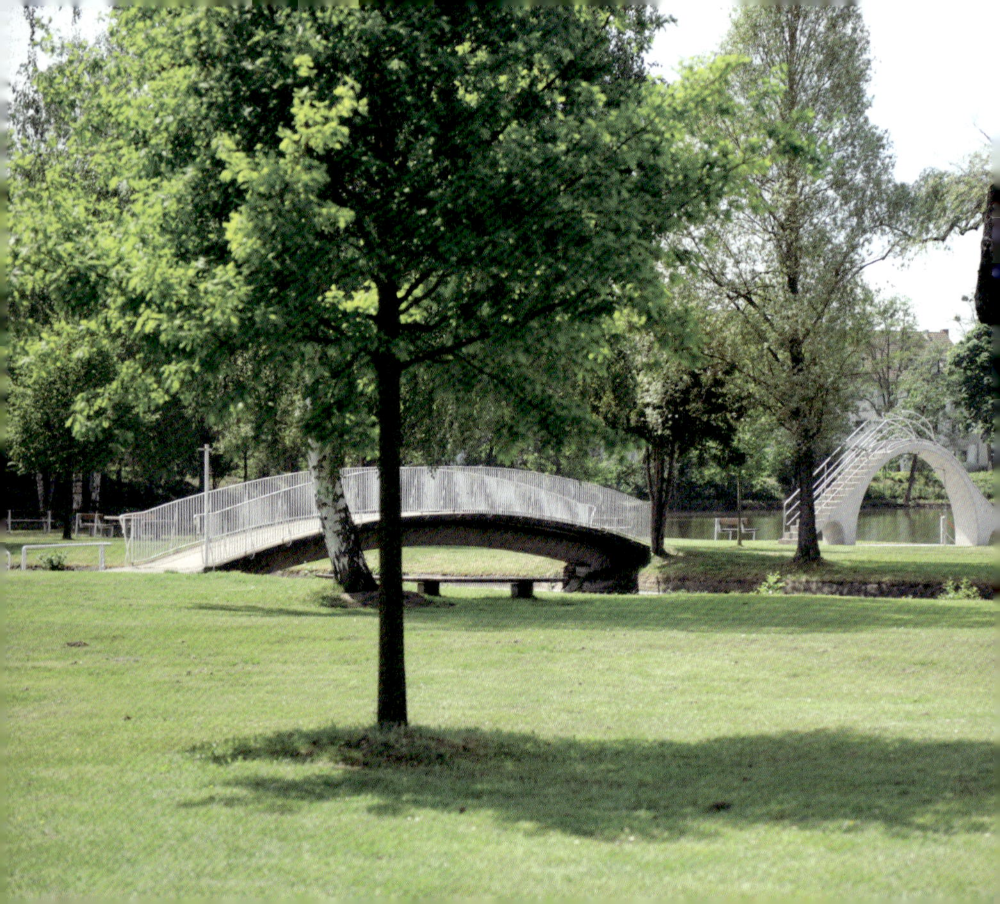

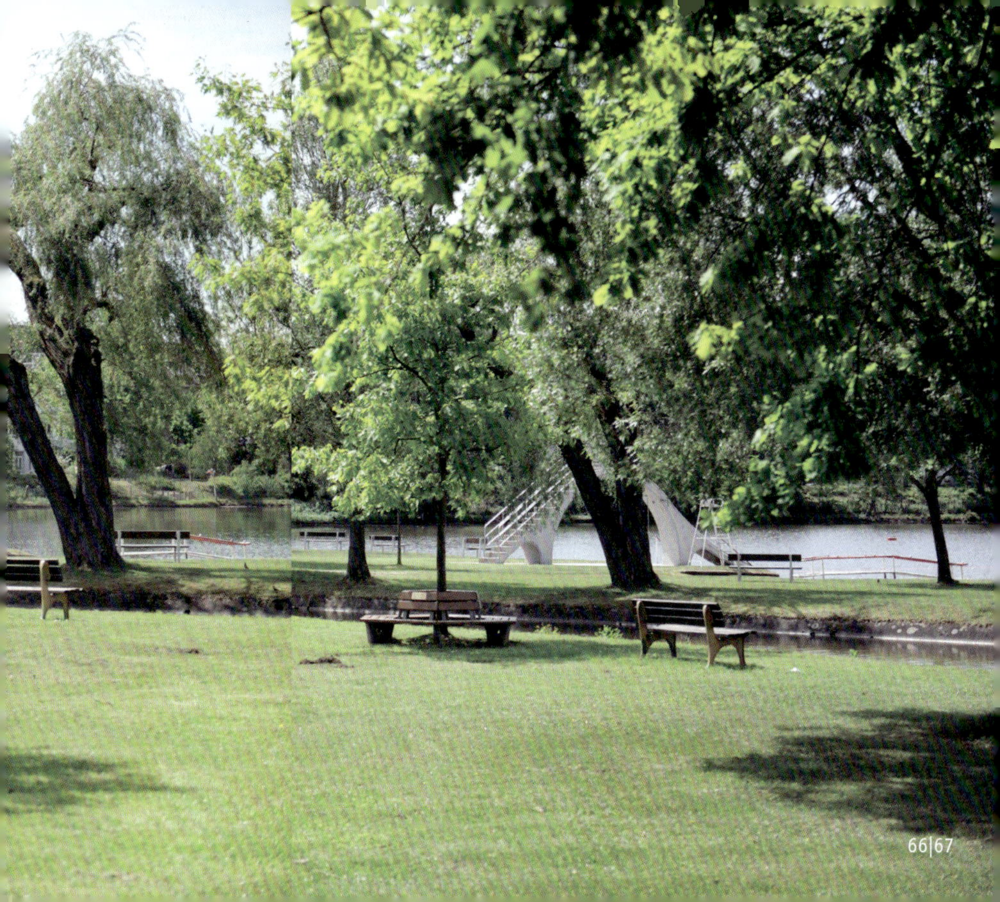

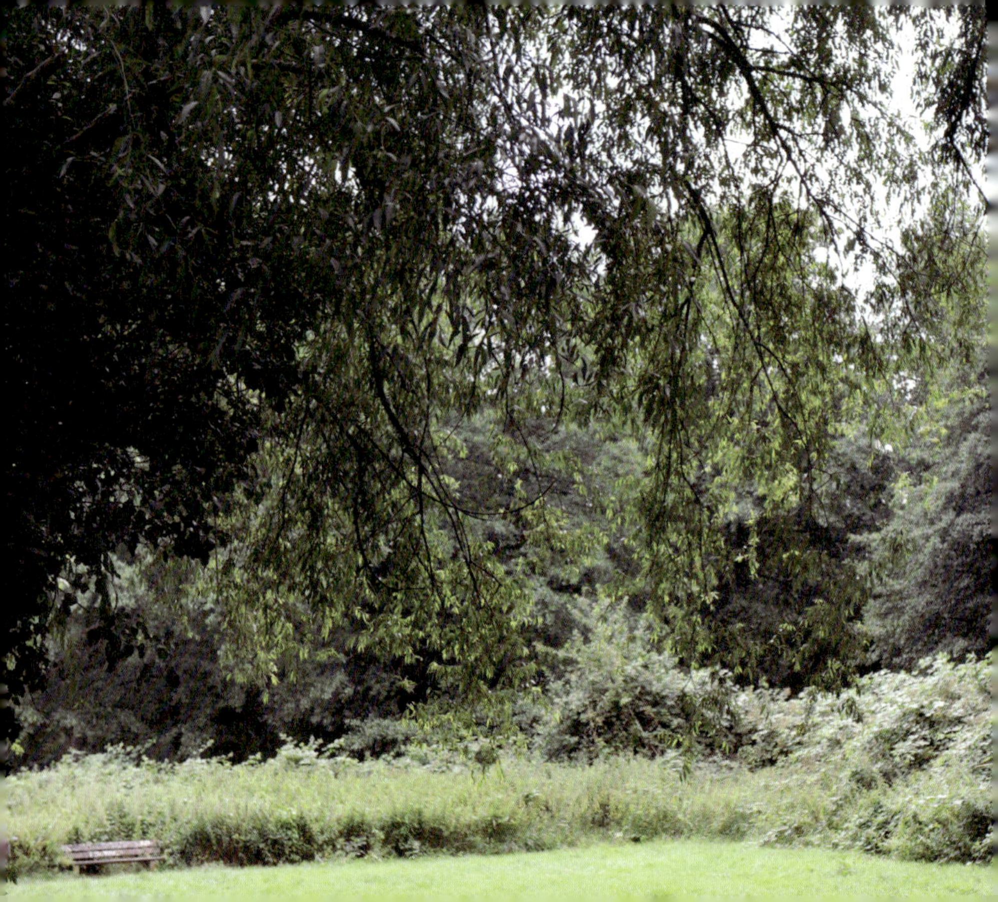

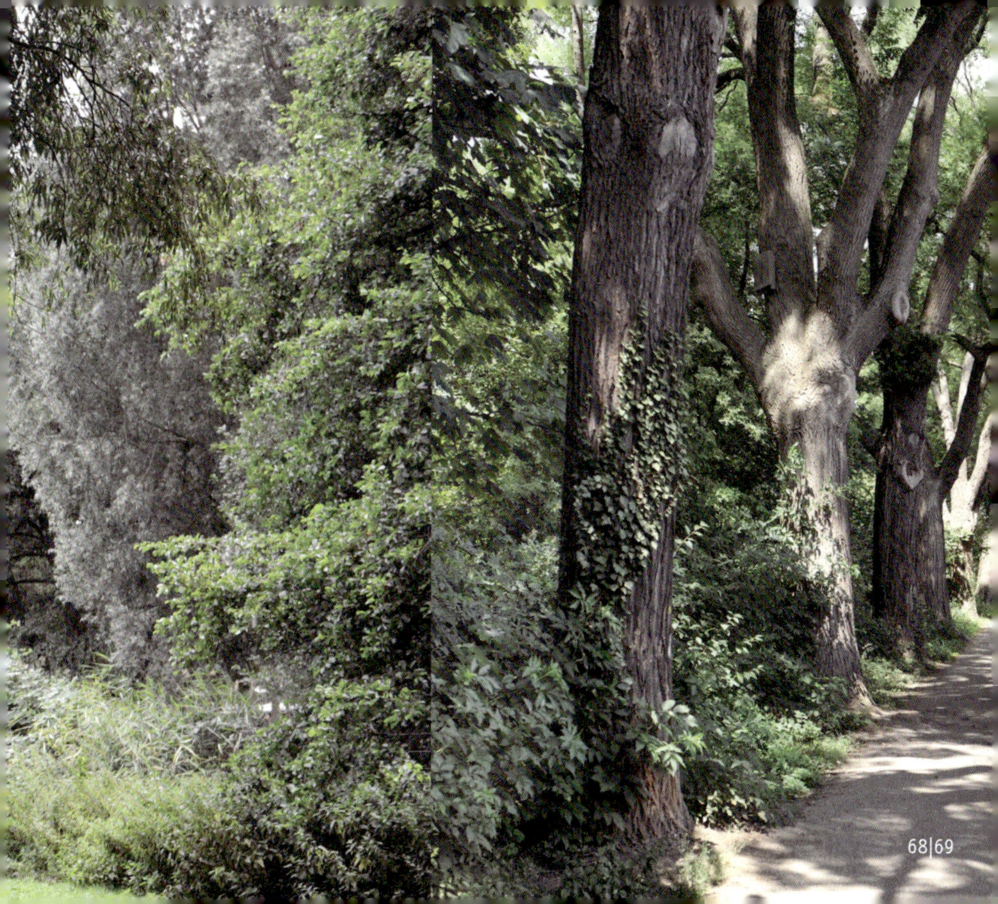

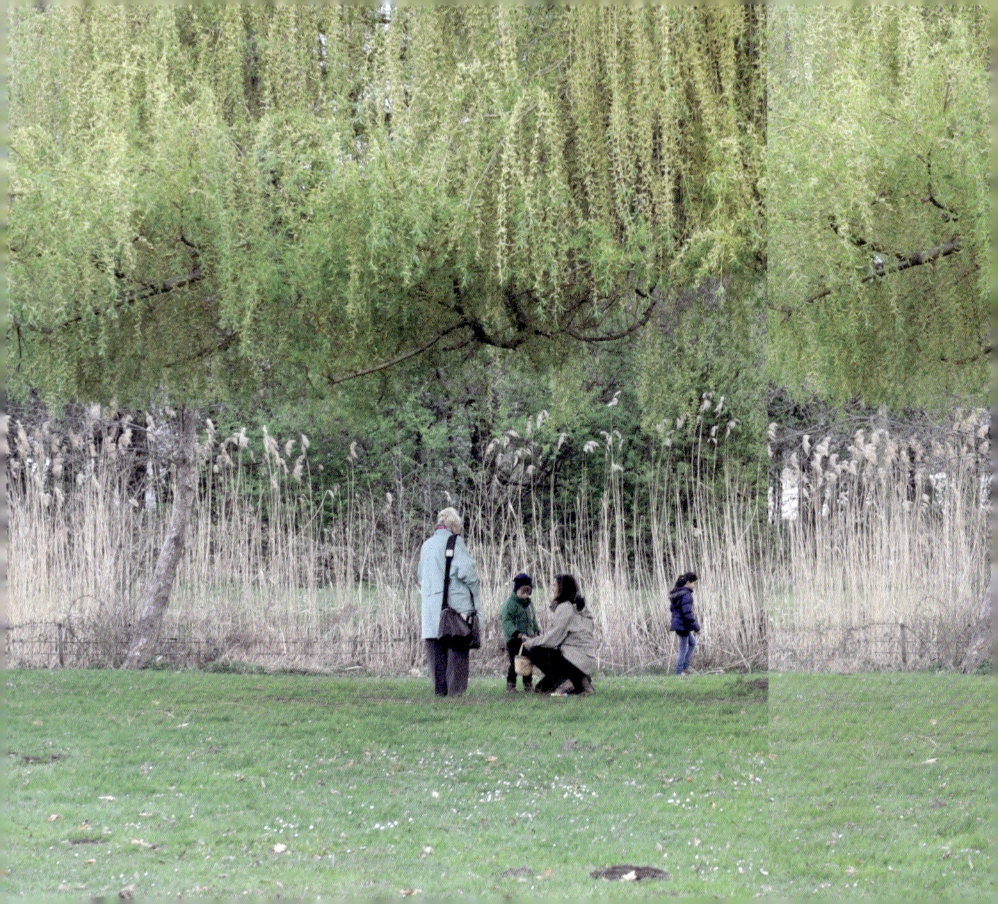

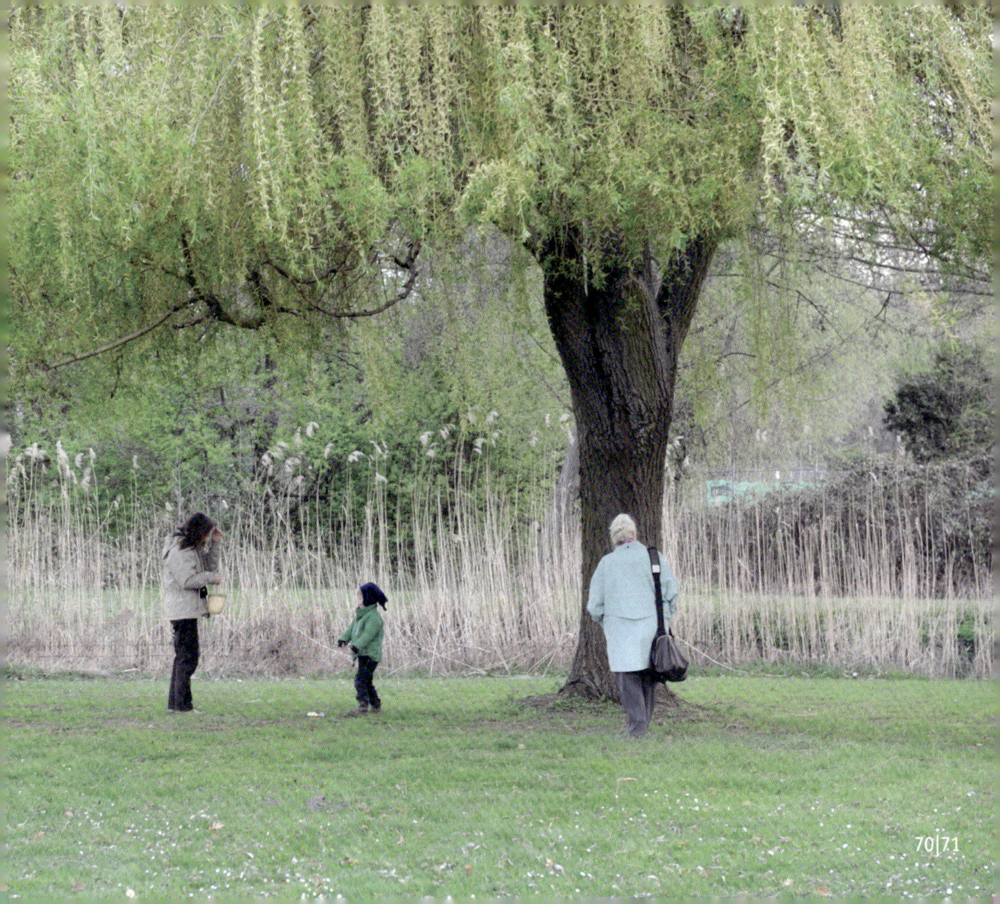

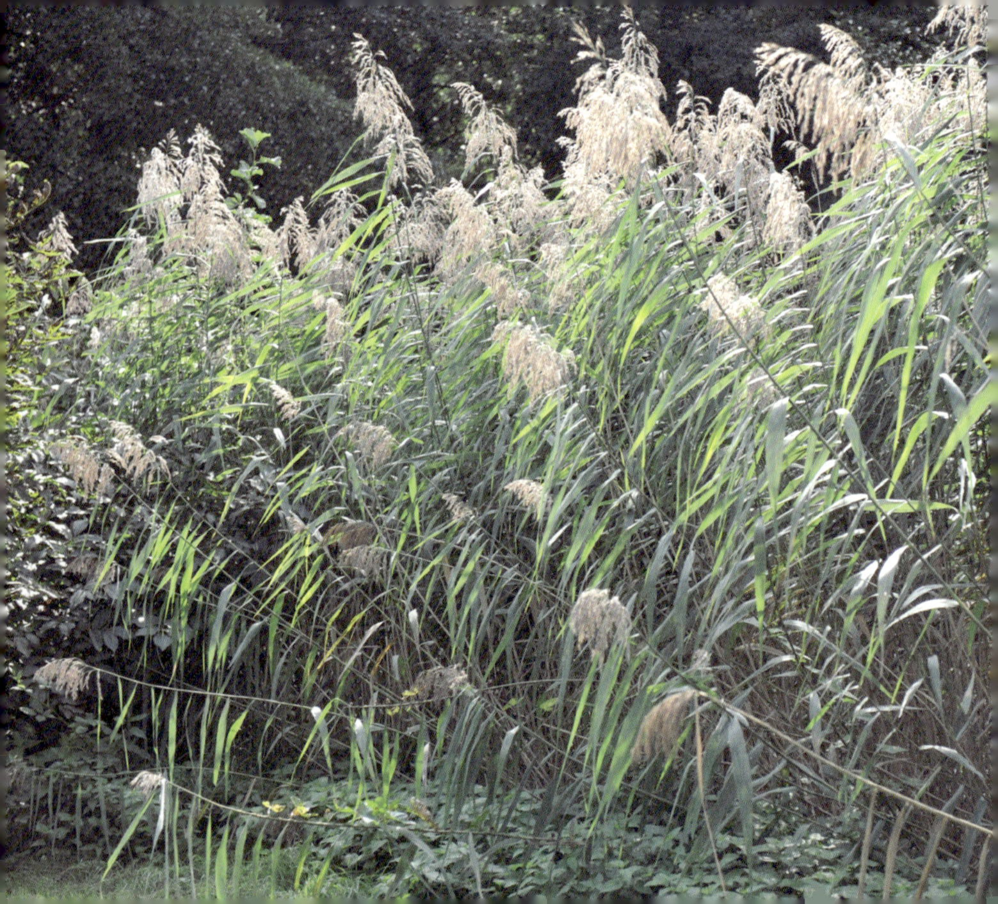

72|73

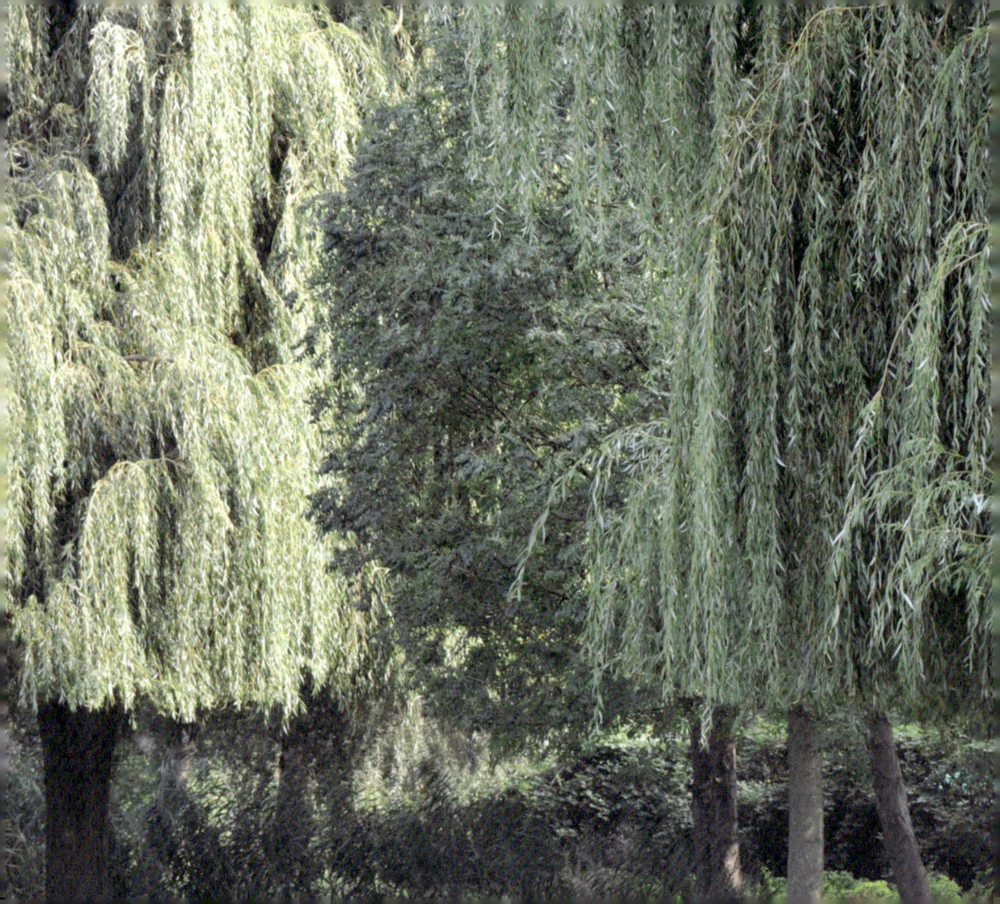

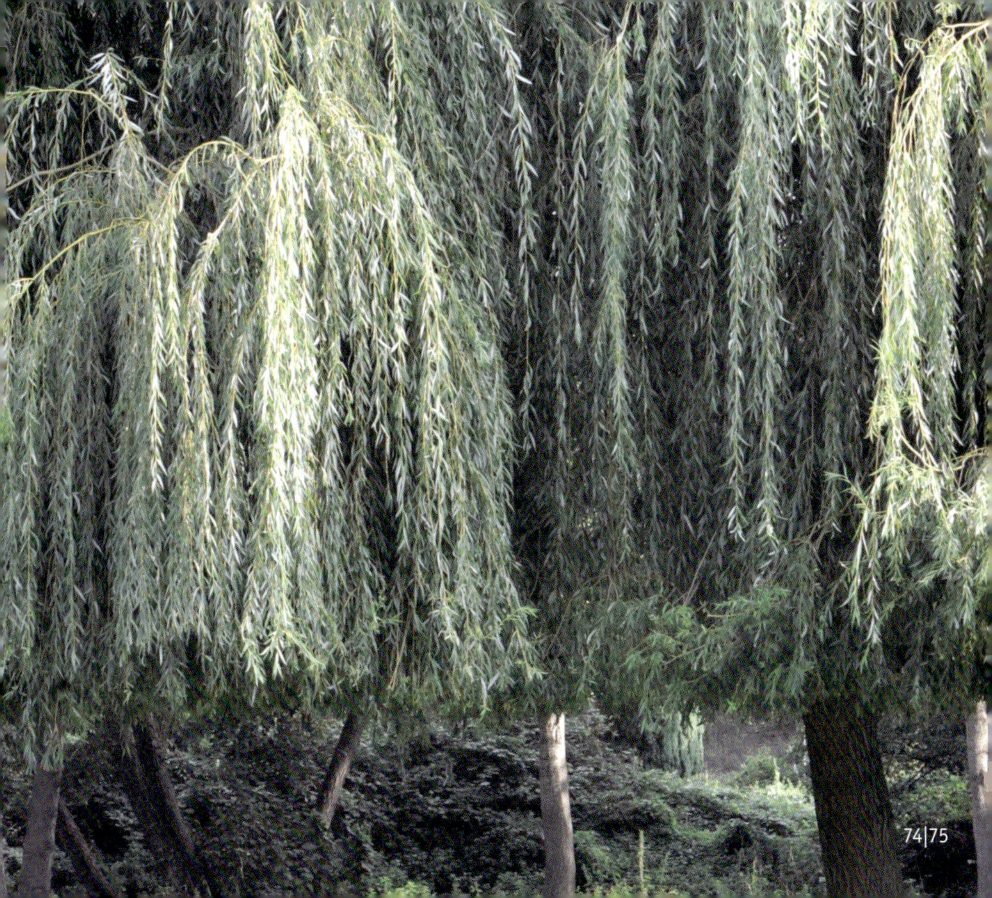

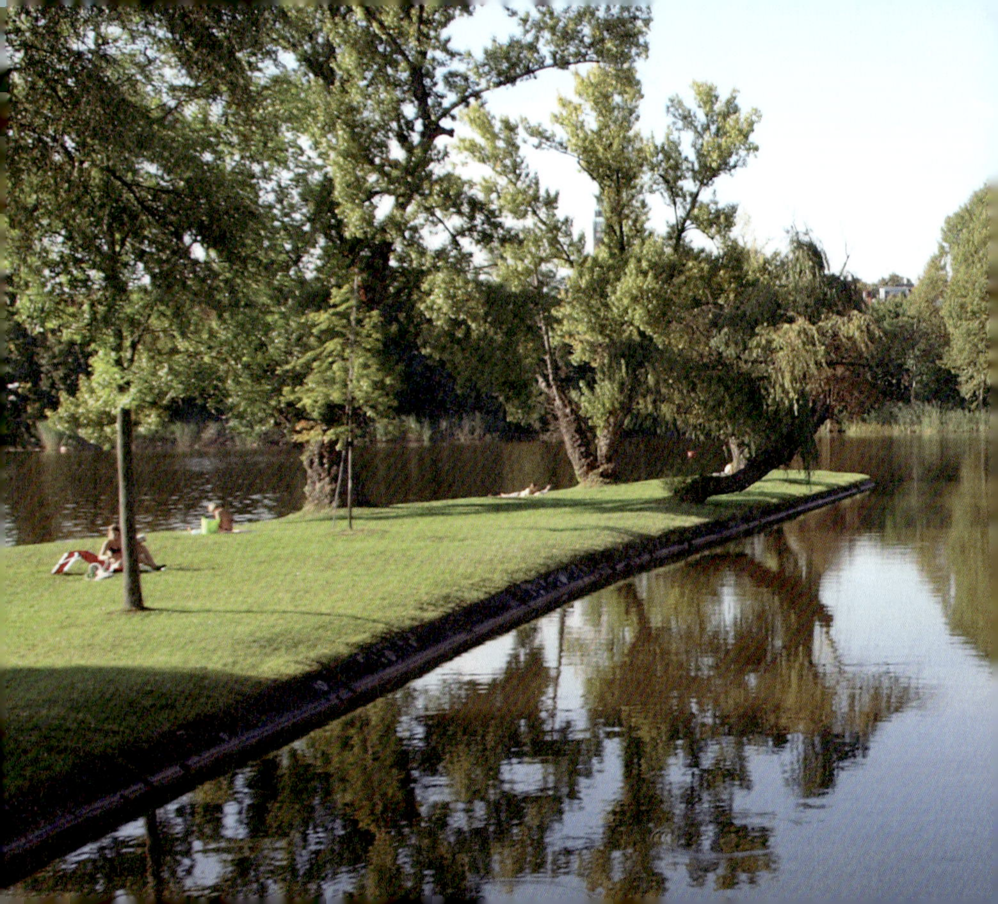

76|77

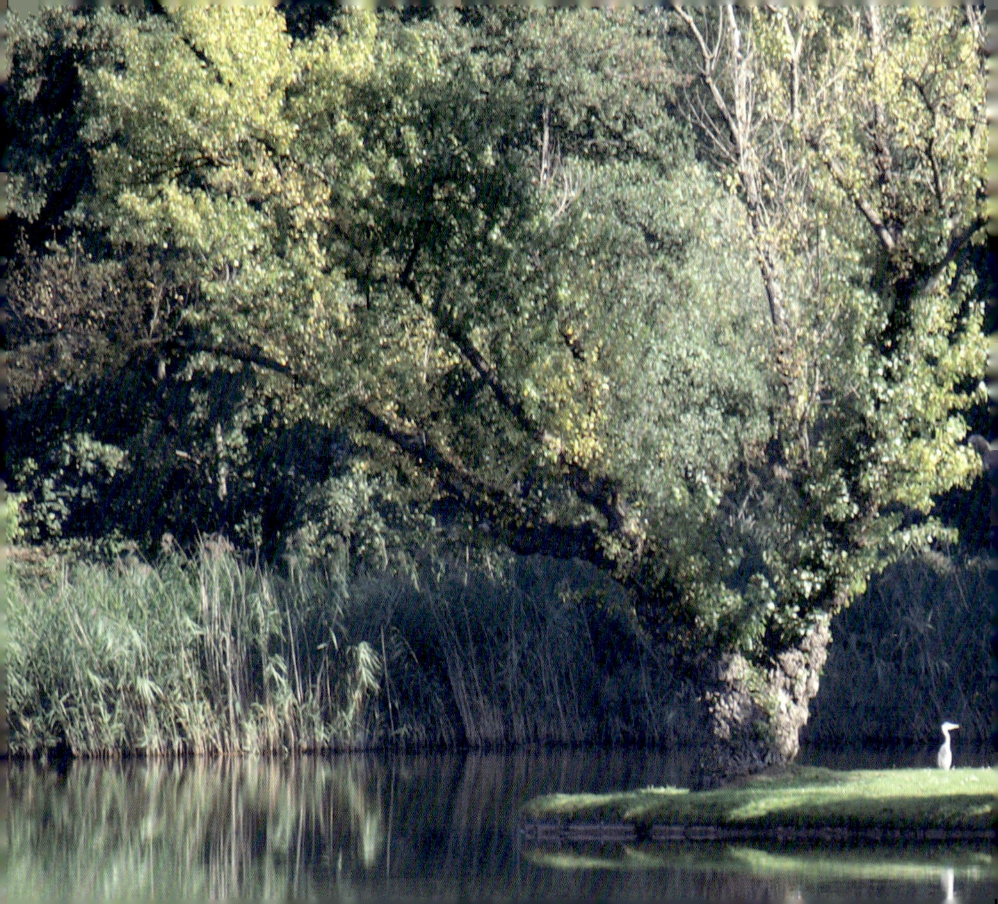

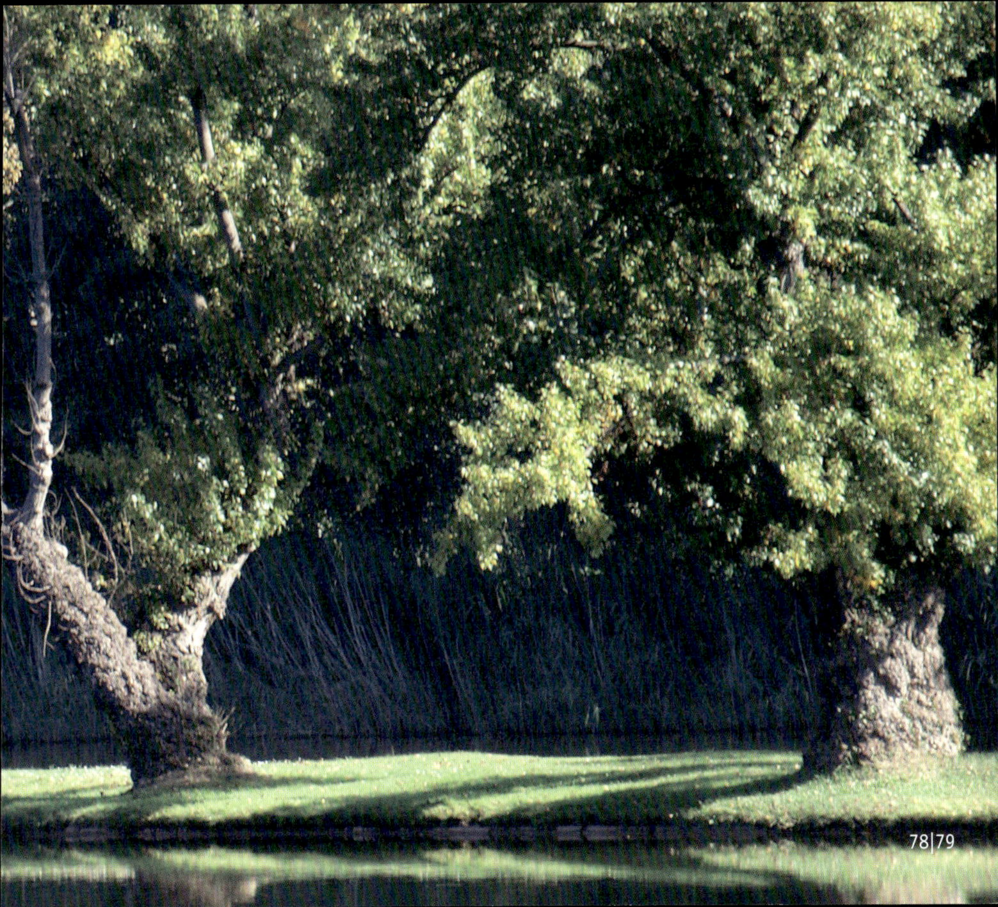

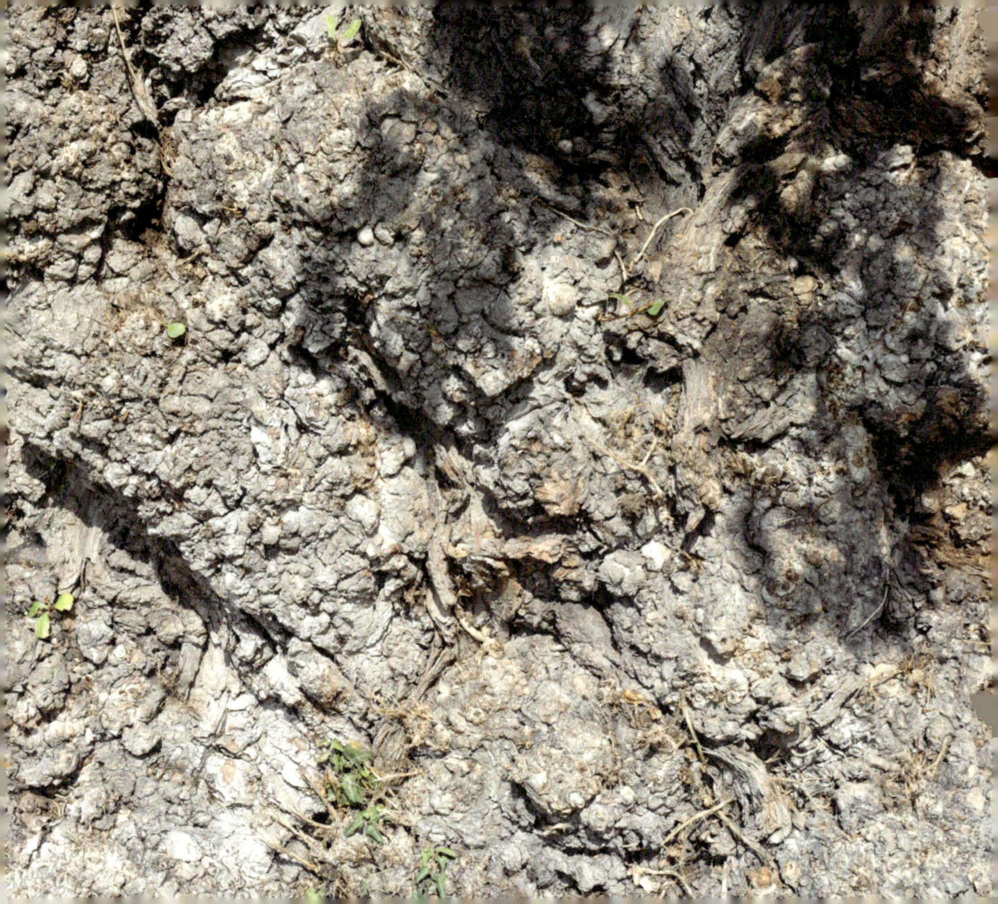

80|81

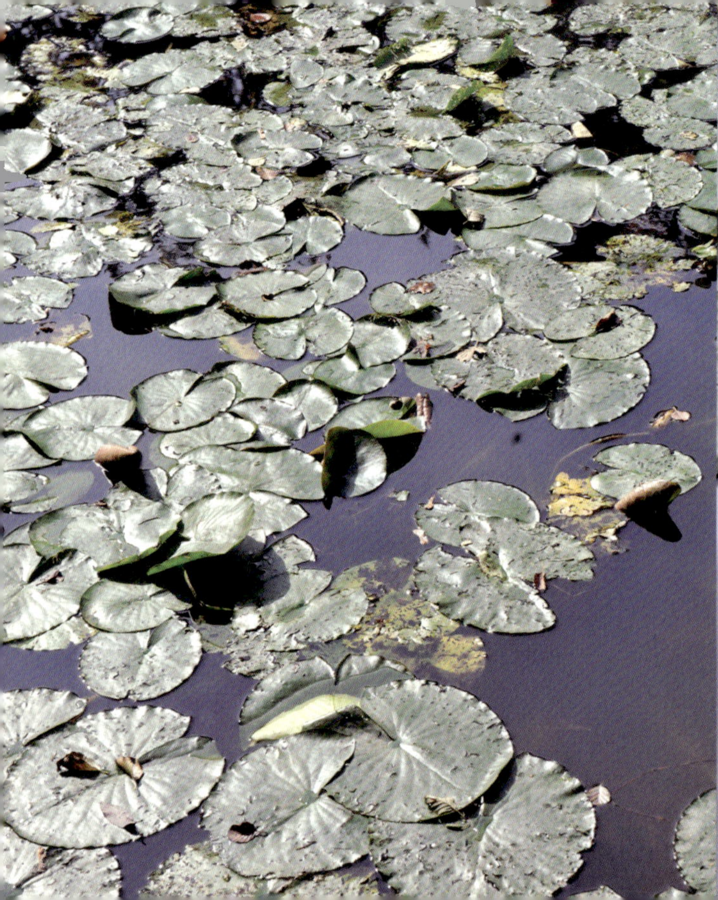
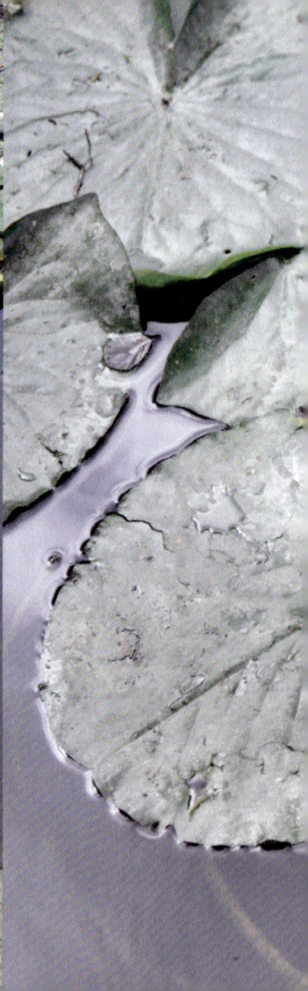

82|83

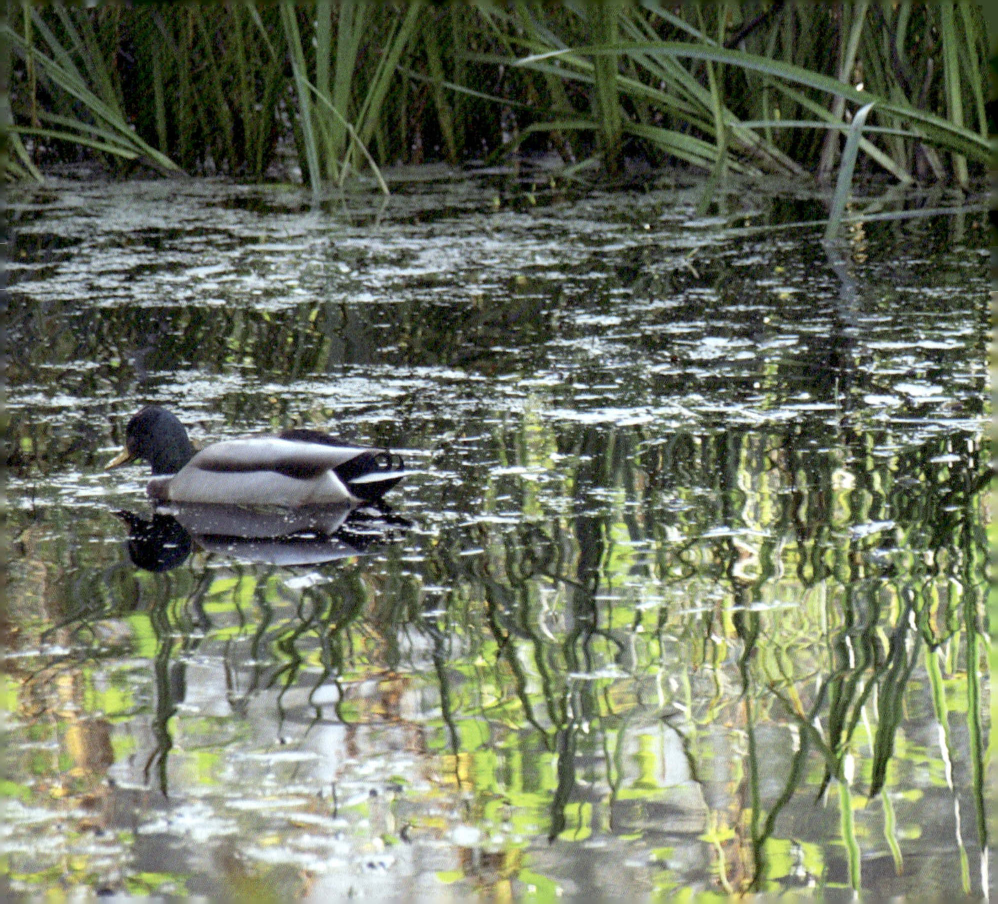

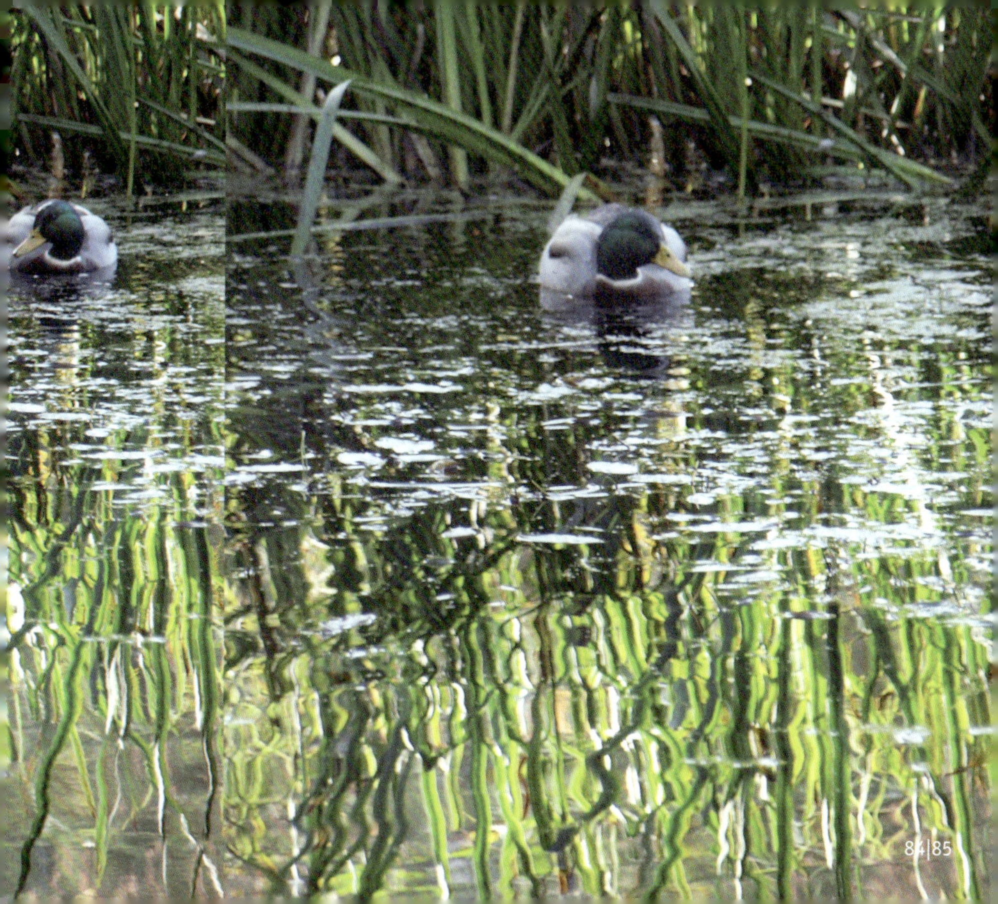

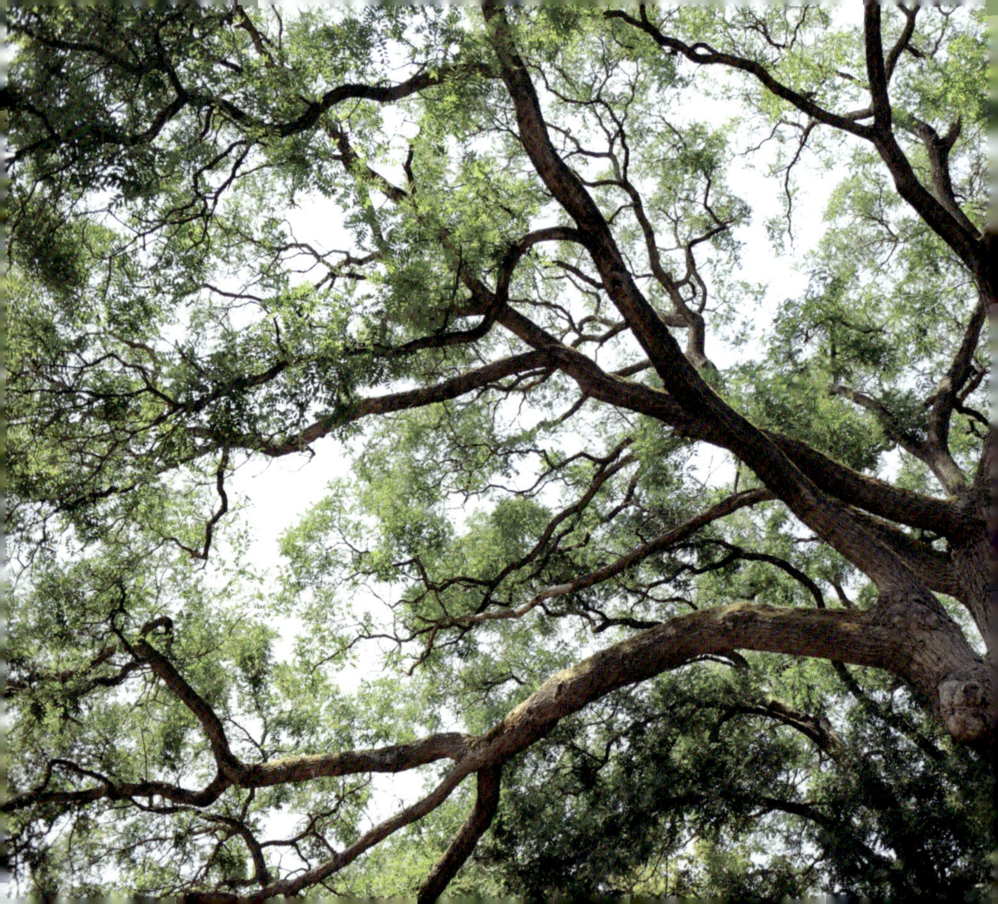

86|87

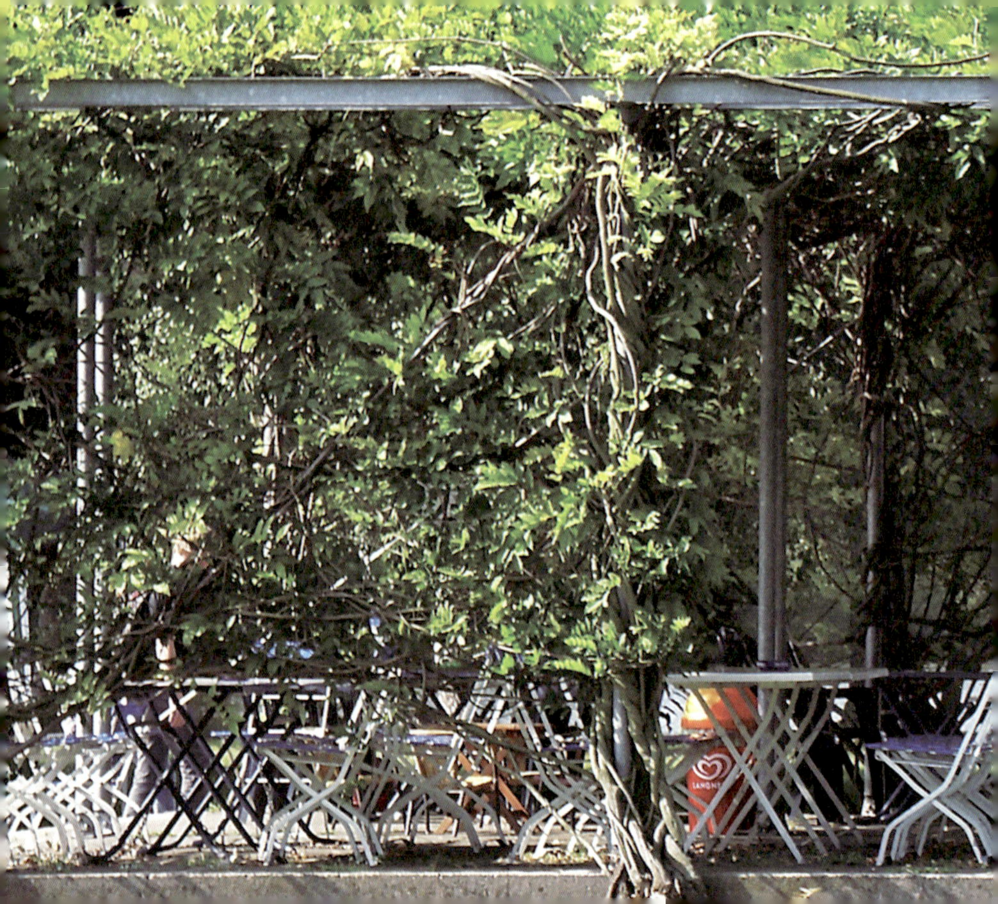

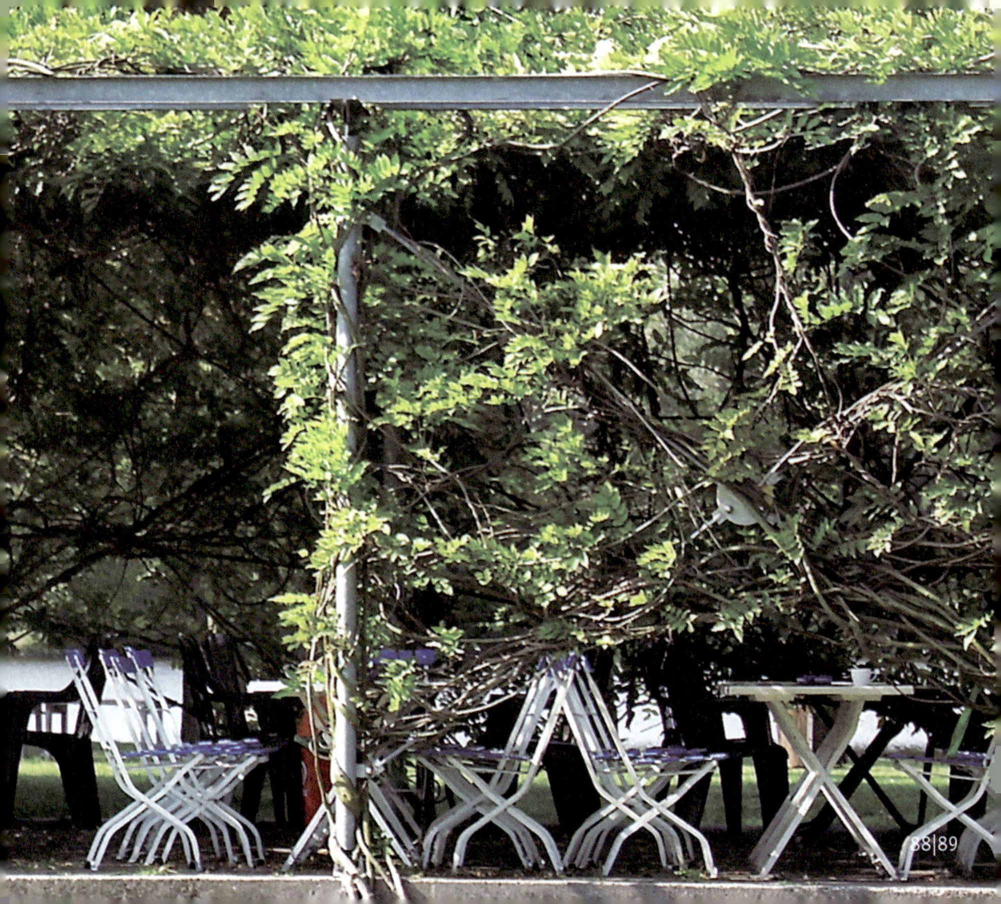

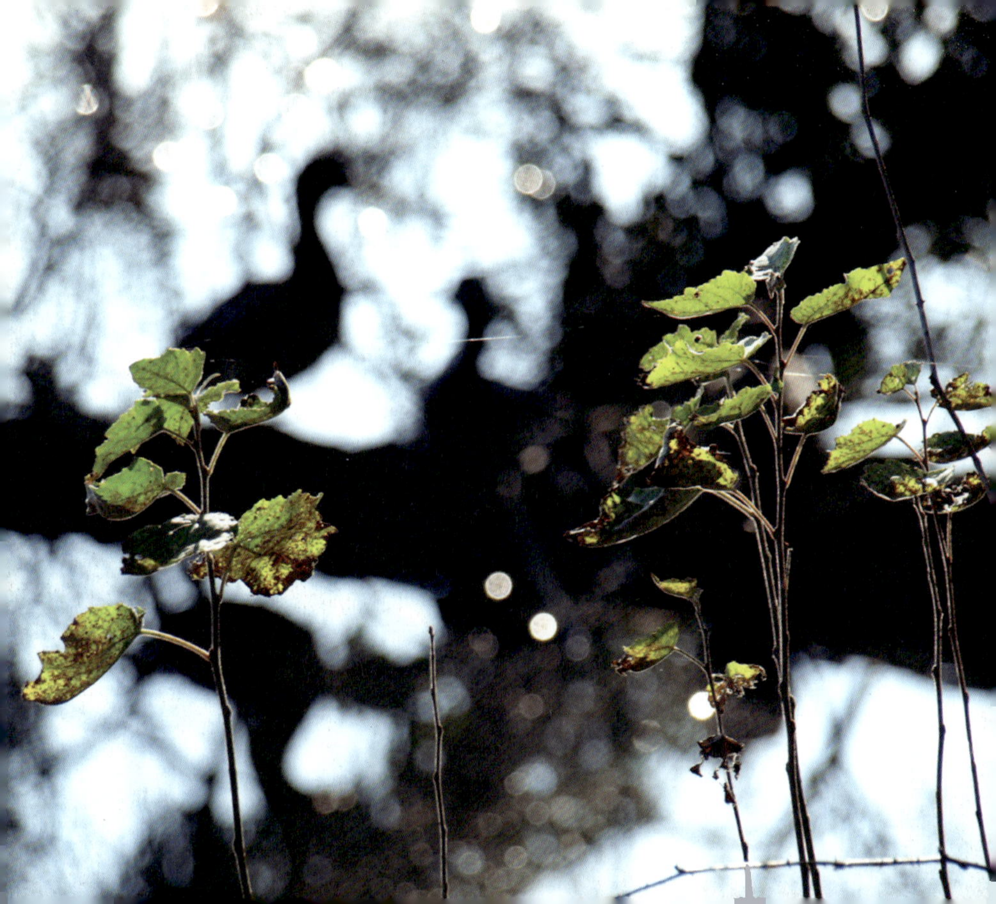

90|91

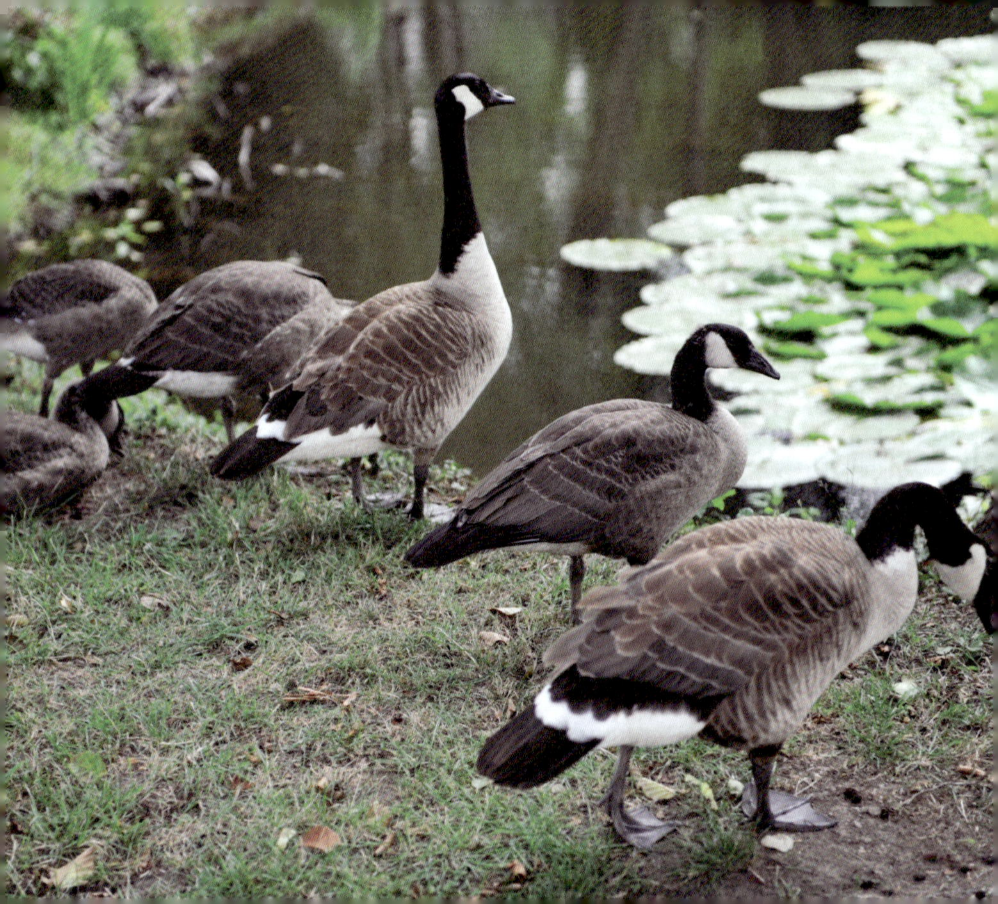

92|93

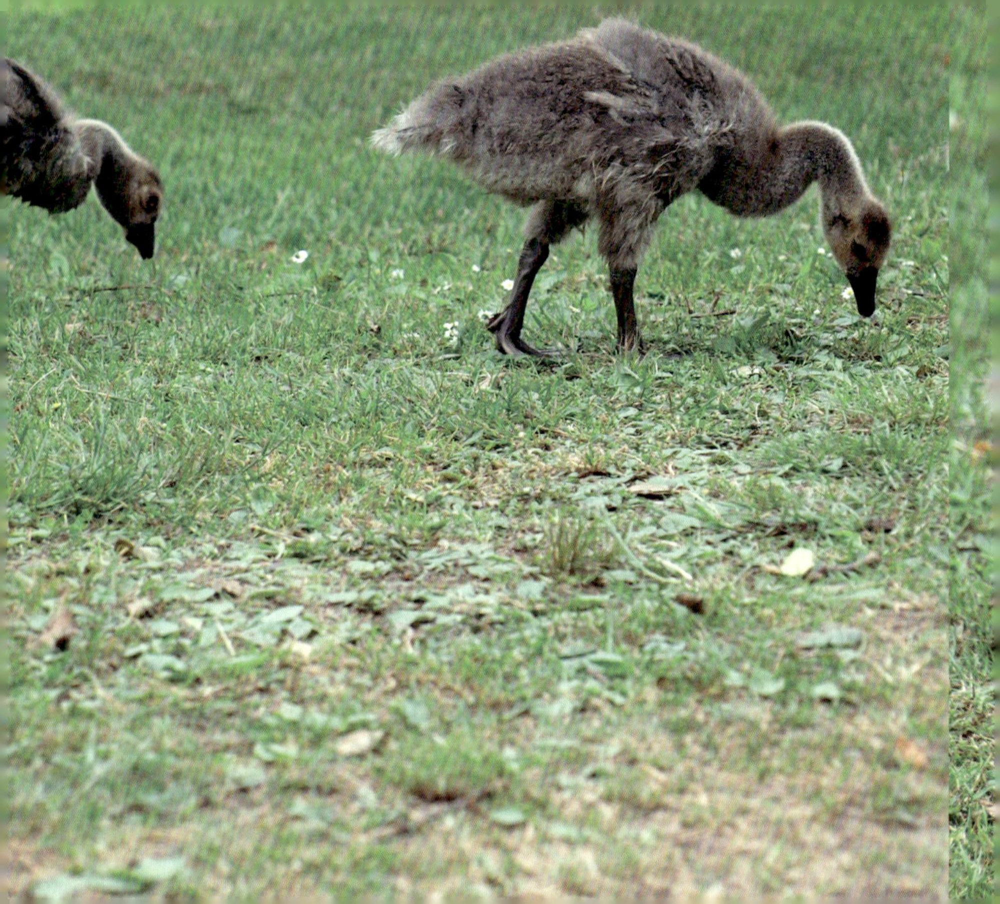

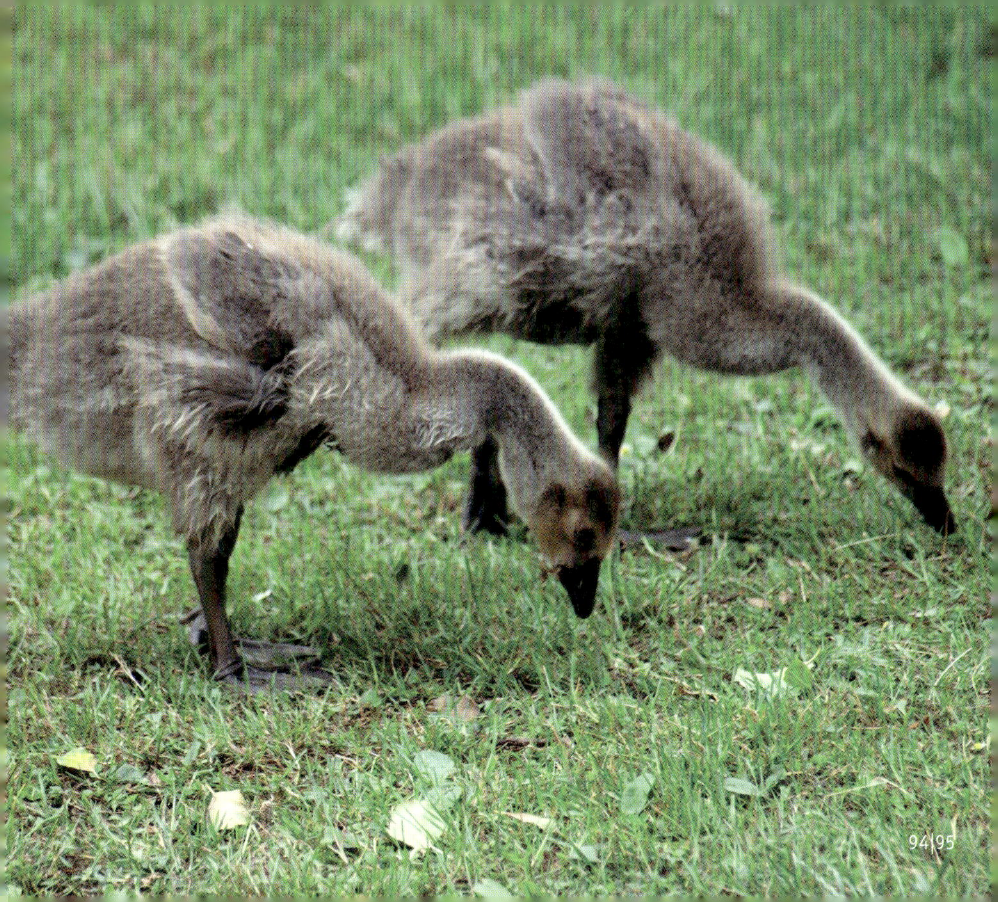

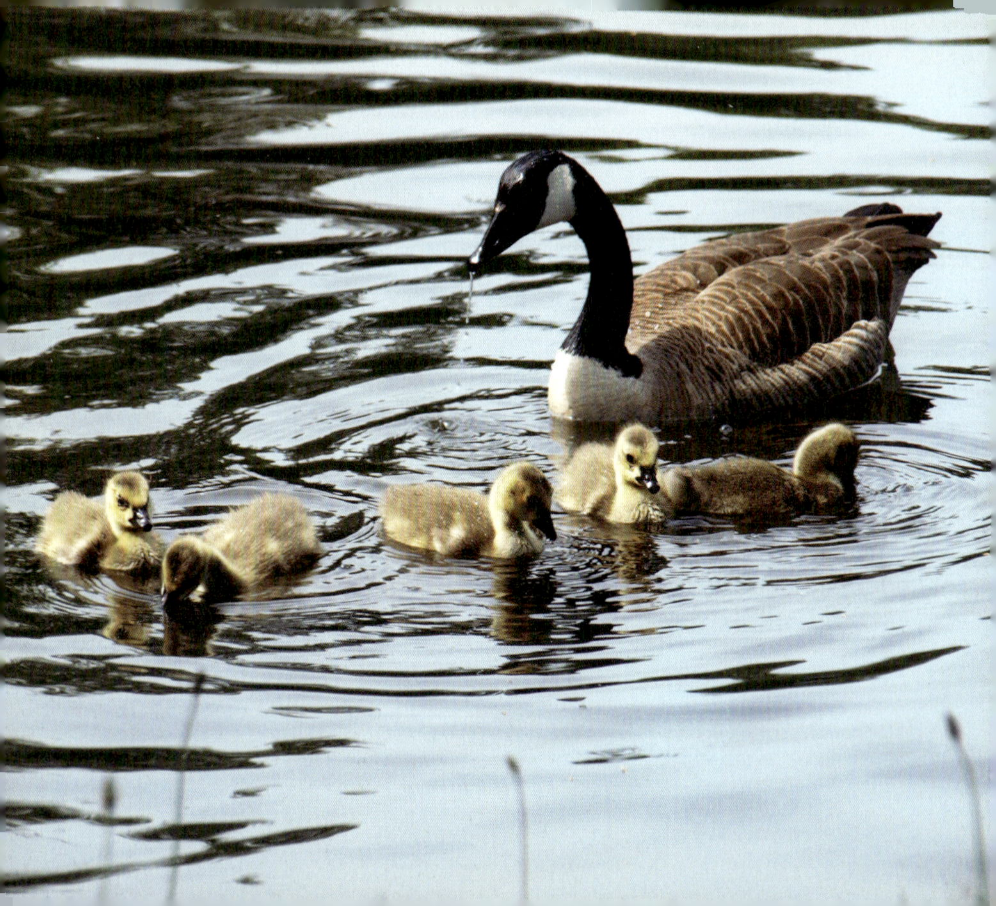

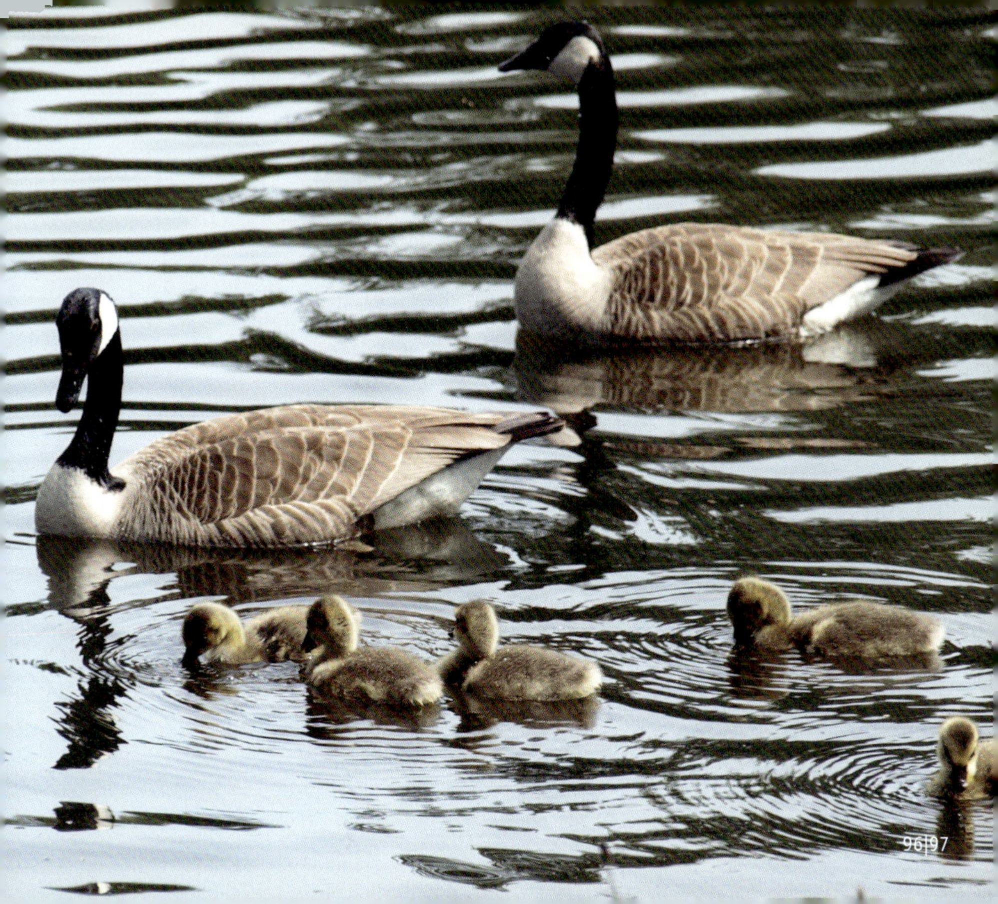

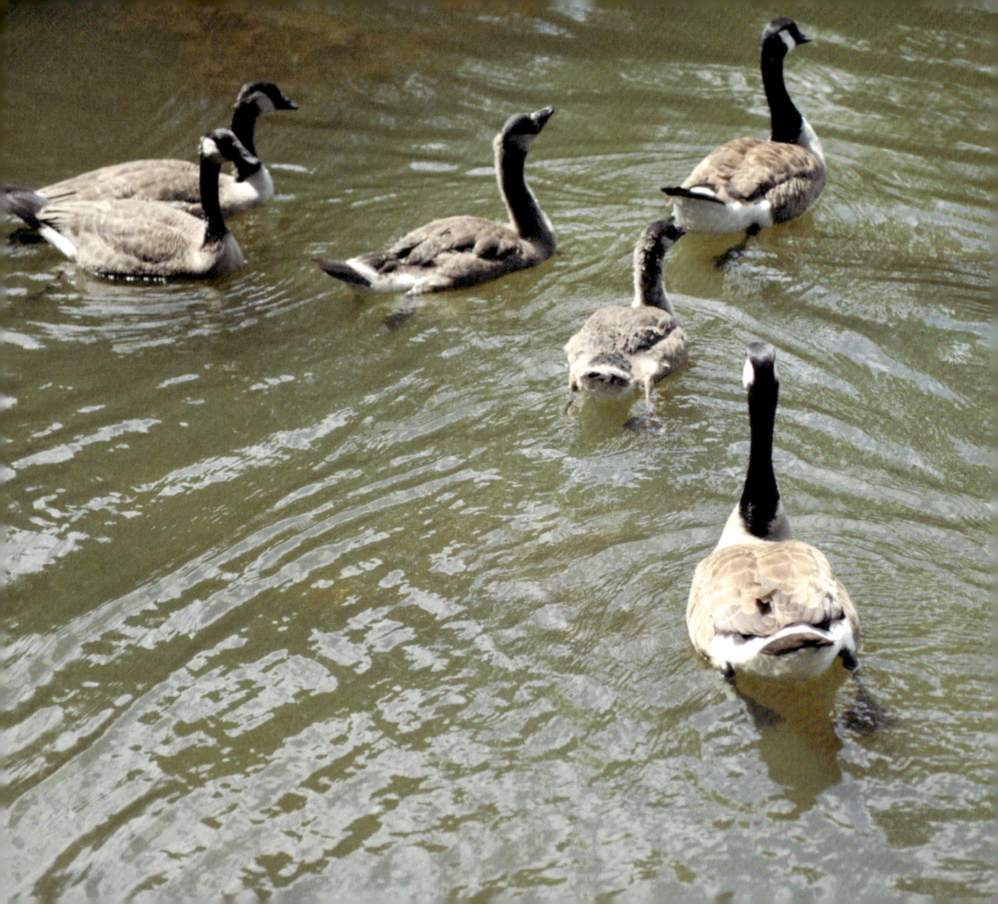

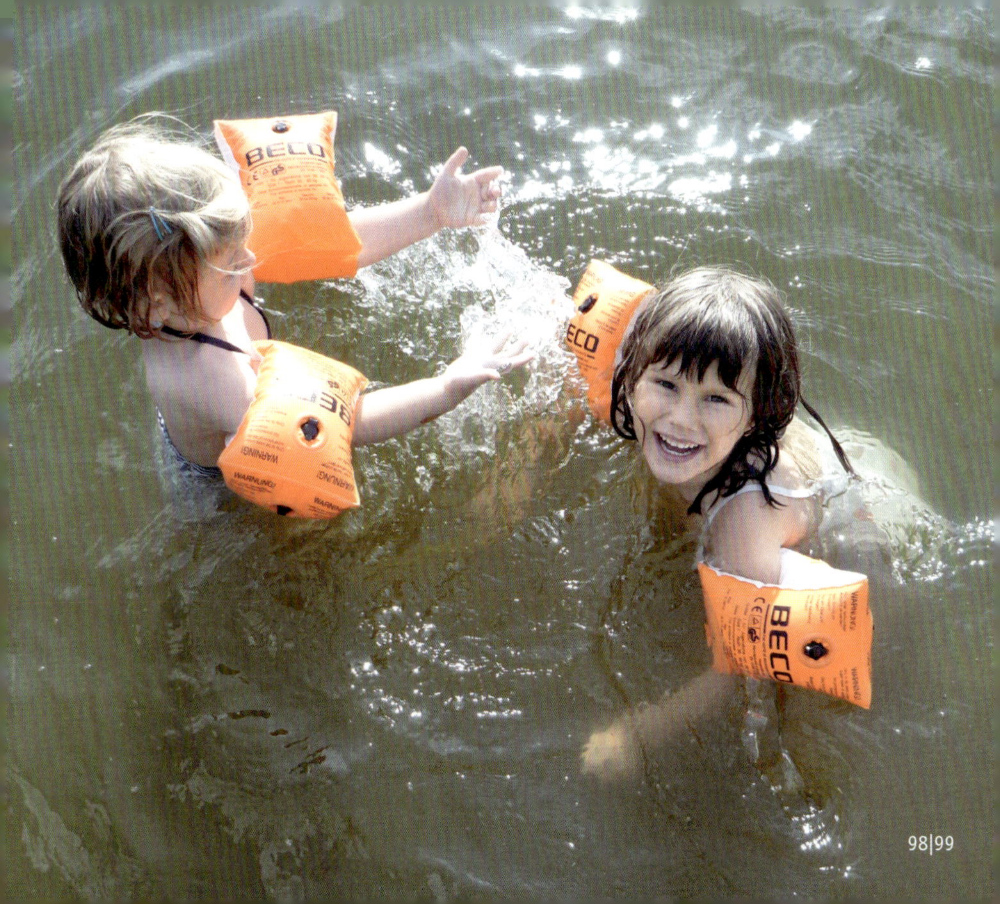
BECO
WARNING!

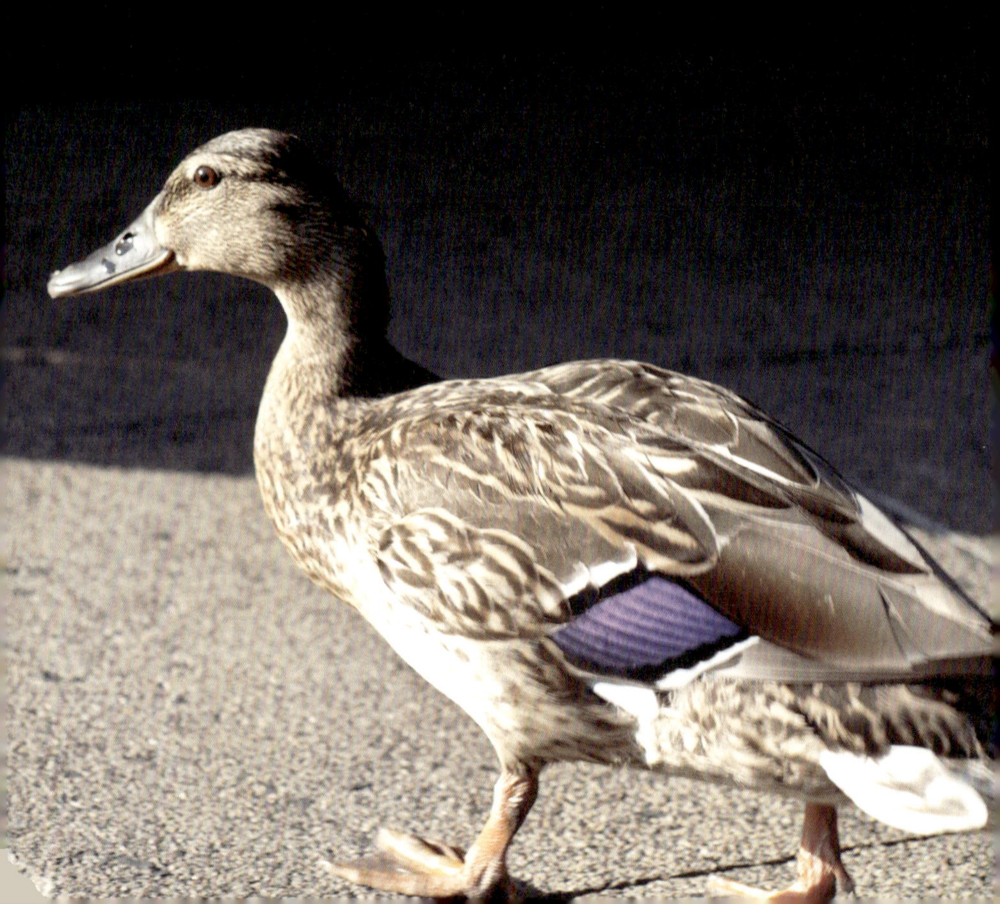

100|101

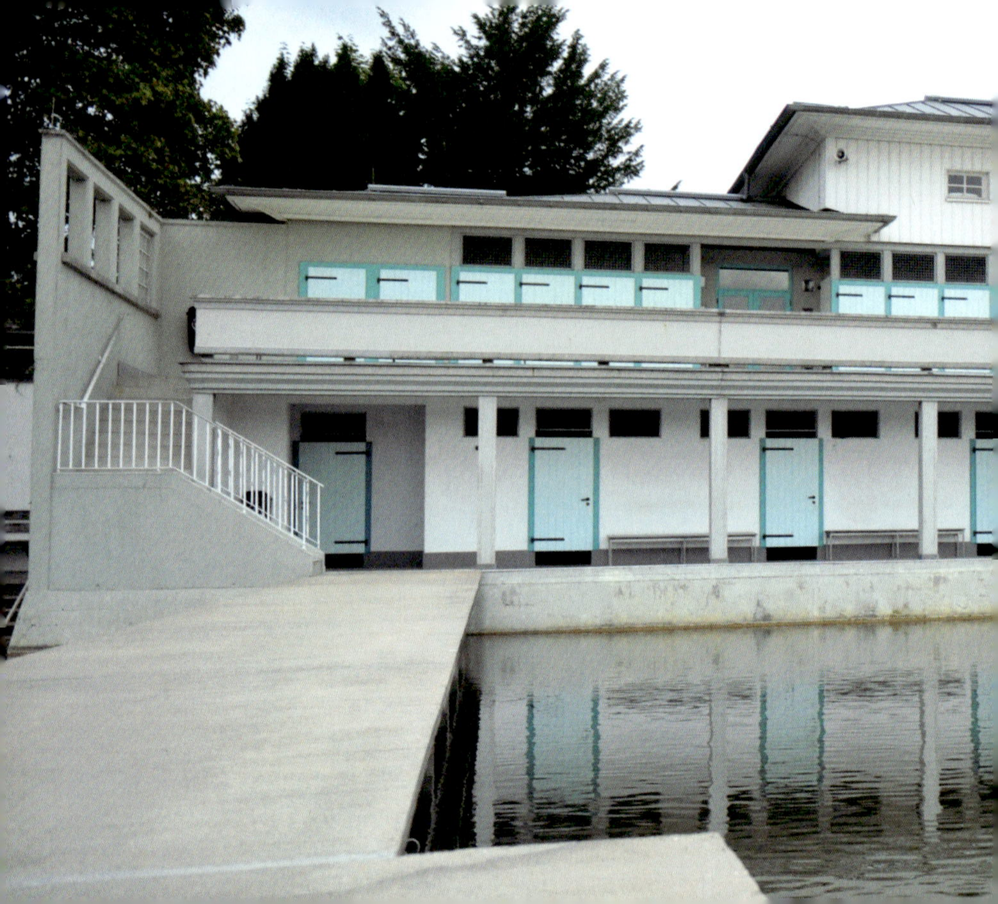

102 | 103

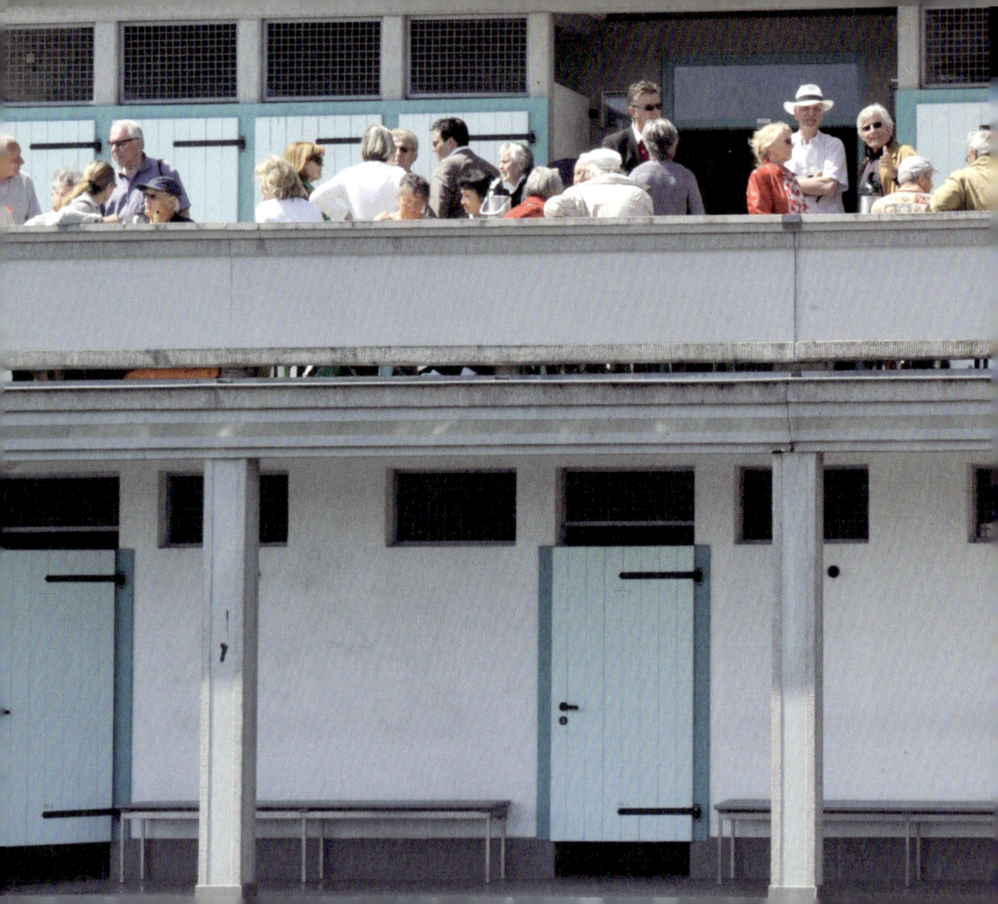

104|105

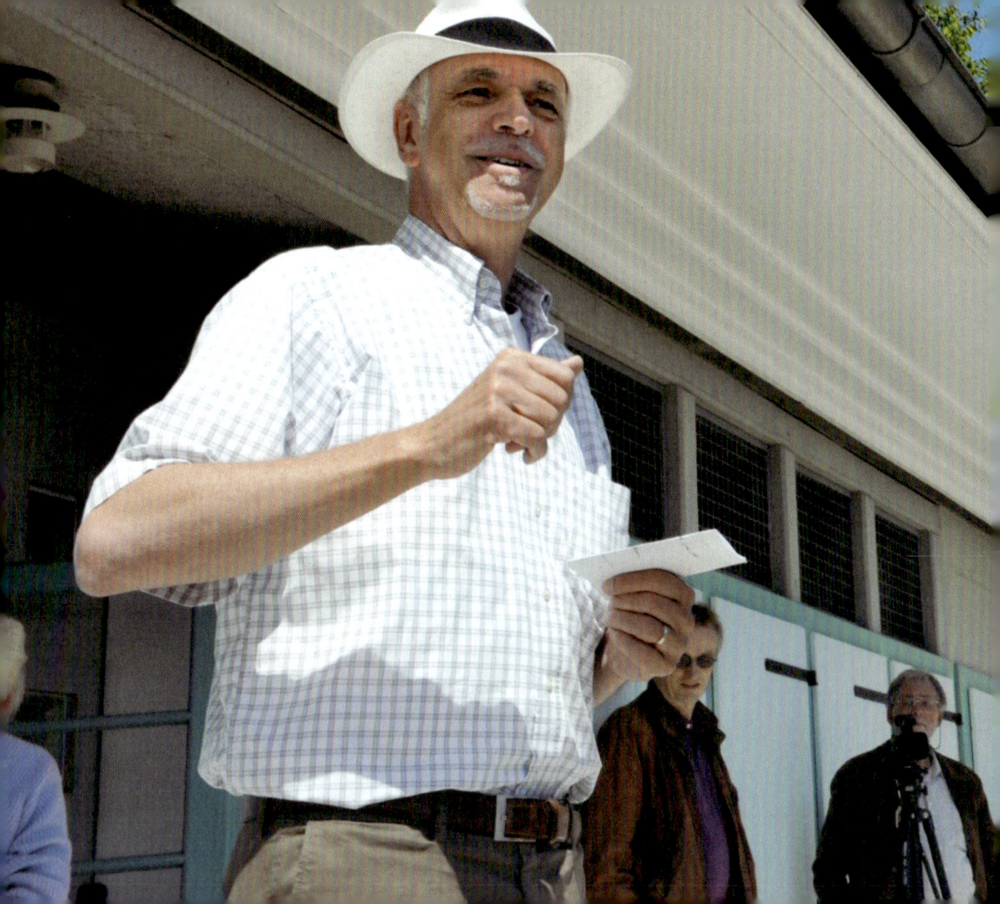

106|107

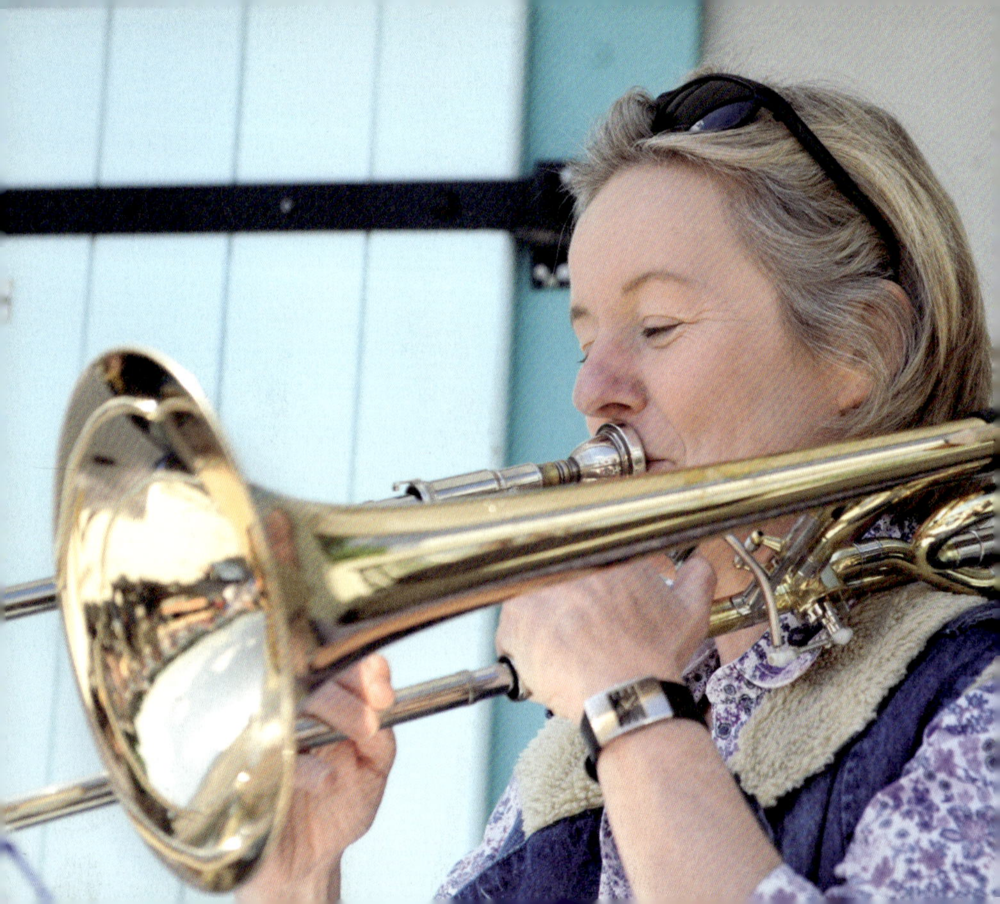

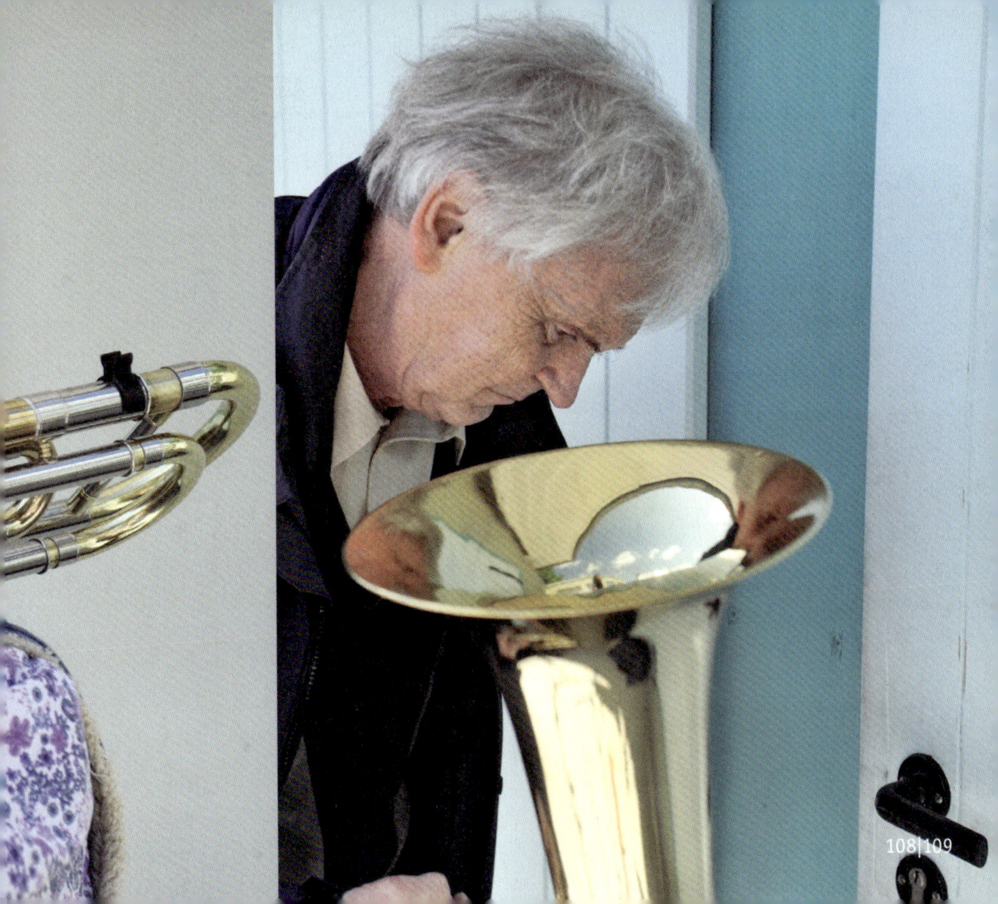

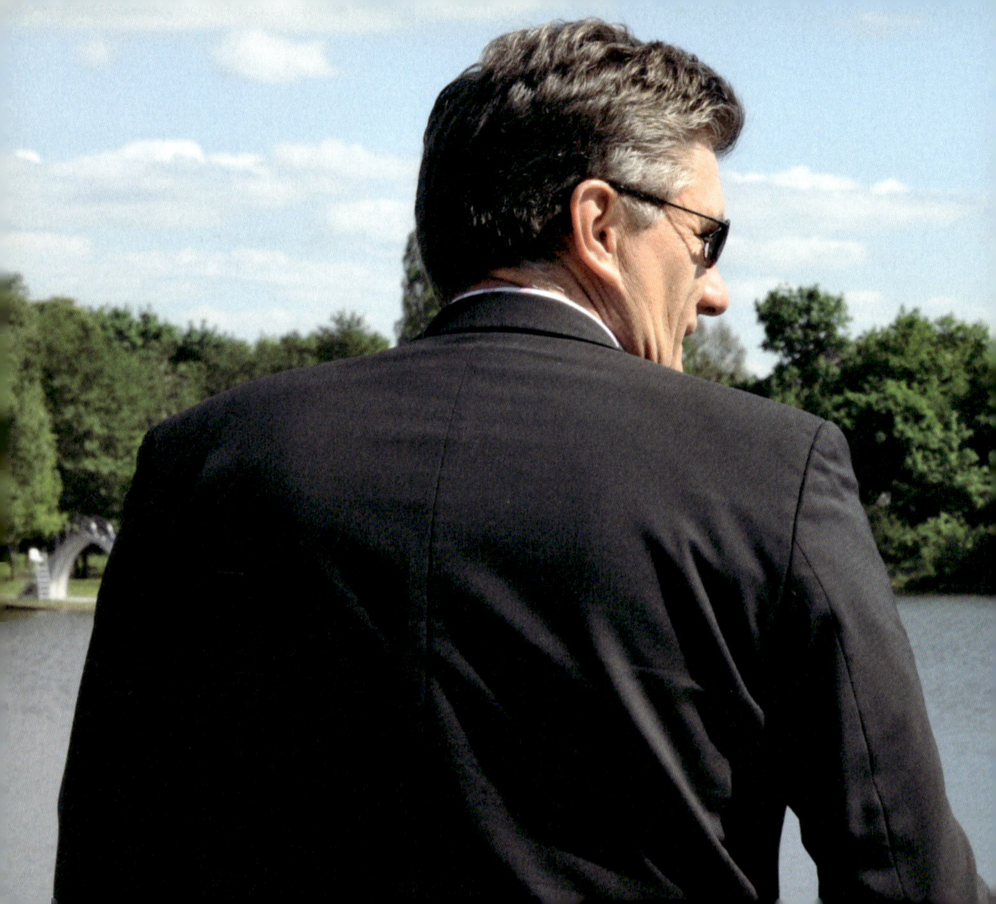

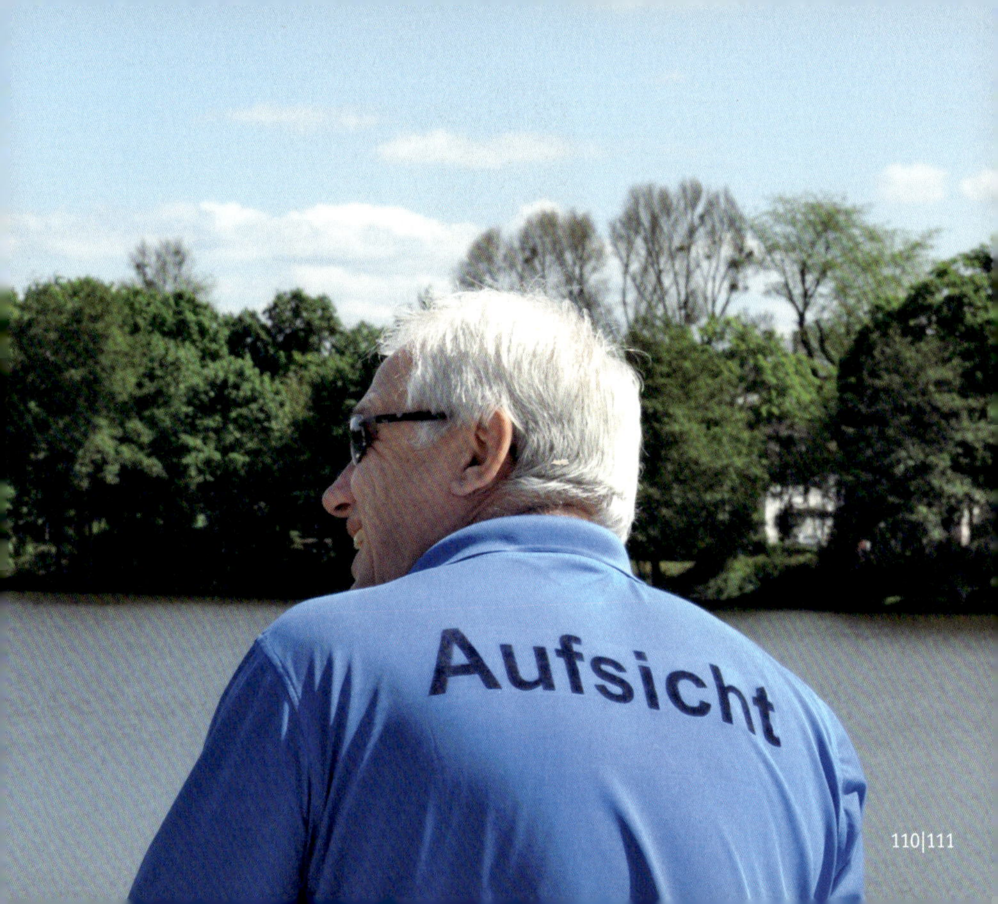
Aufsicht

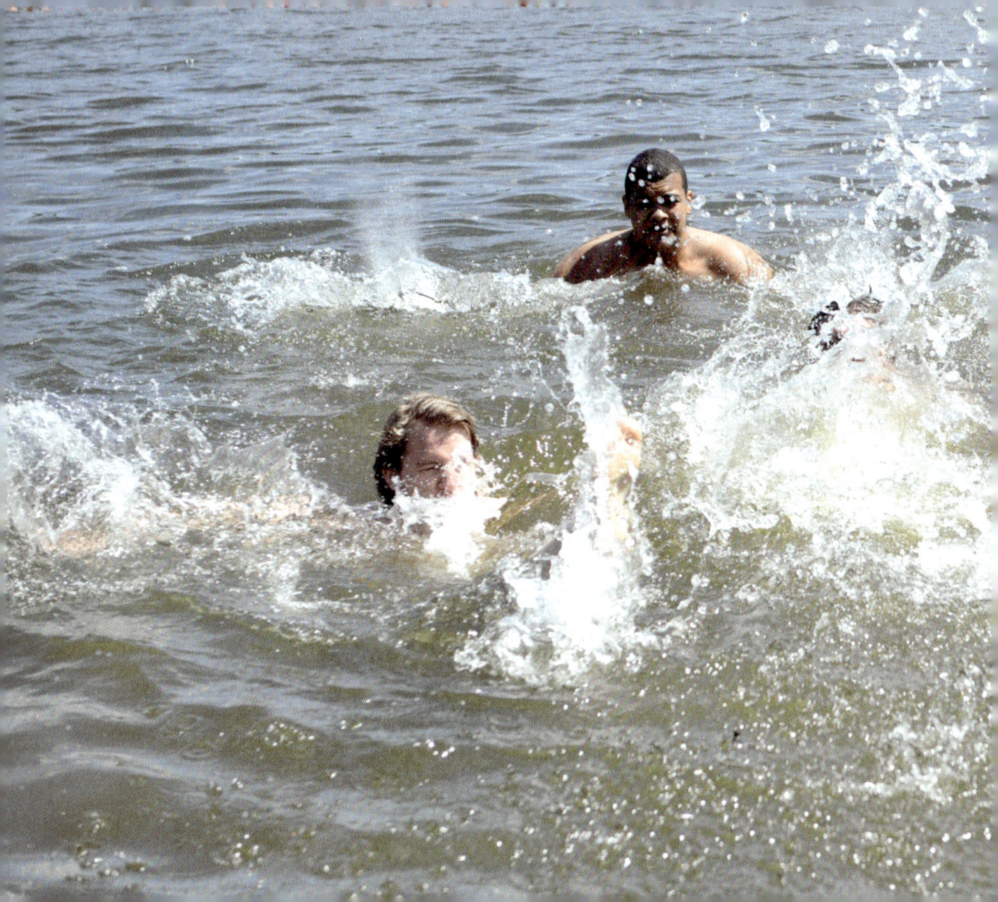

112|113

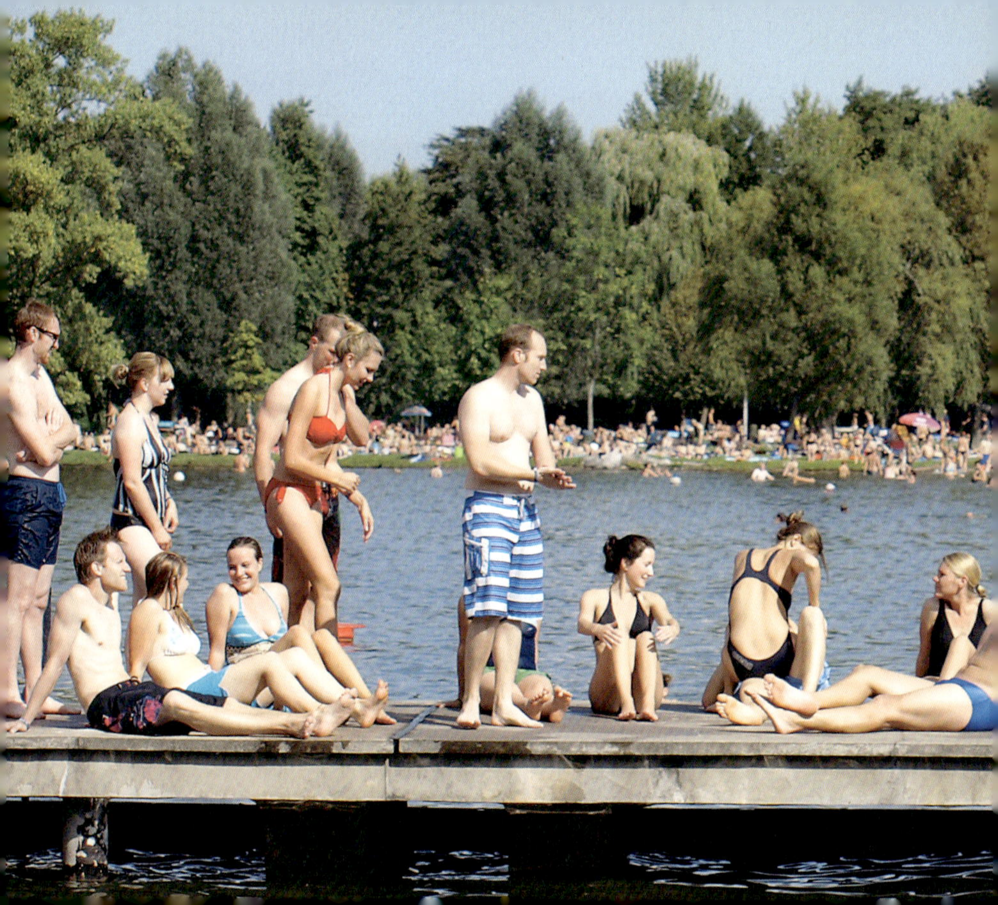

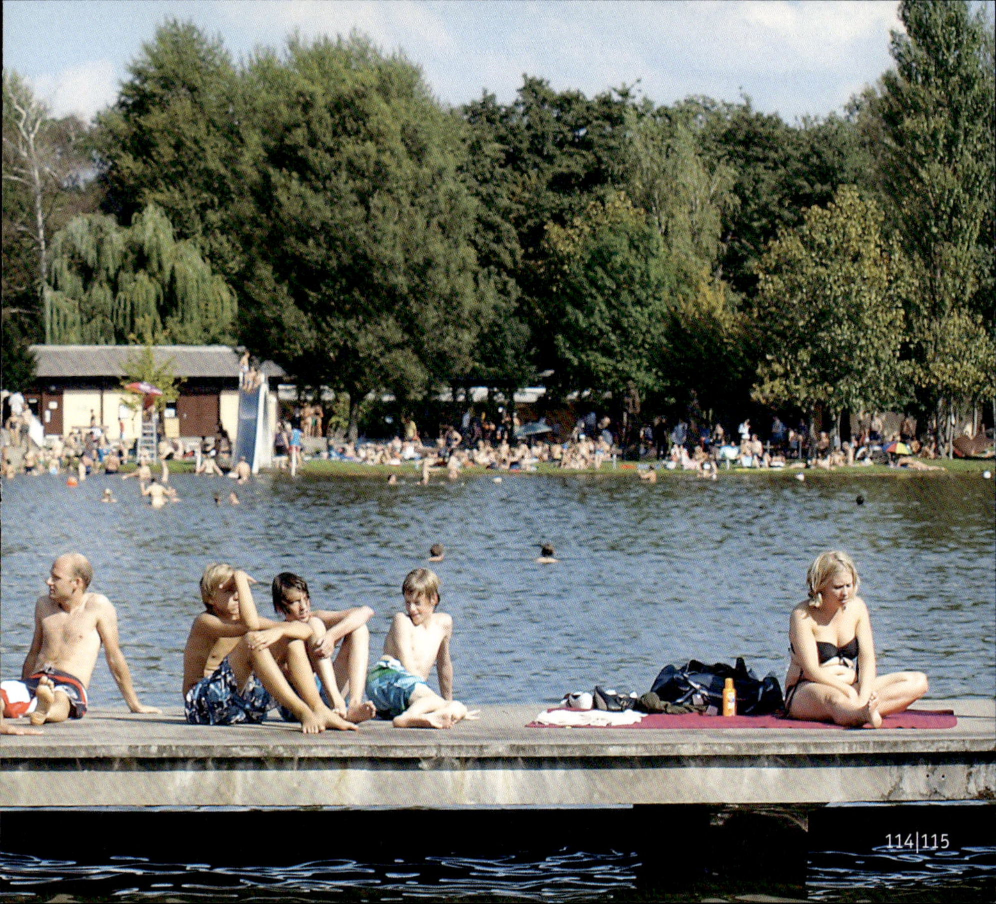

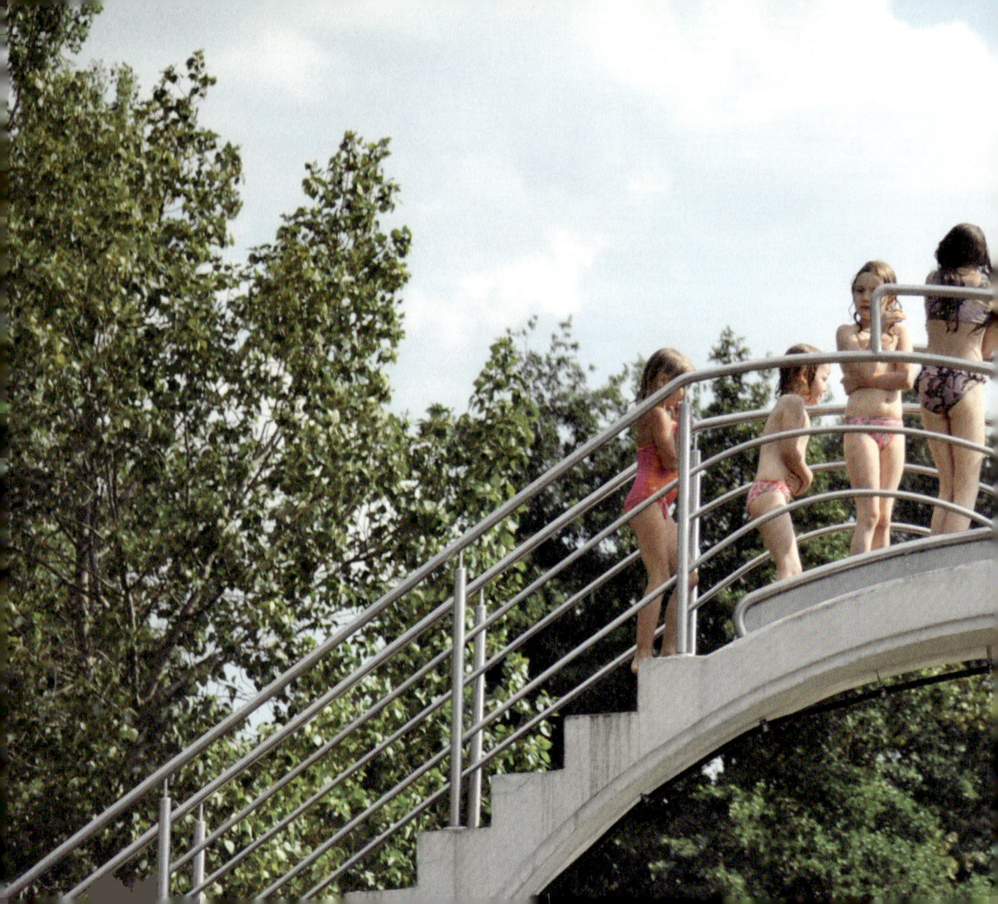

116|117

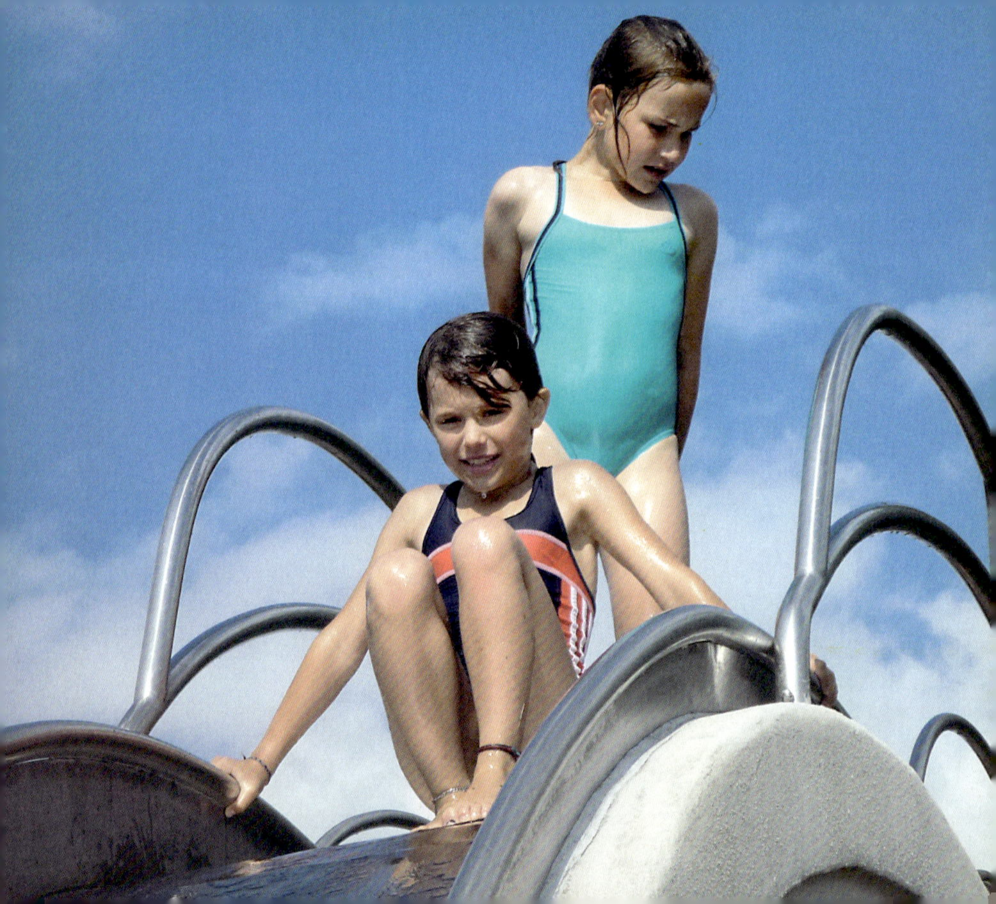

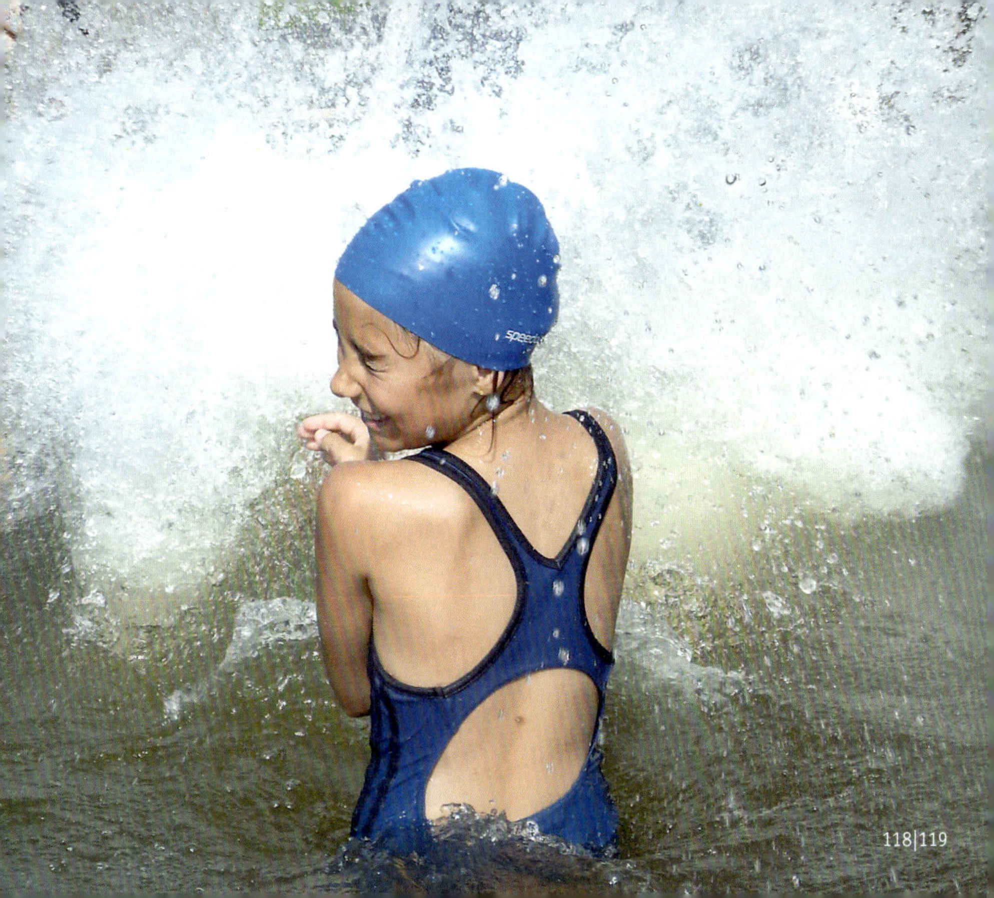

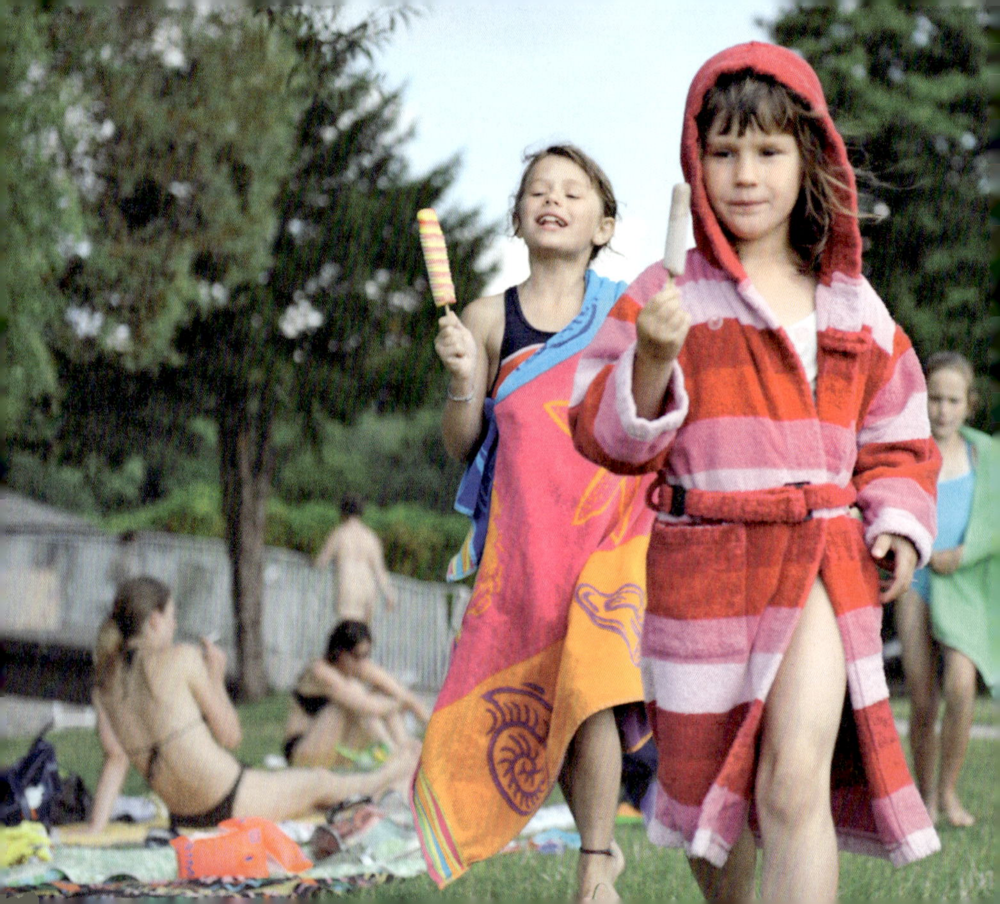

120|121

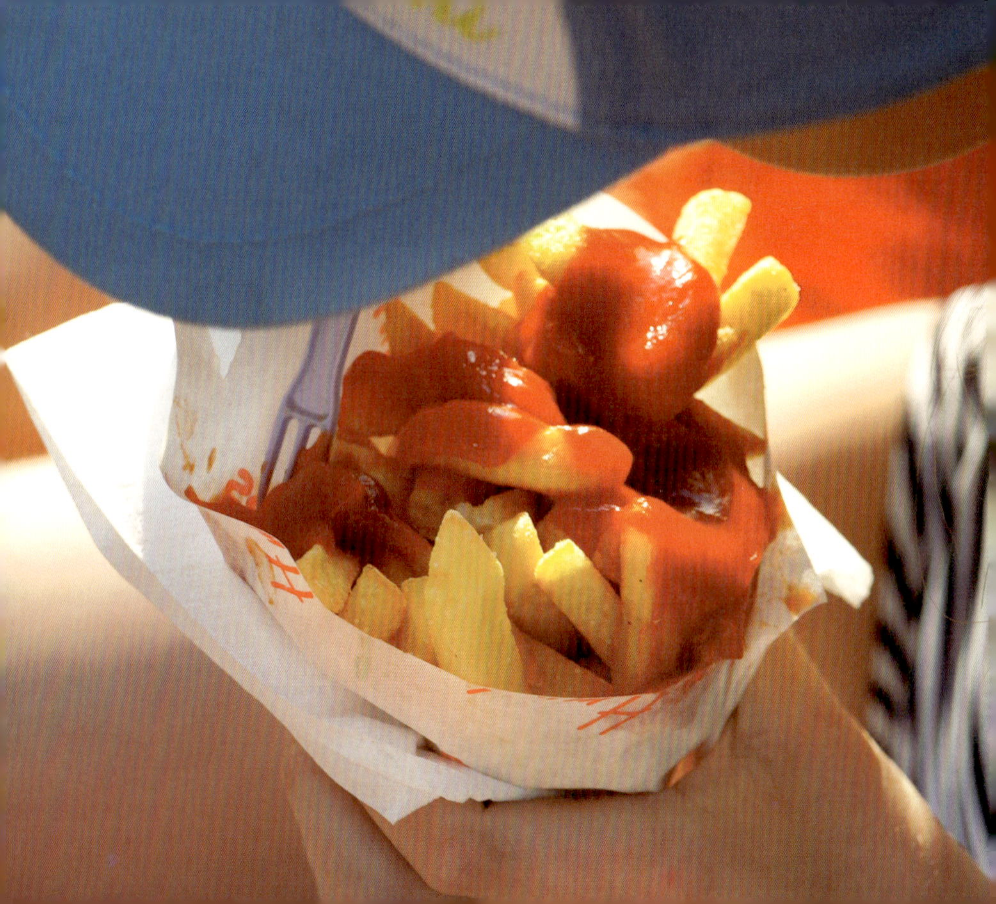

122|123

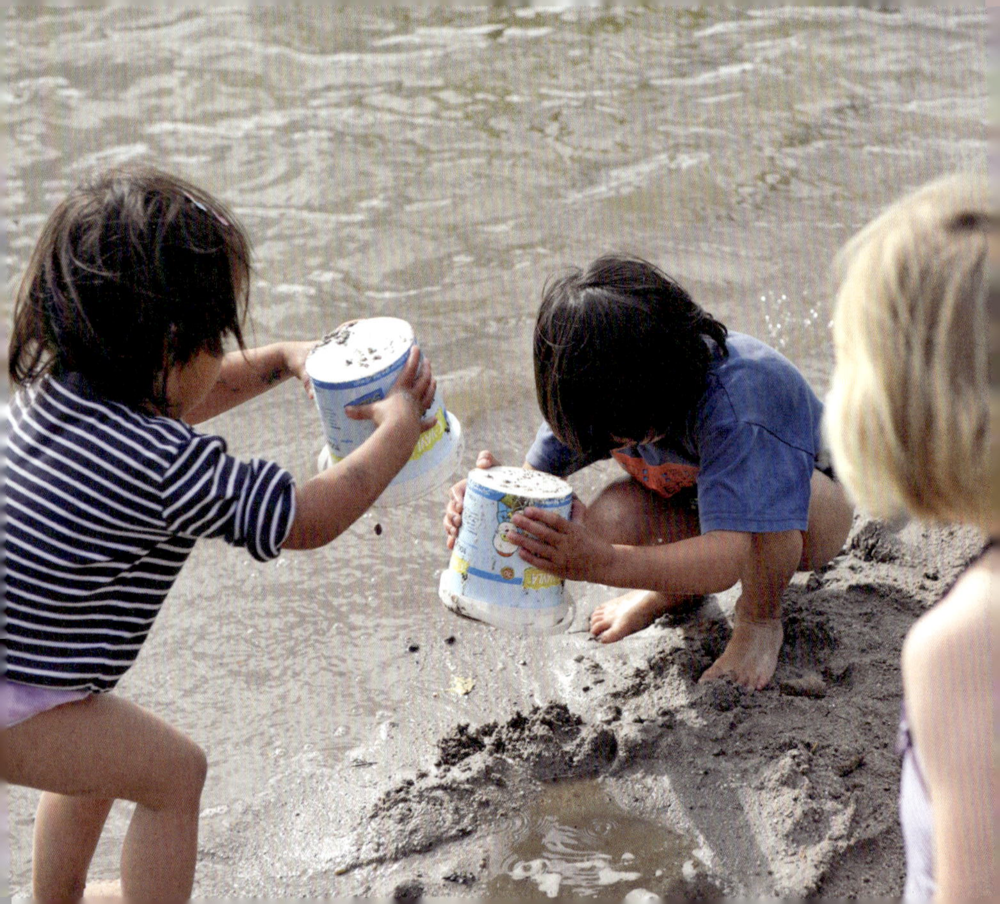

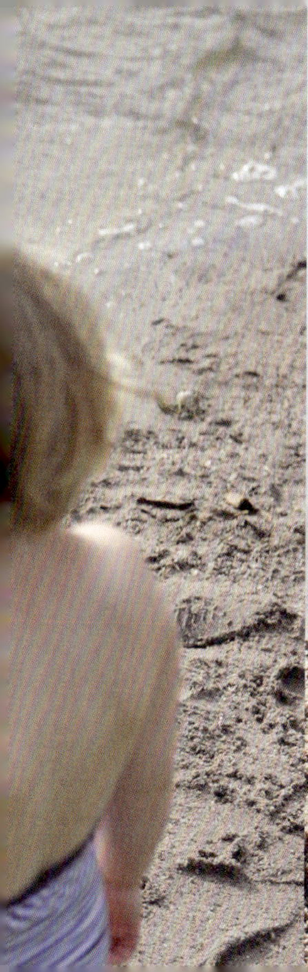

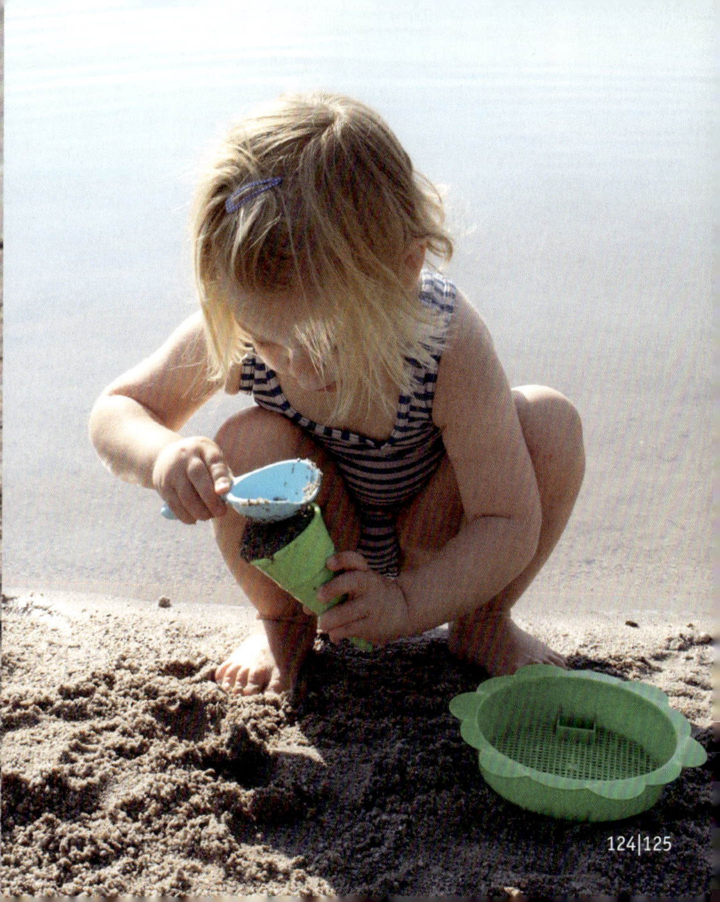

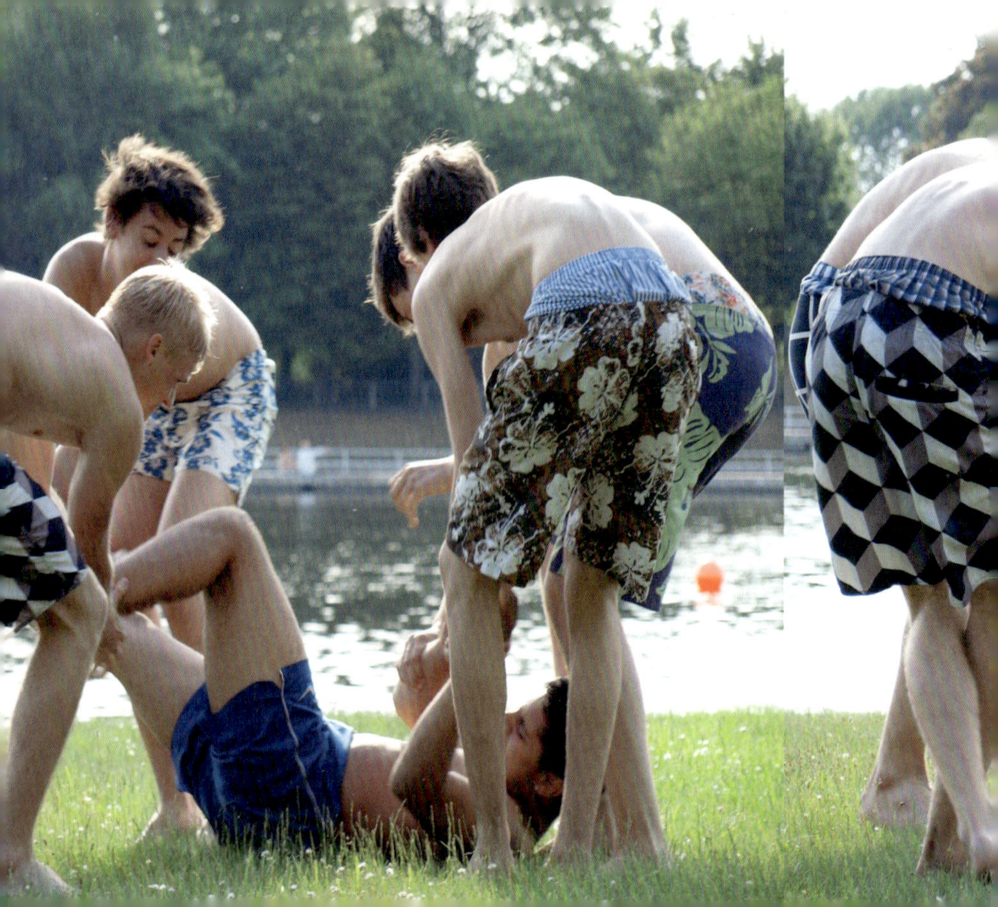

126|127

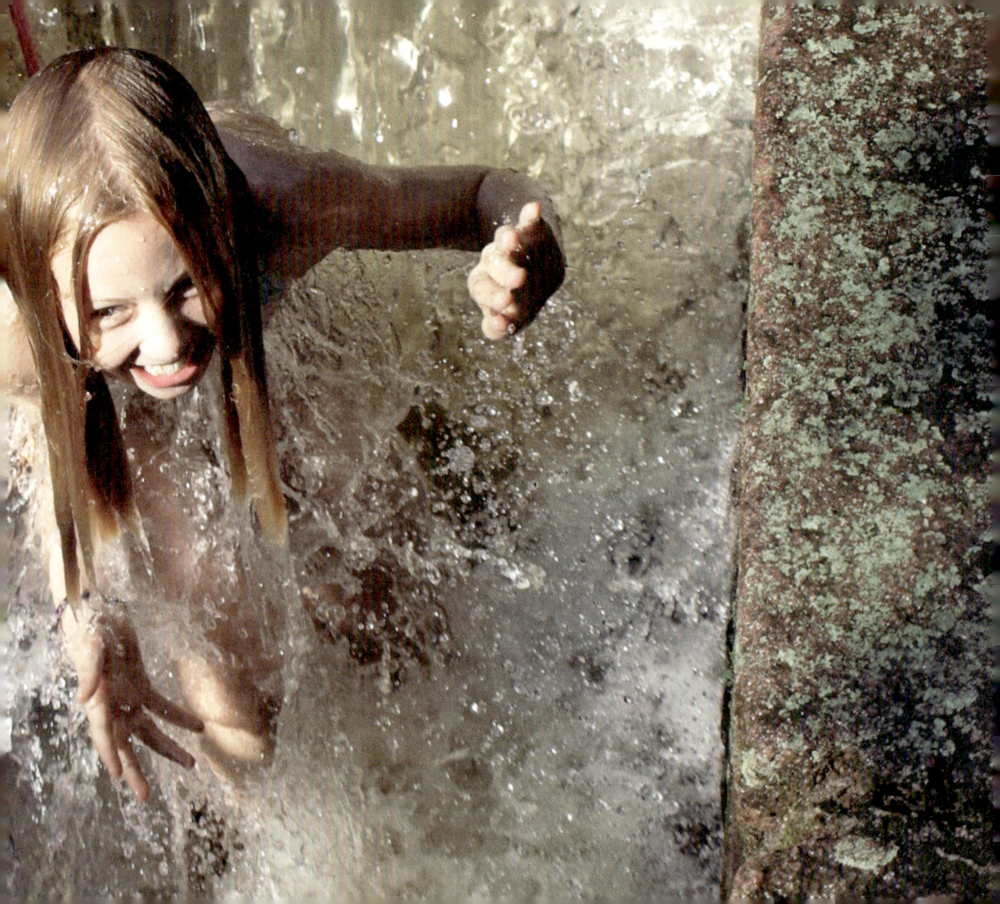

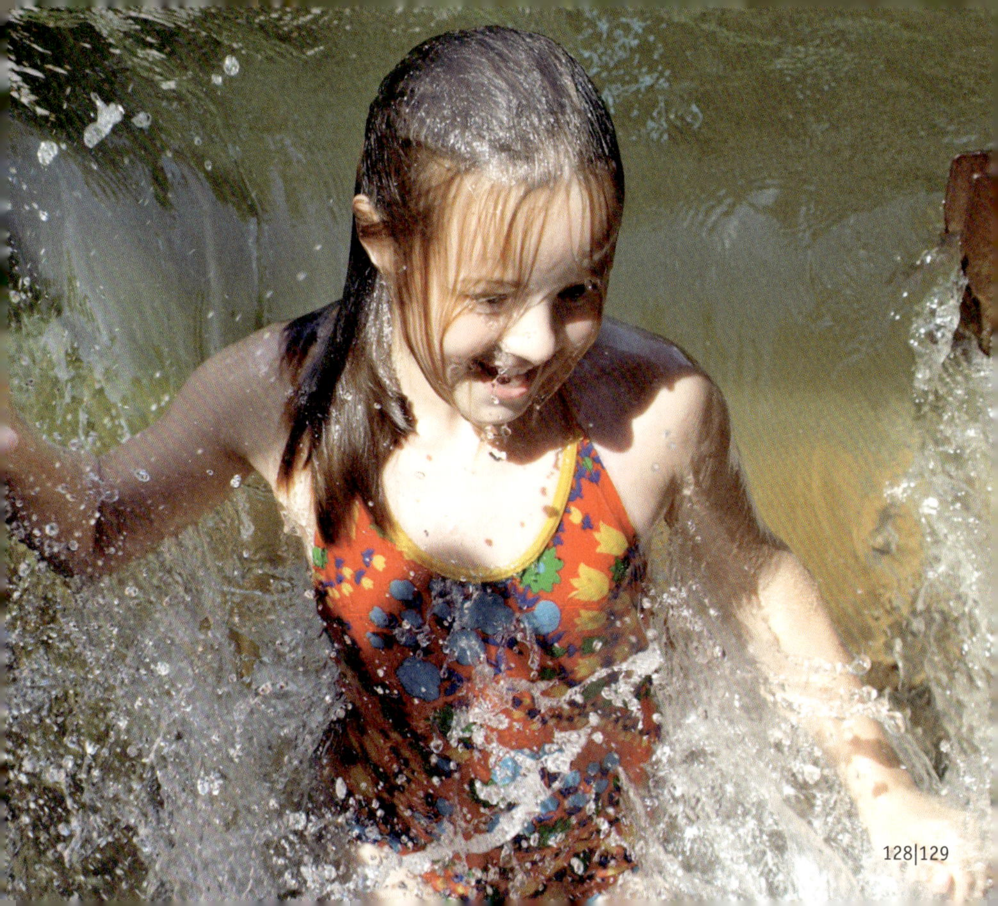

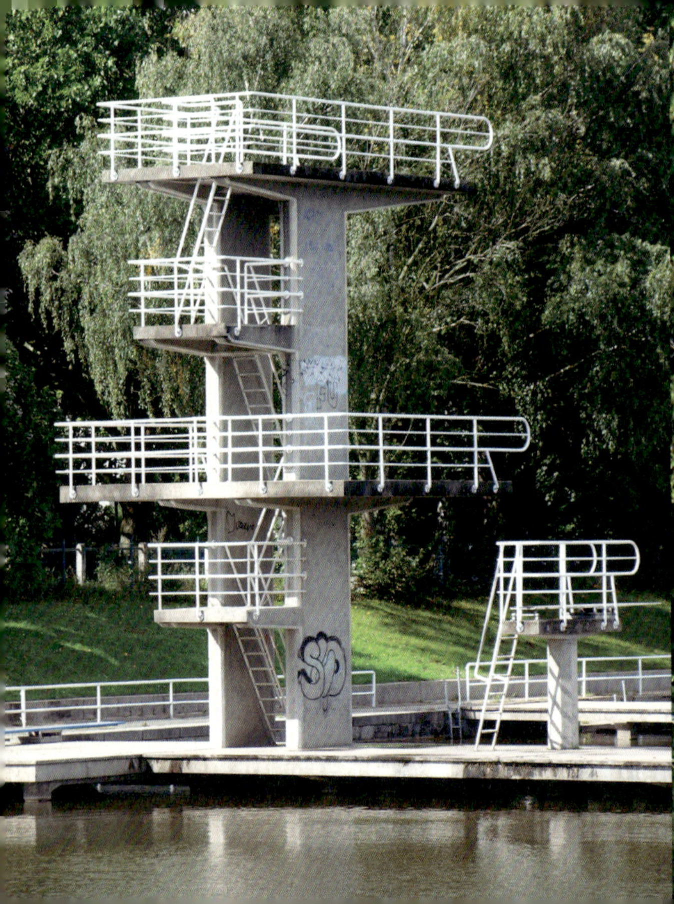

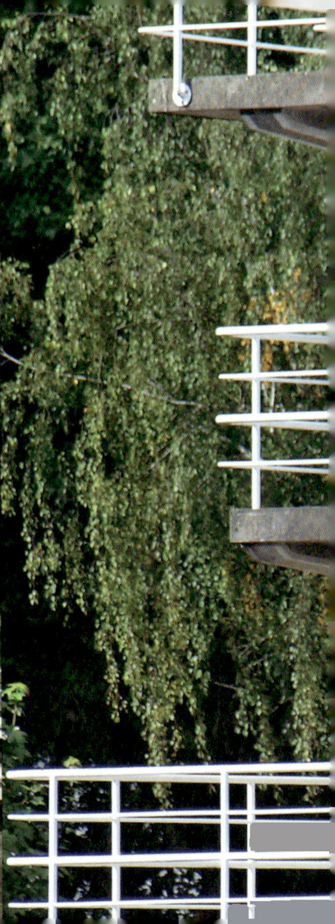

130|131

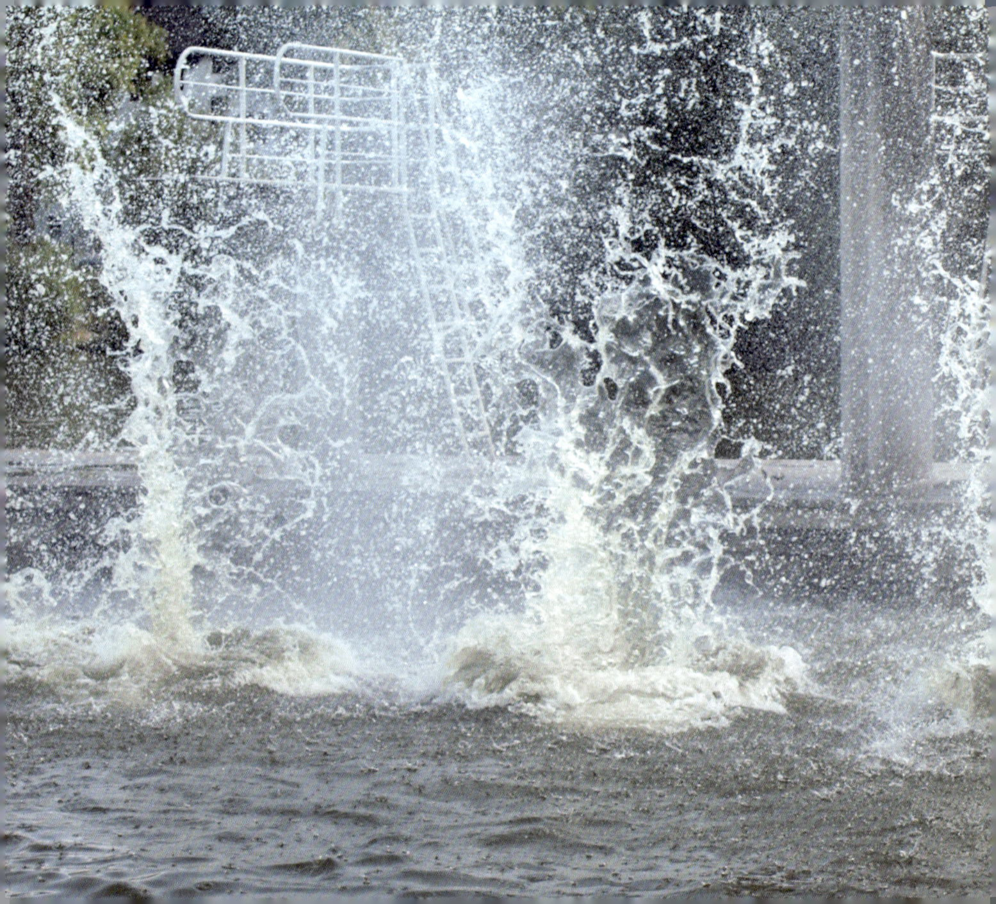

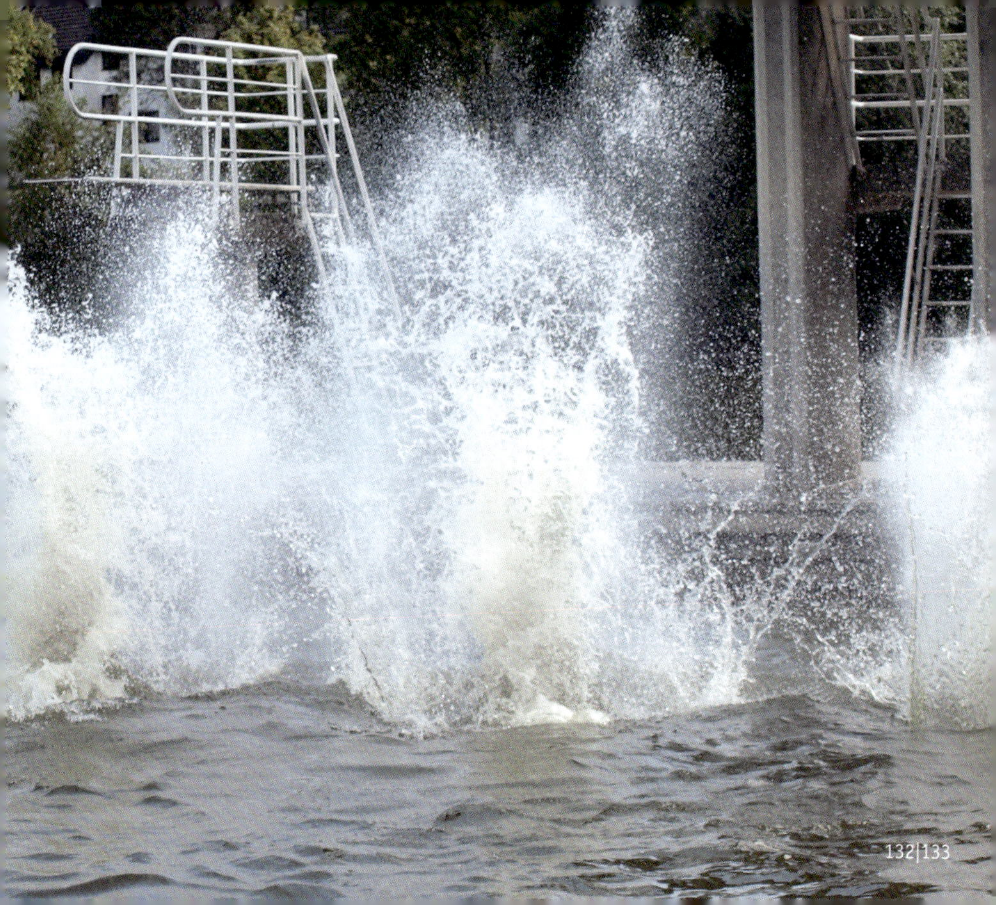

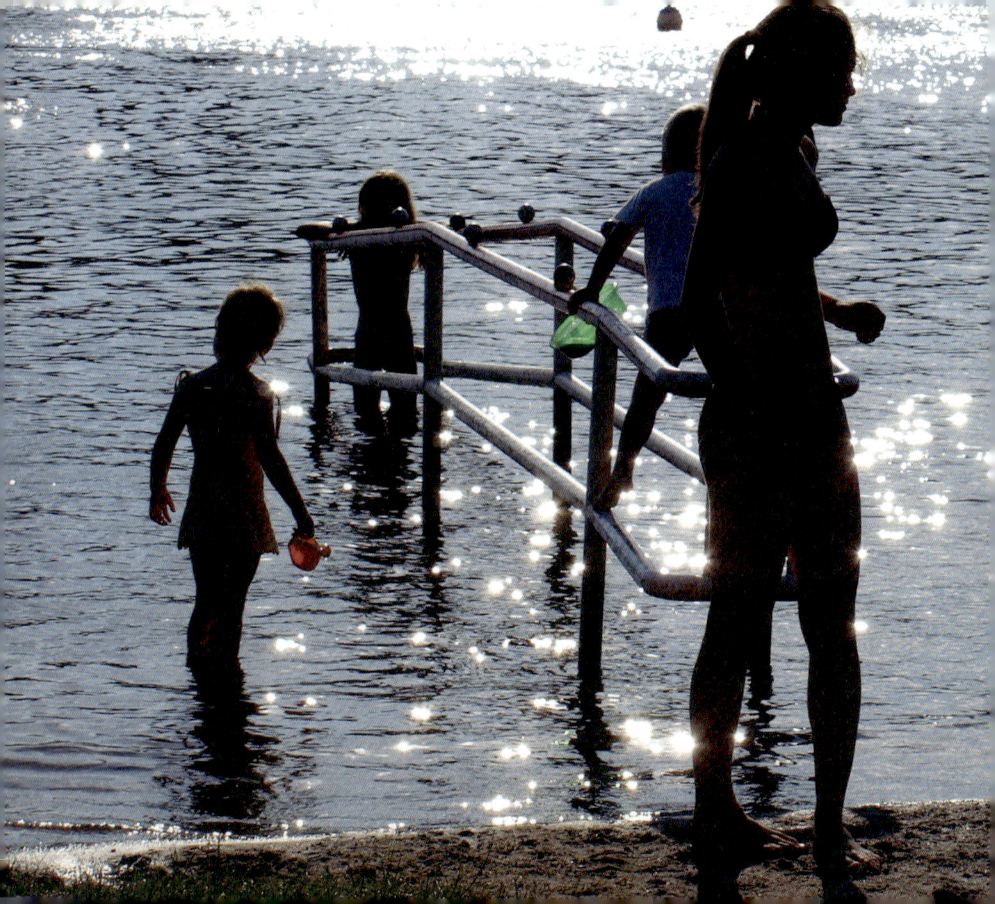

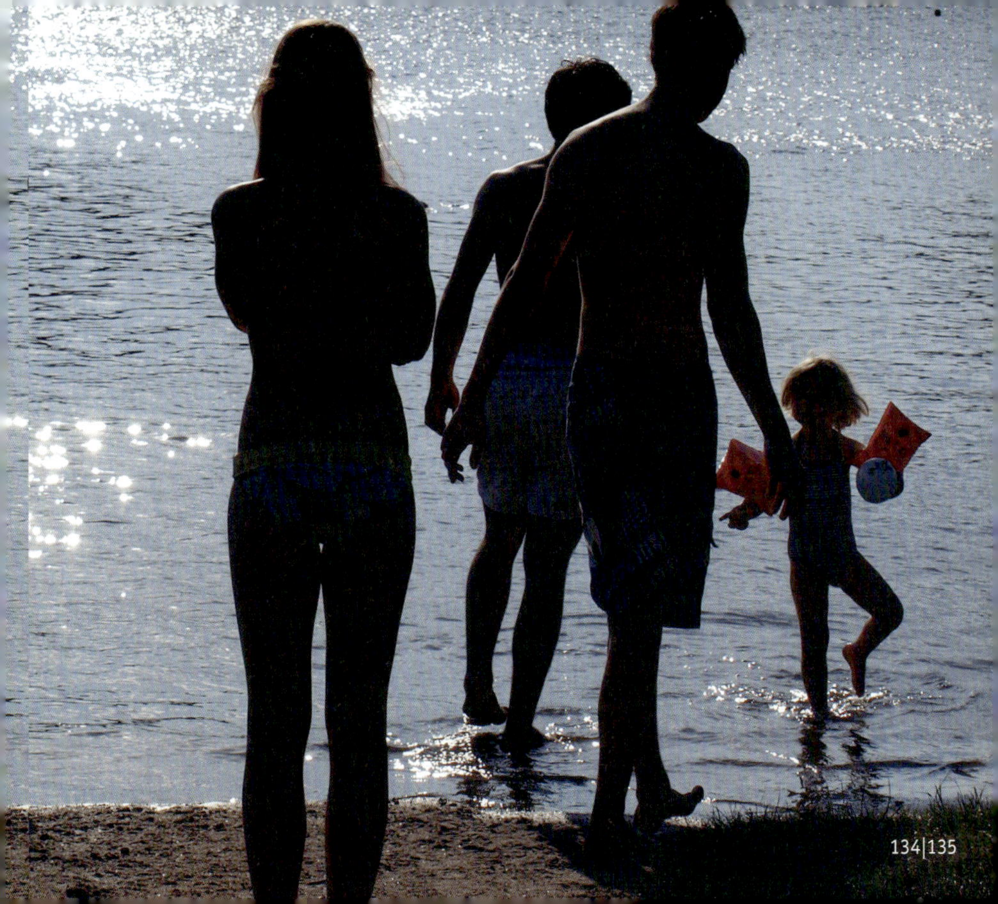

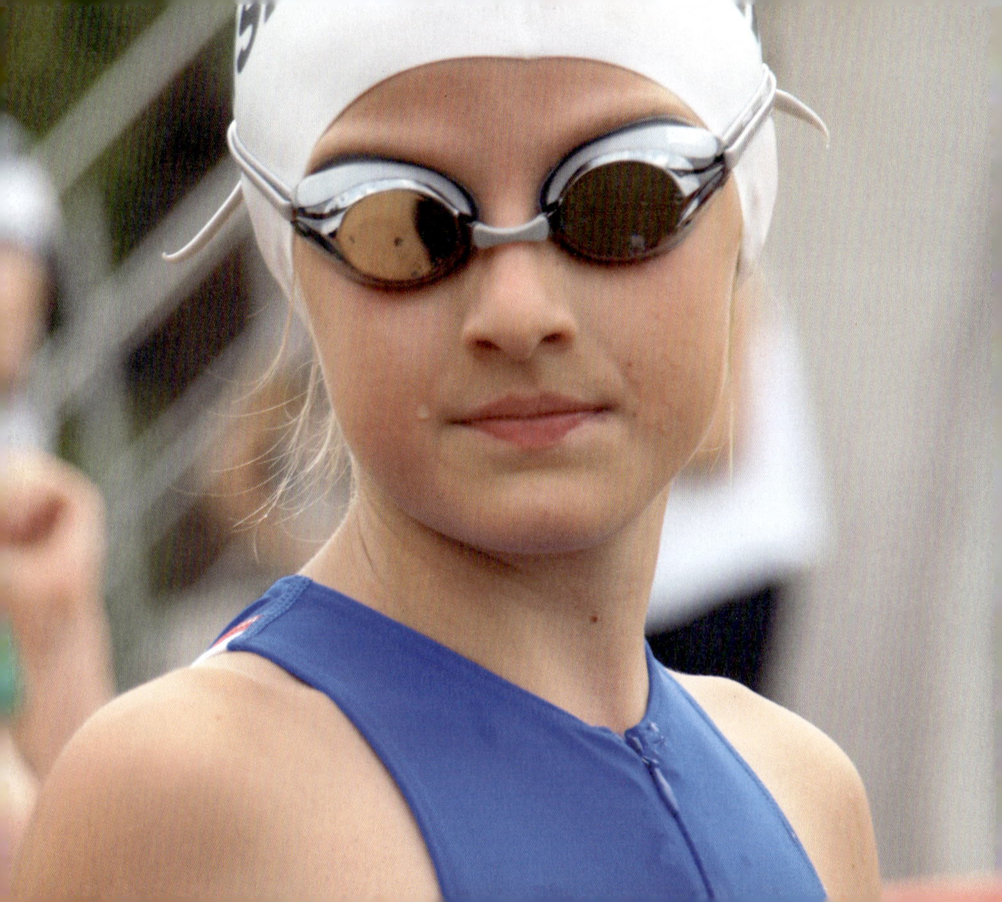

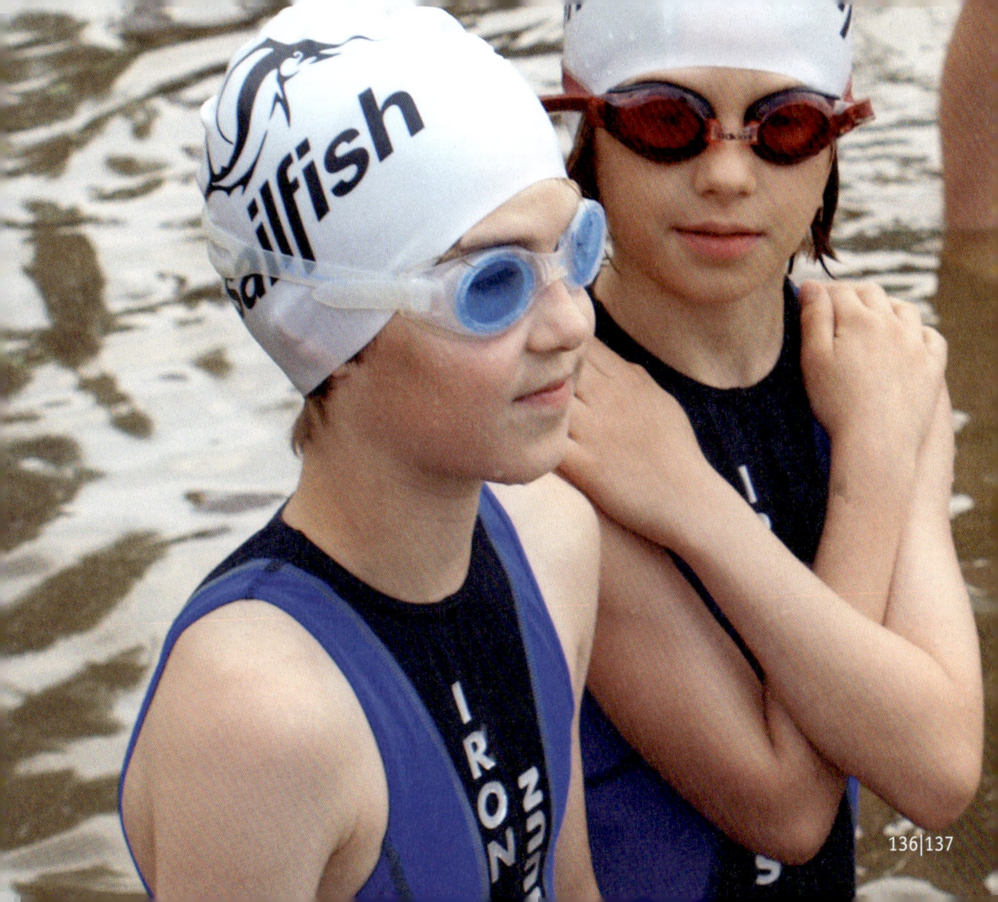

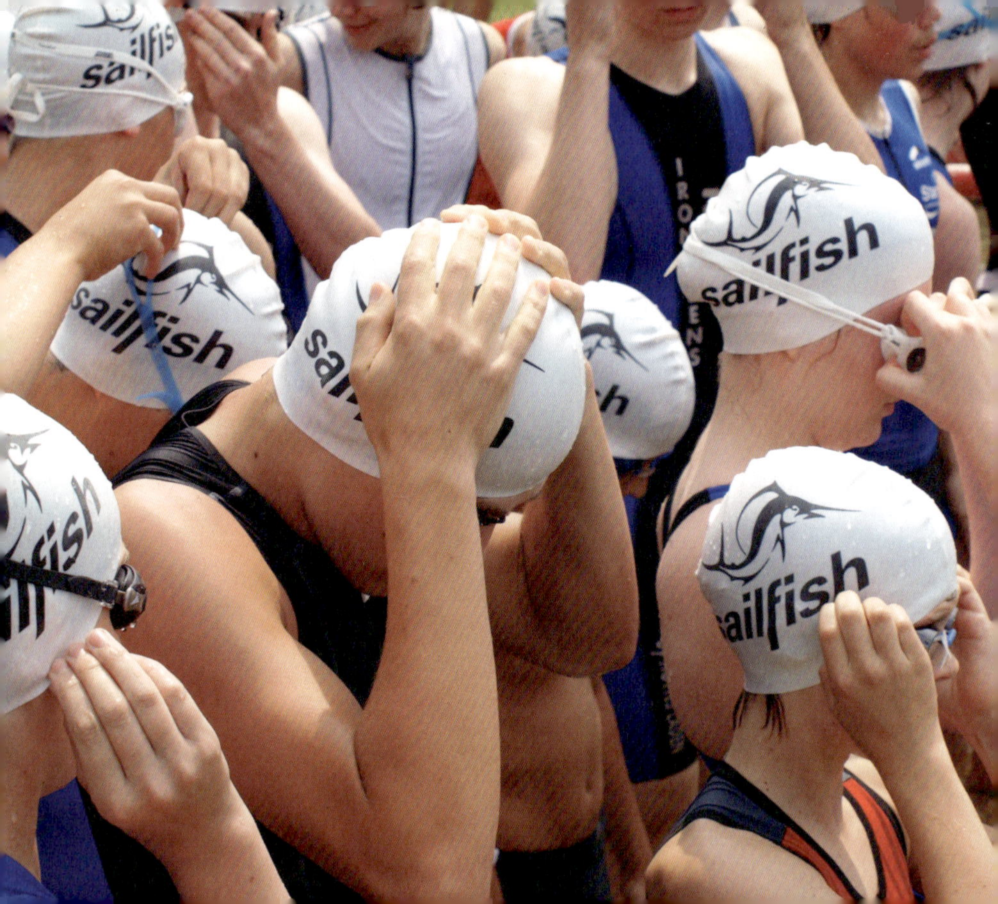
sailfish
sailfish
sailfish

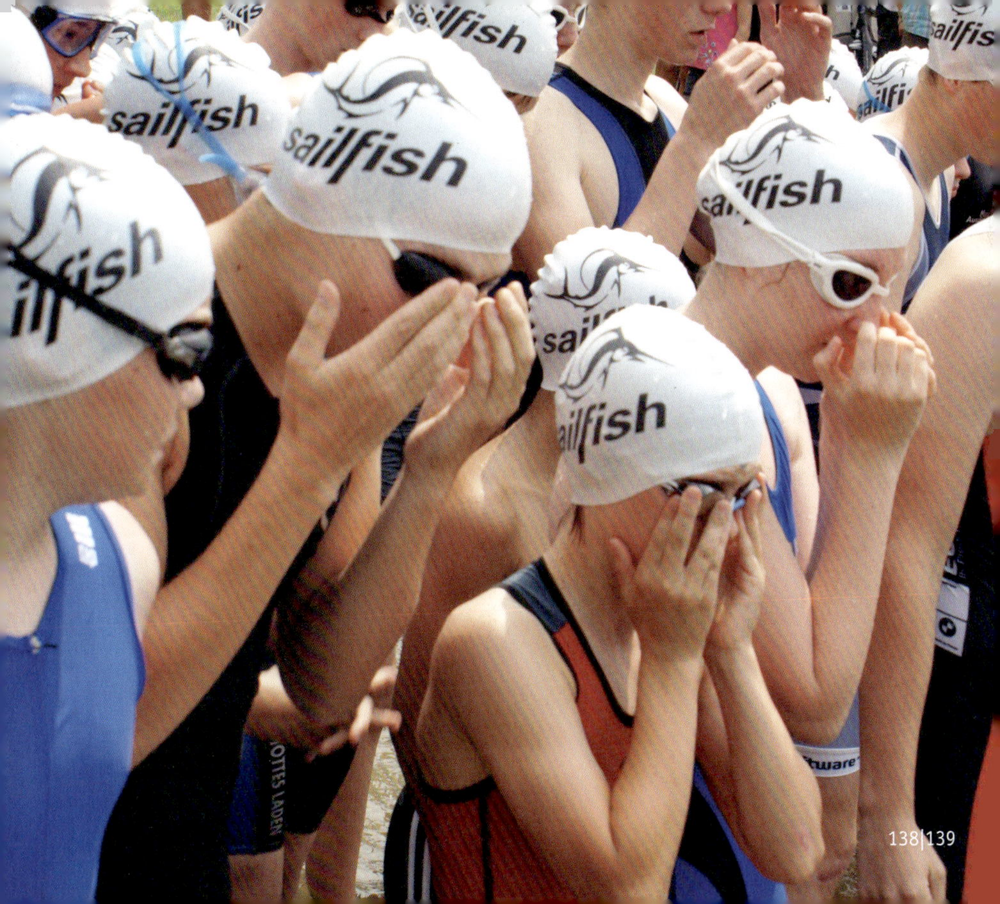
sailfish
sailfish

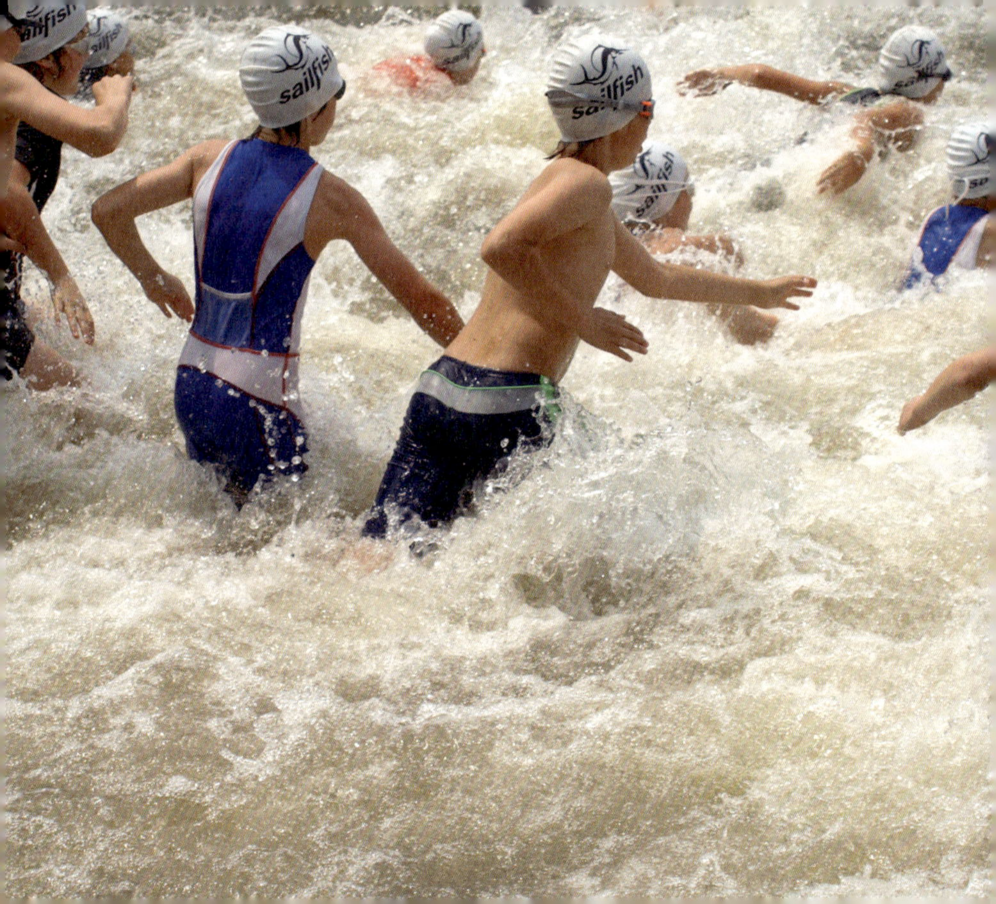

140|141

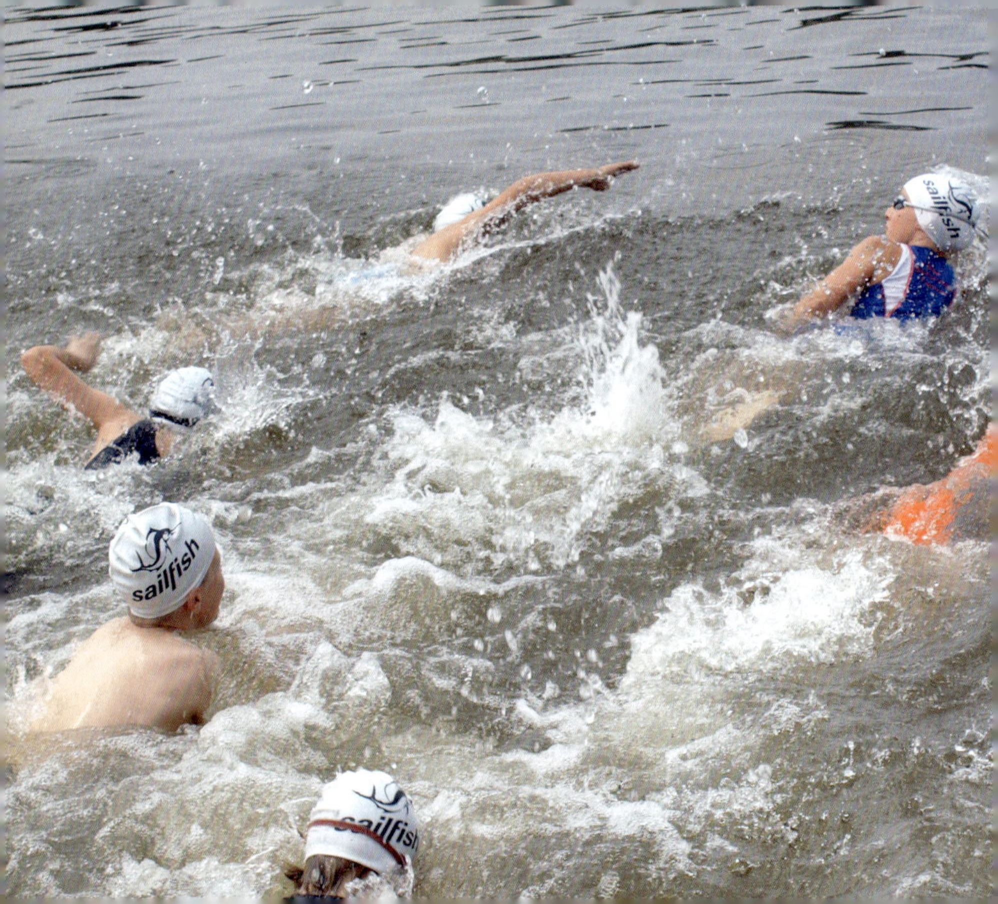
sailfish
sailfish
sailfish

142|143

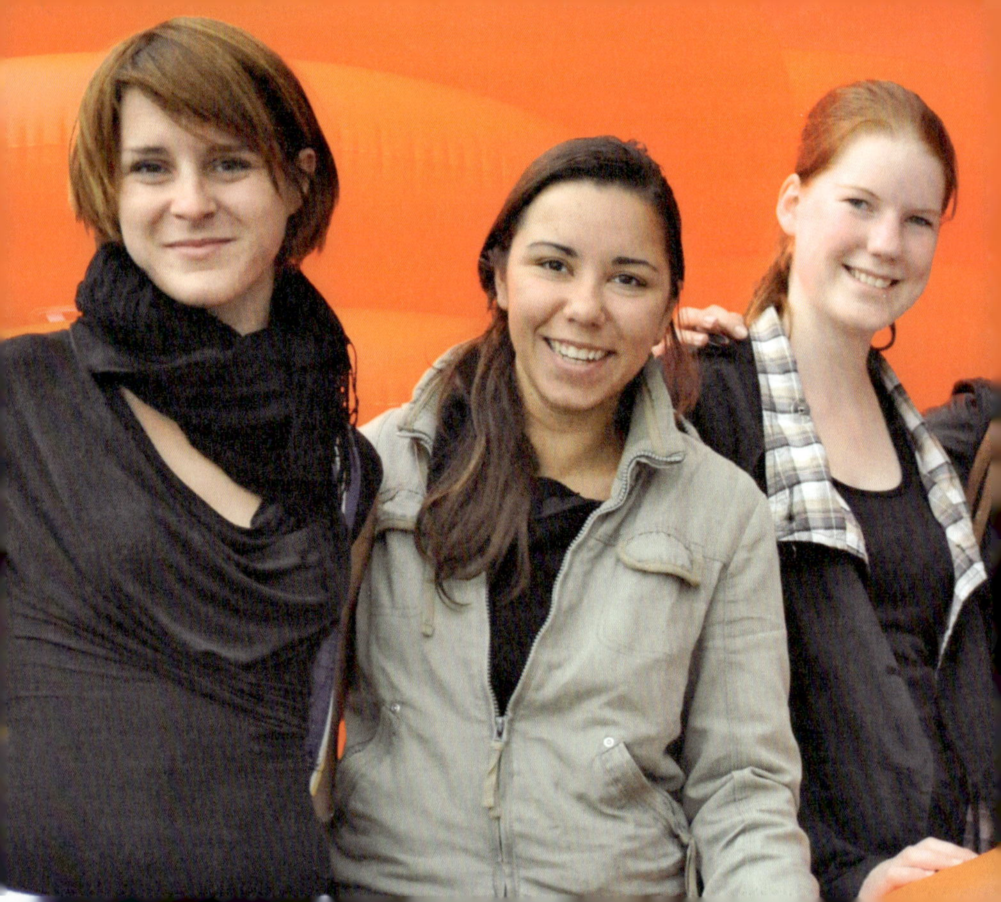

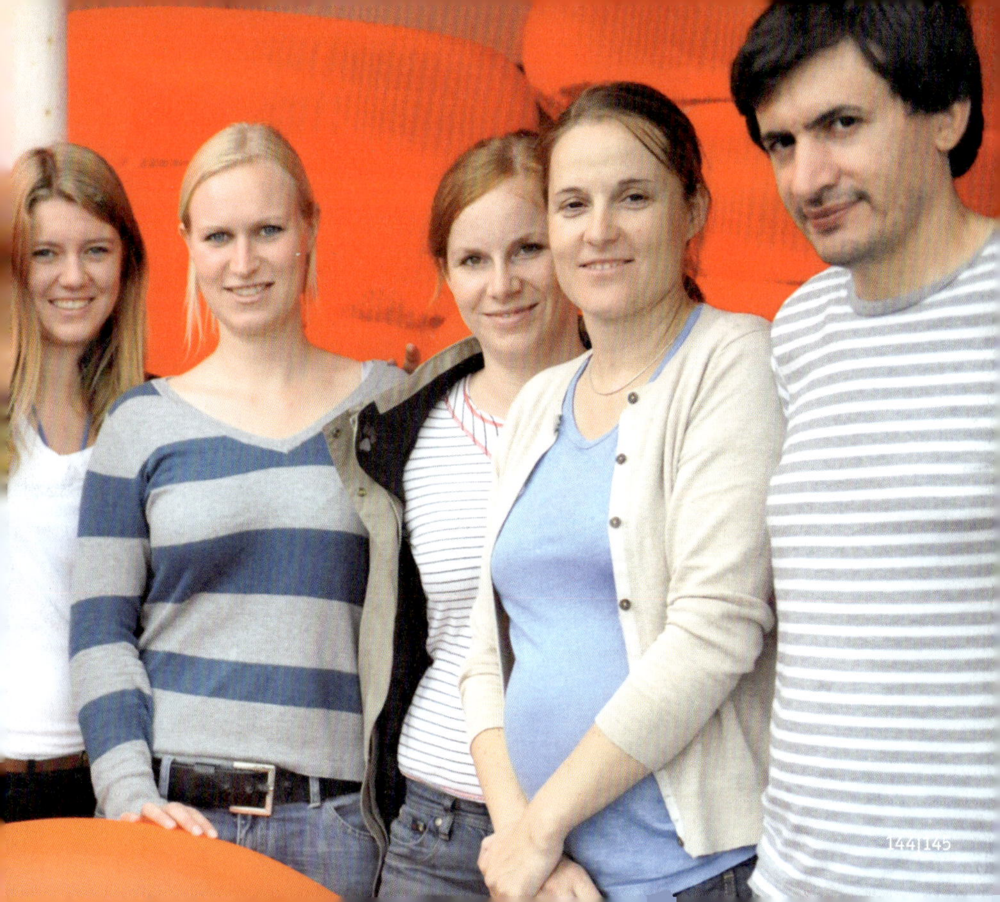

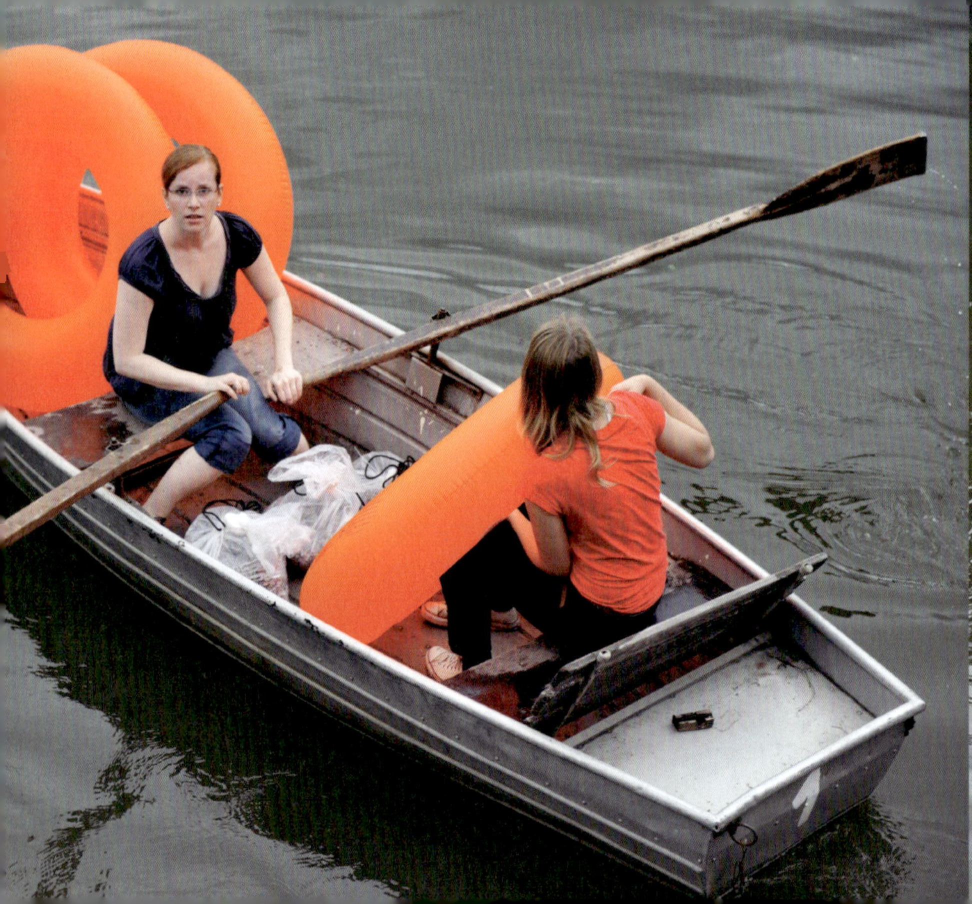

146|147

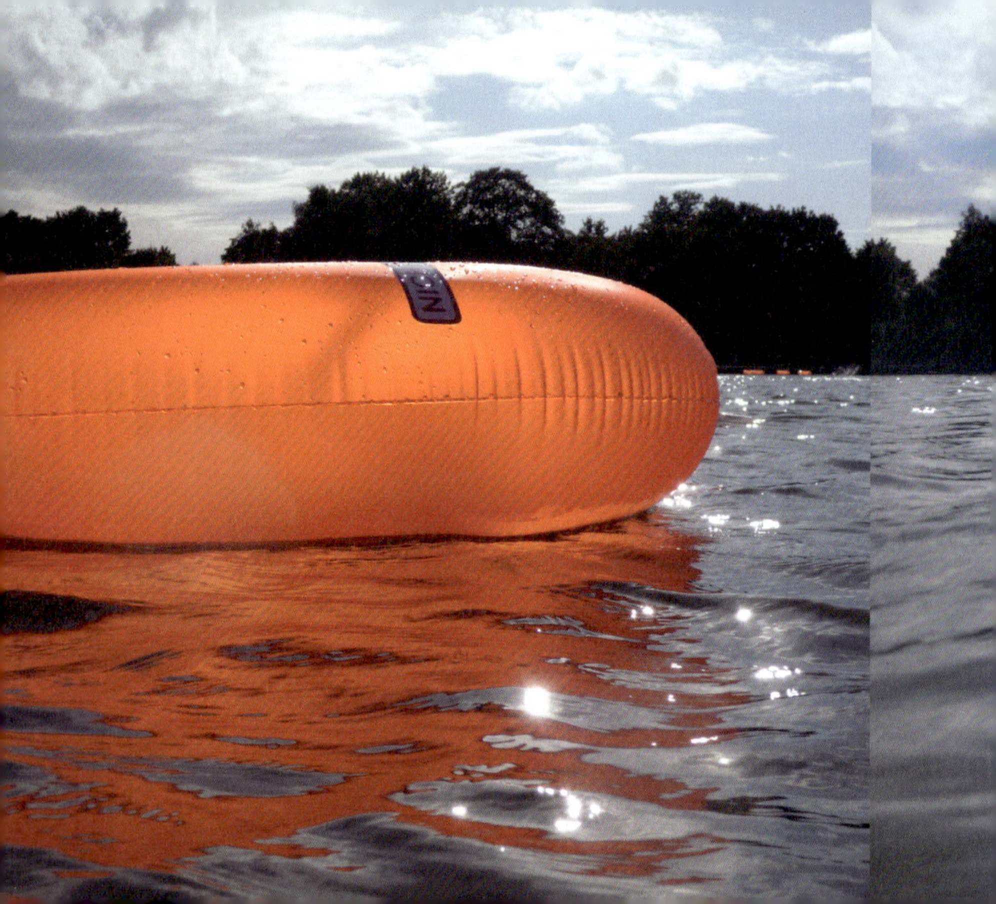

148|149

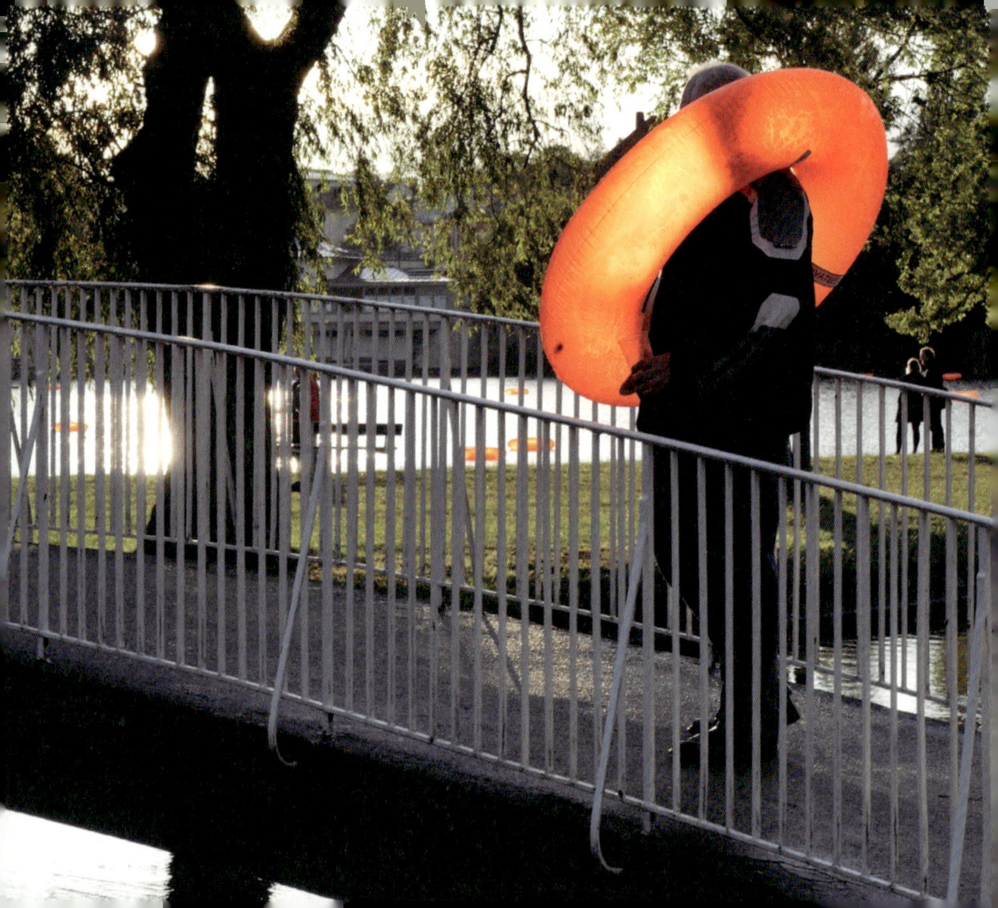

150|151

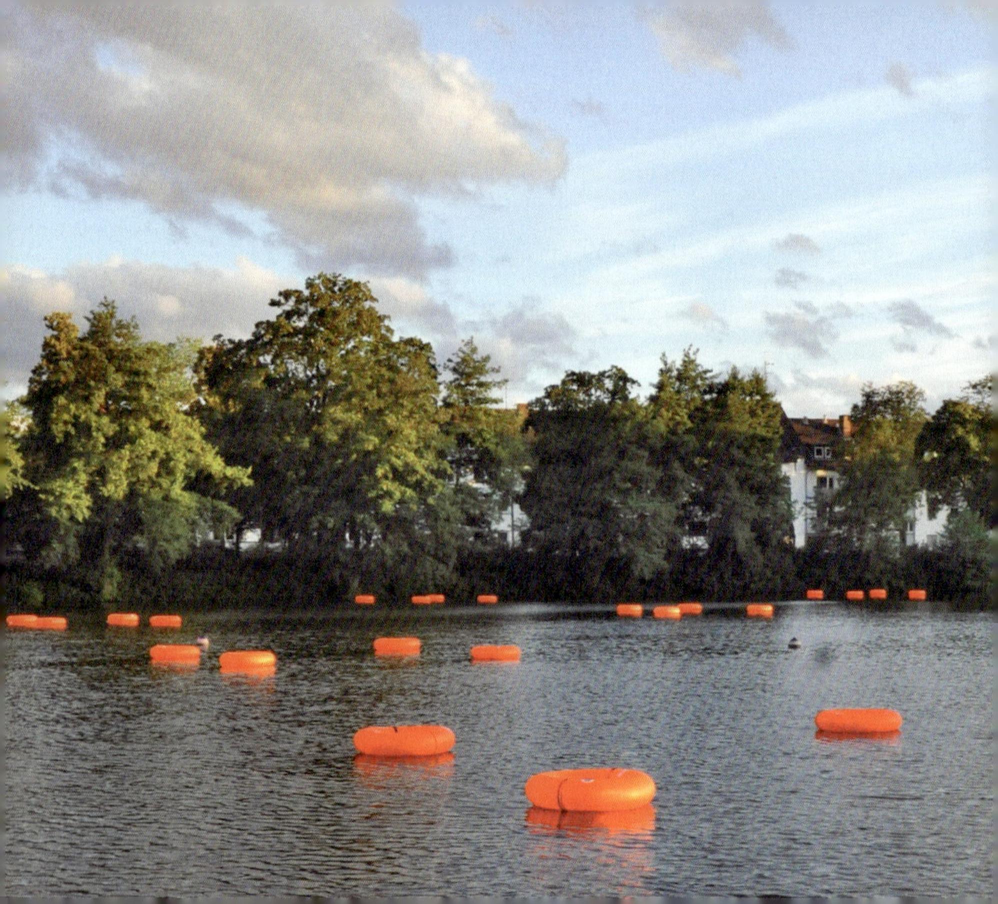

152|153

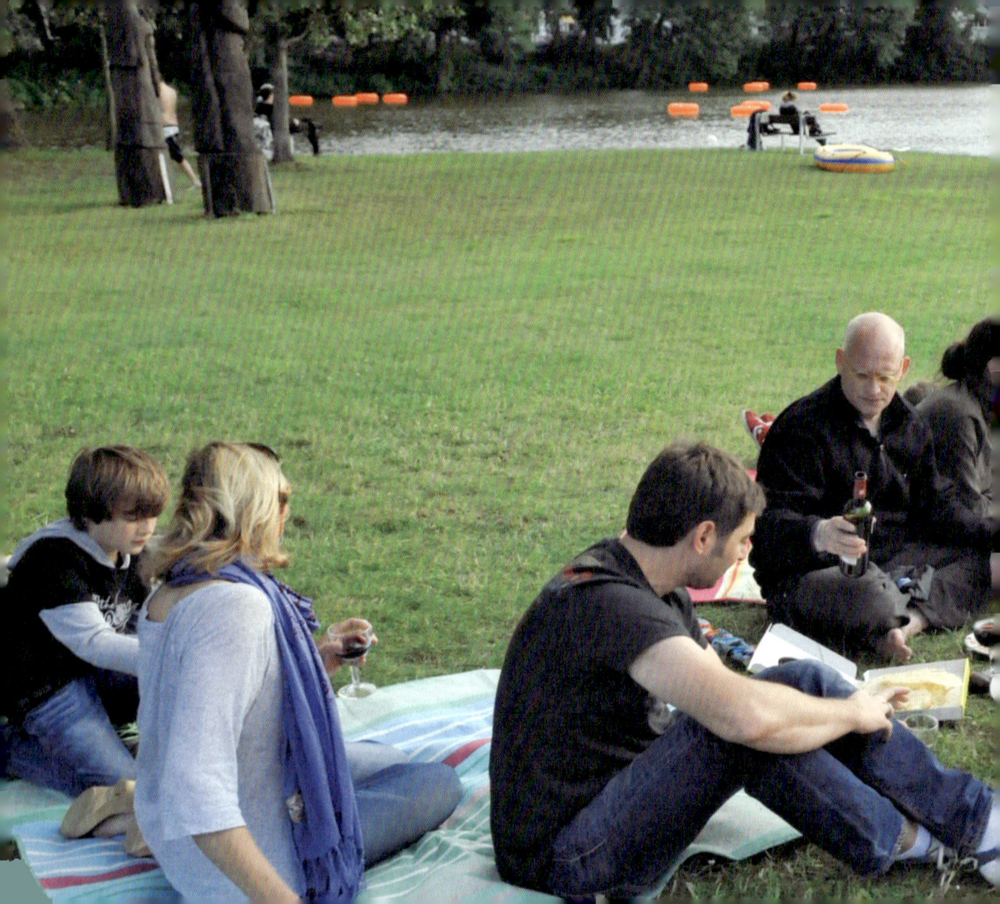

154|155

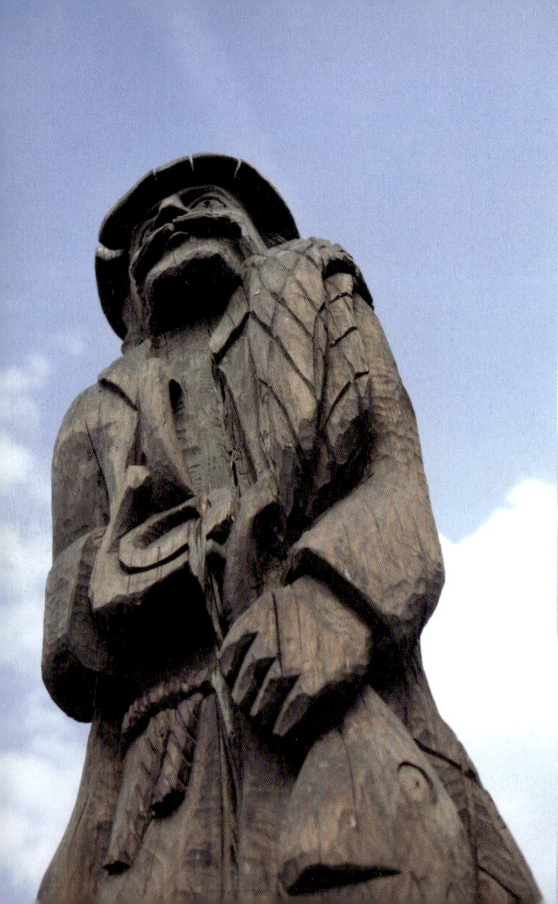
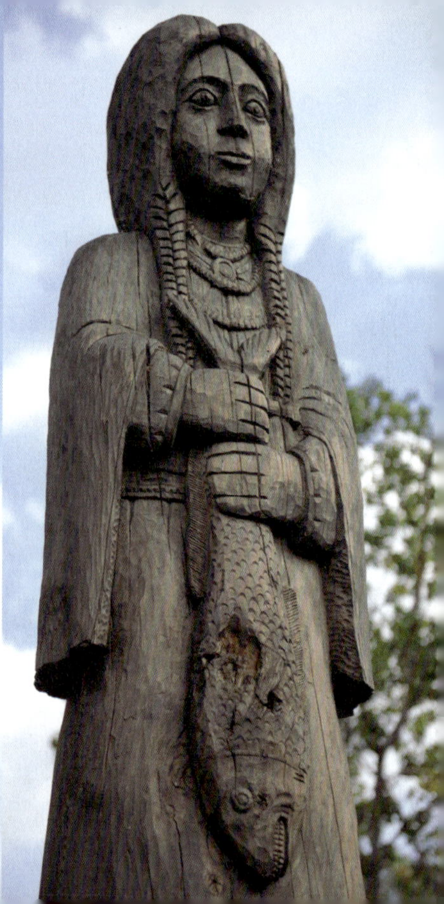

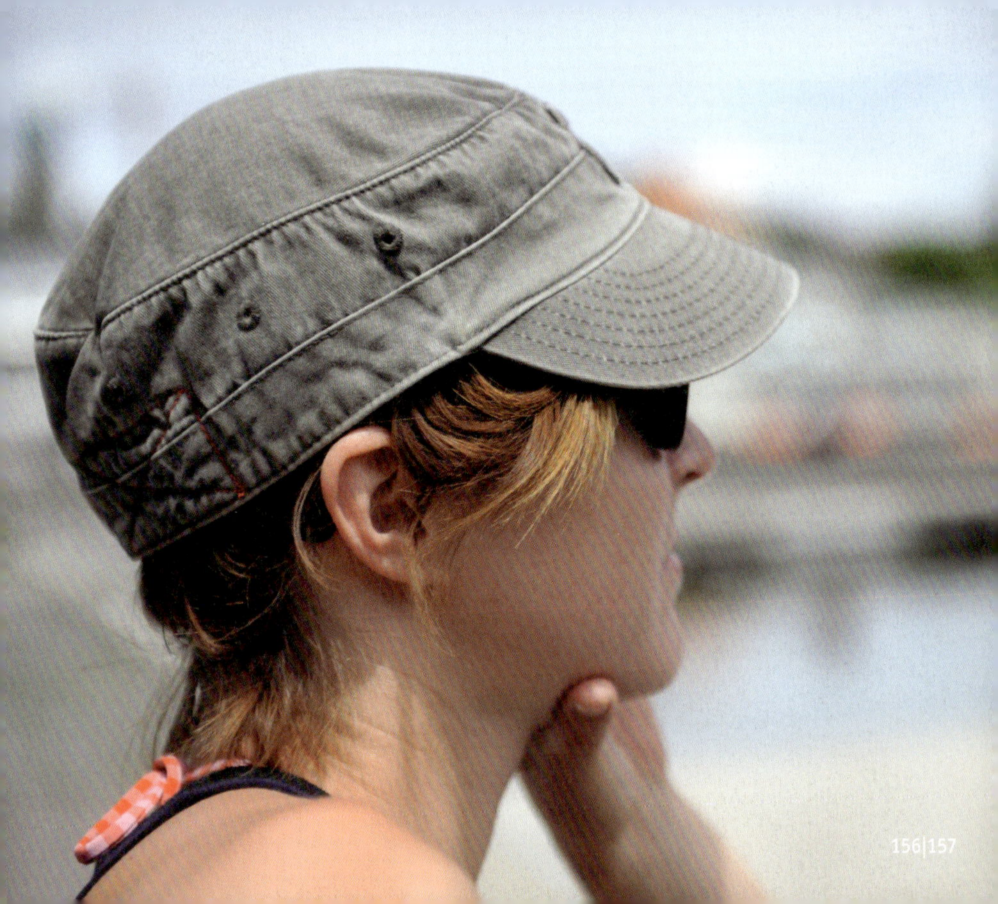

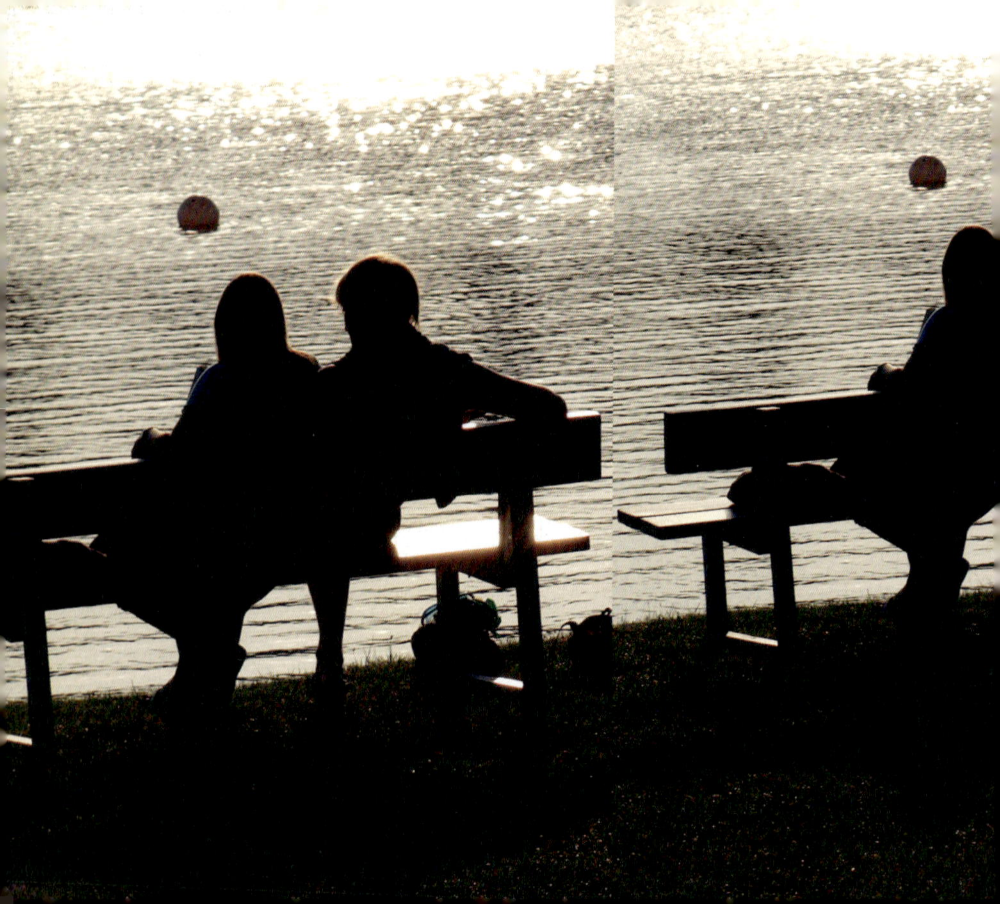

158|159

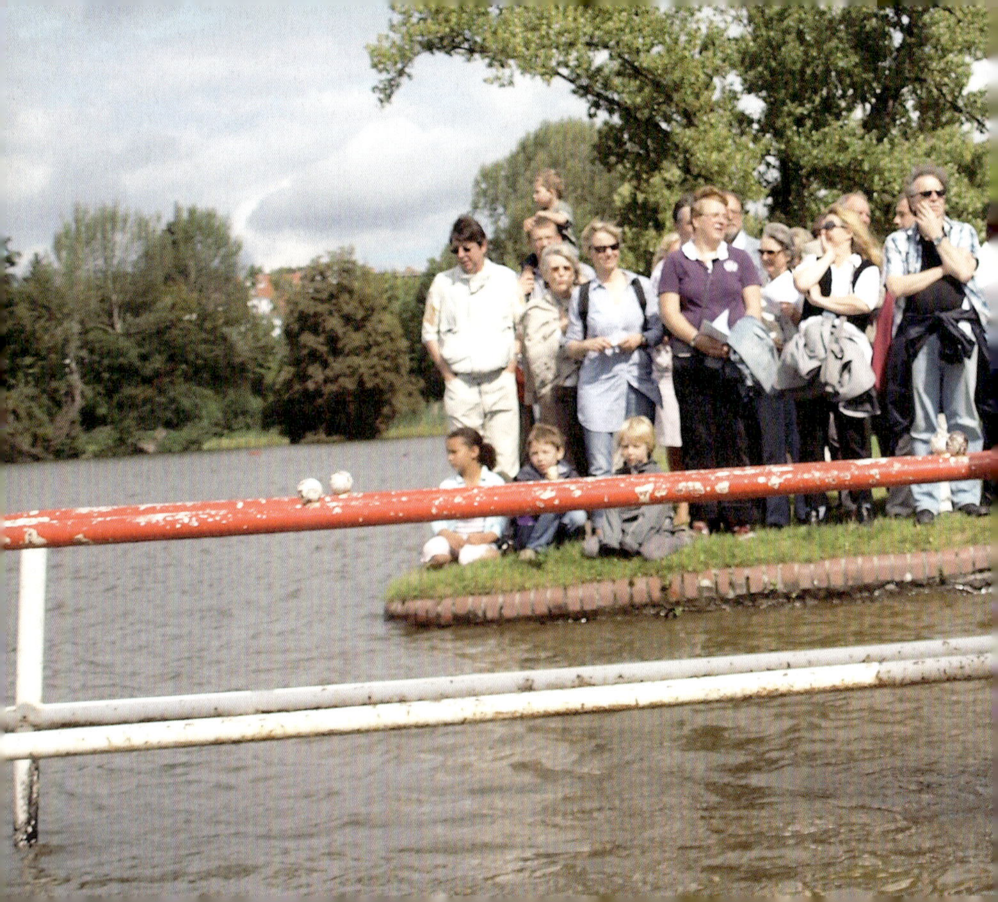

160|161

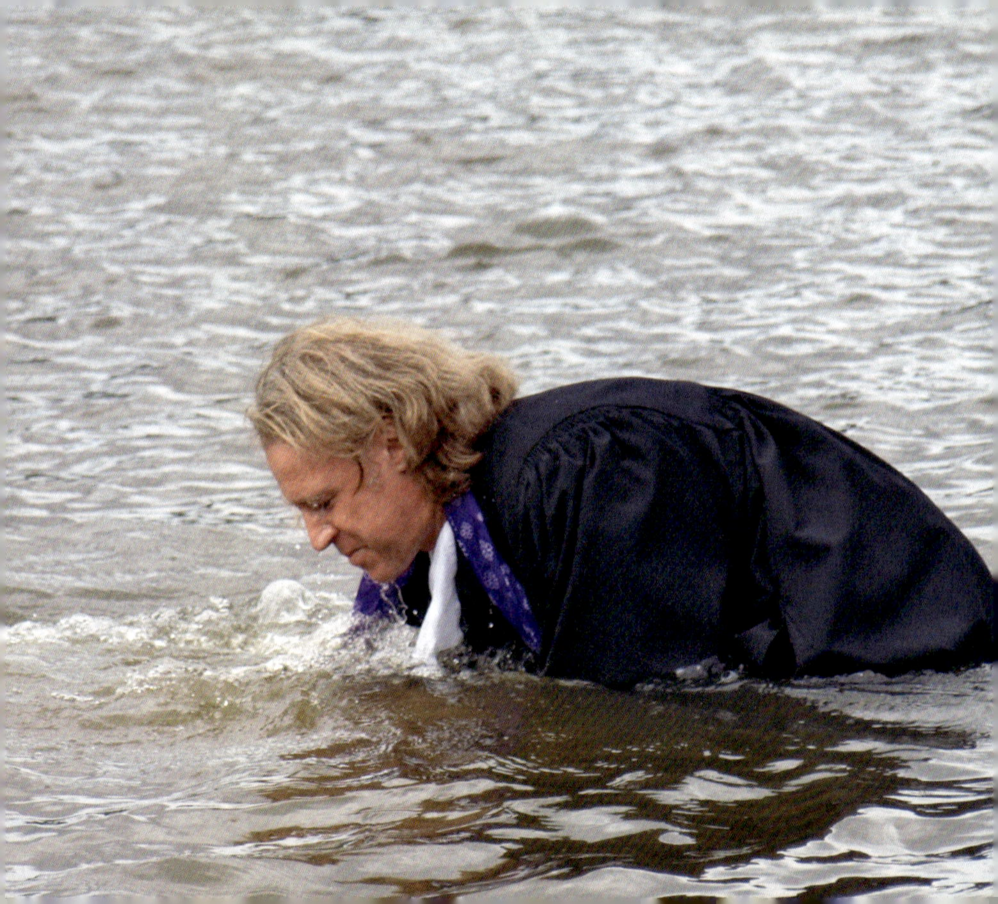

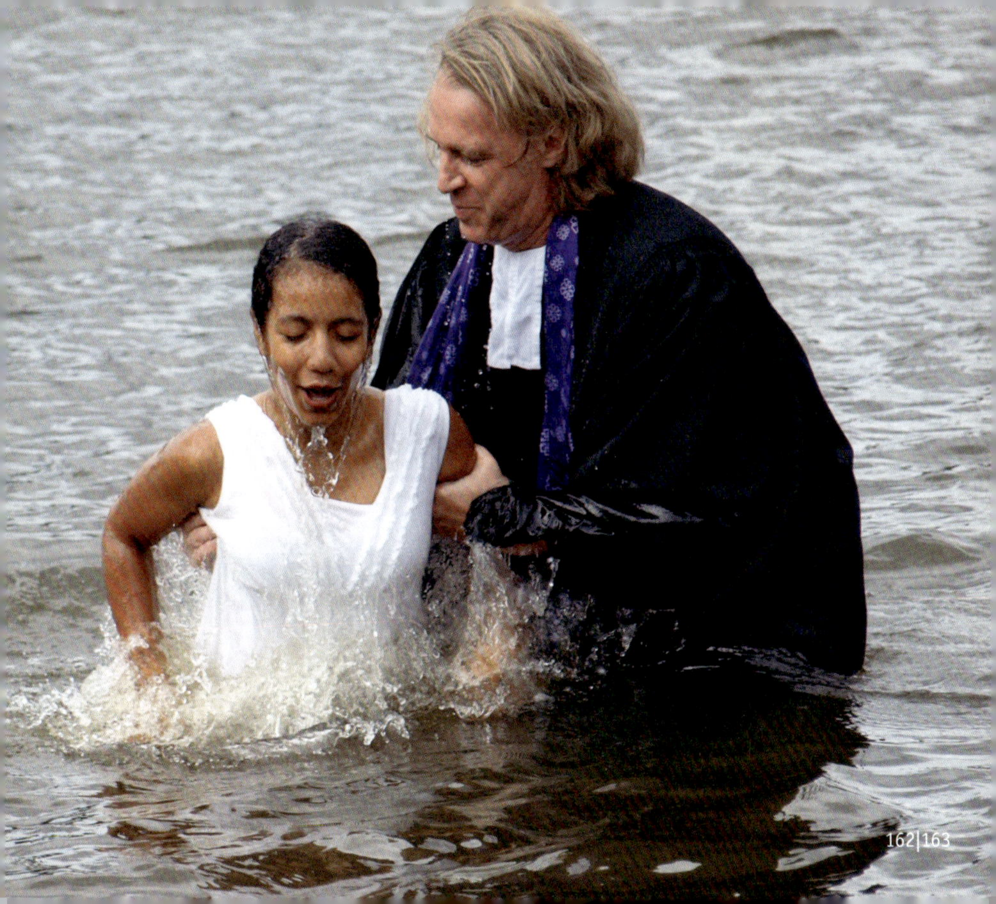

Olivia Sophia

Psalm 91,11

„Gott hat seinen Engeln befohlen, dass sie dich behüten auf allen deinen Wegen."

164|165

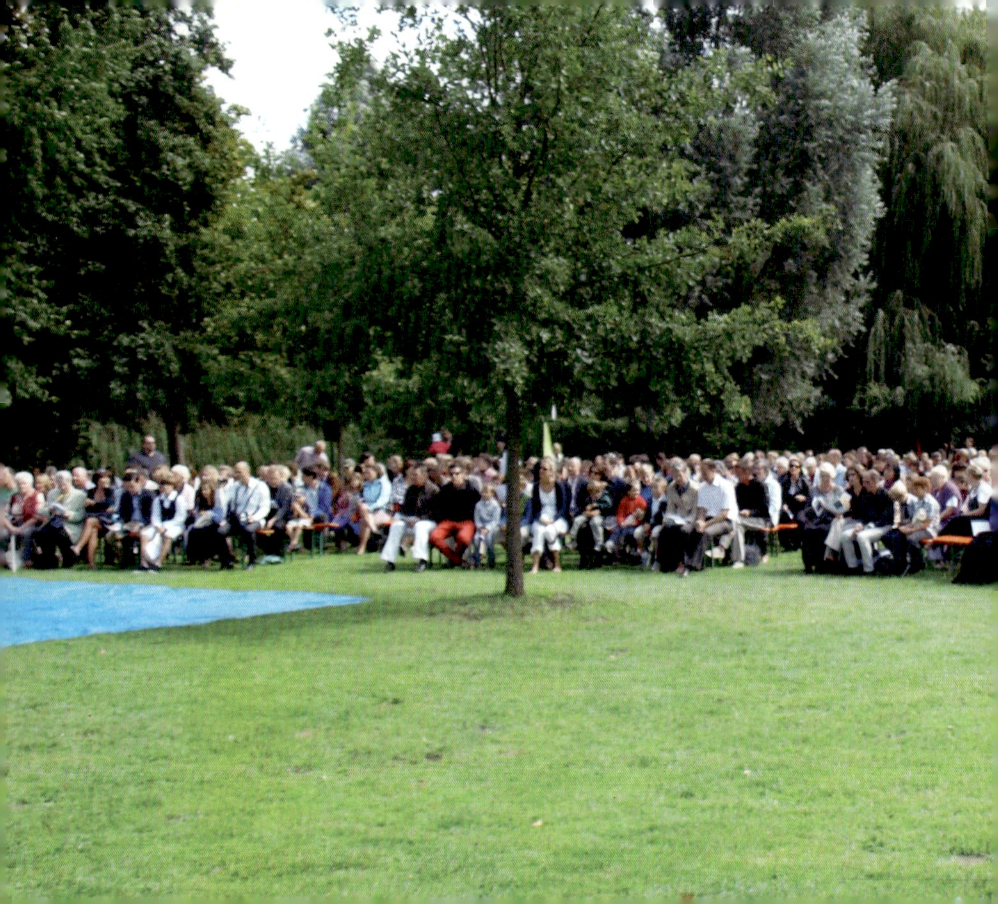

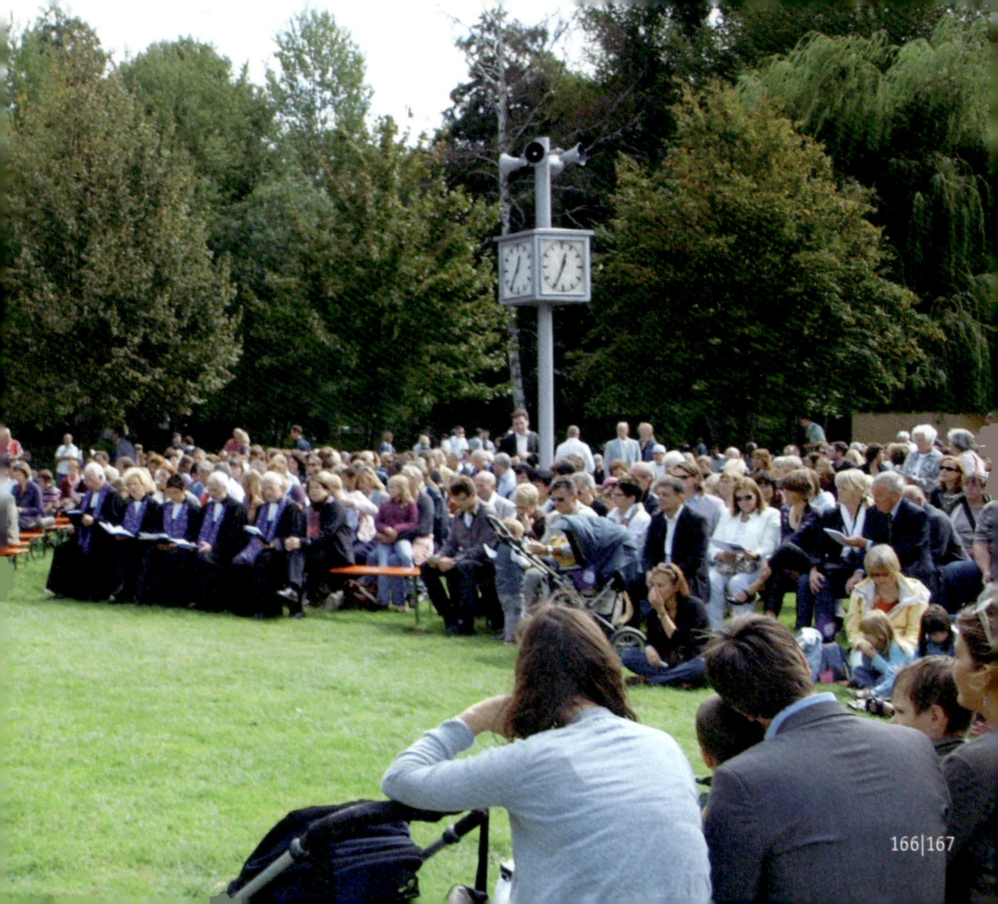

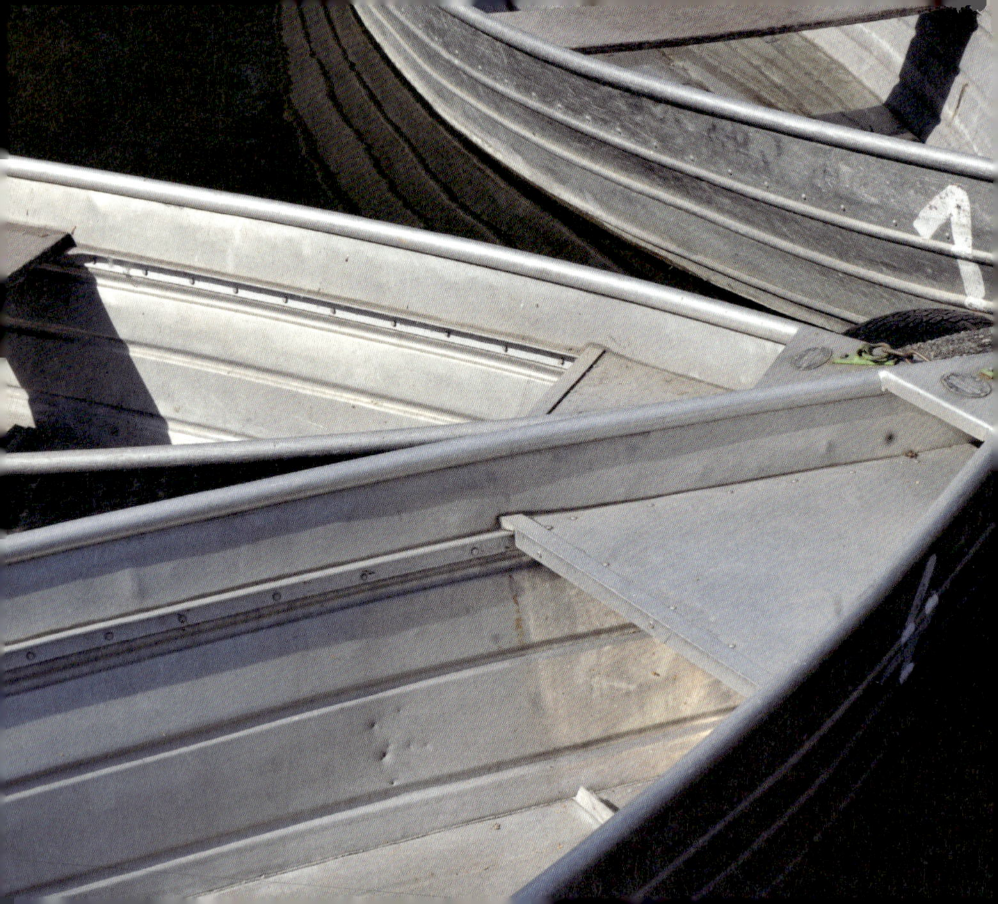

168|169

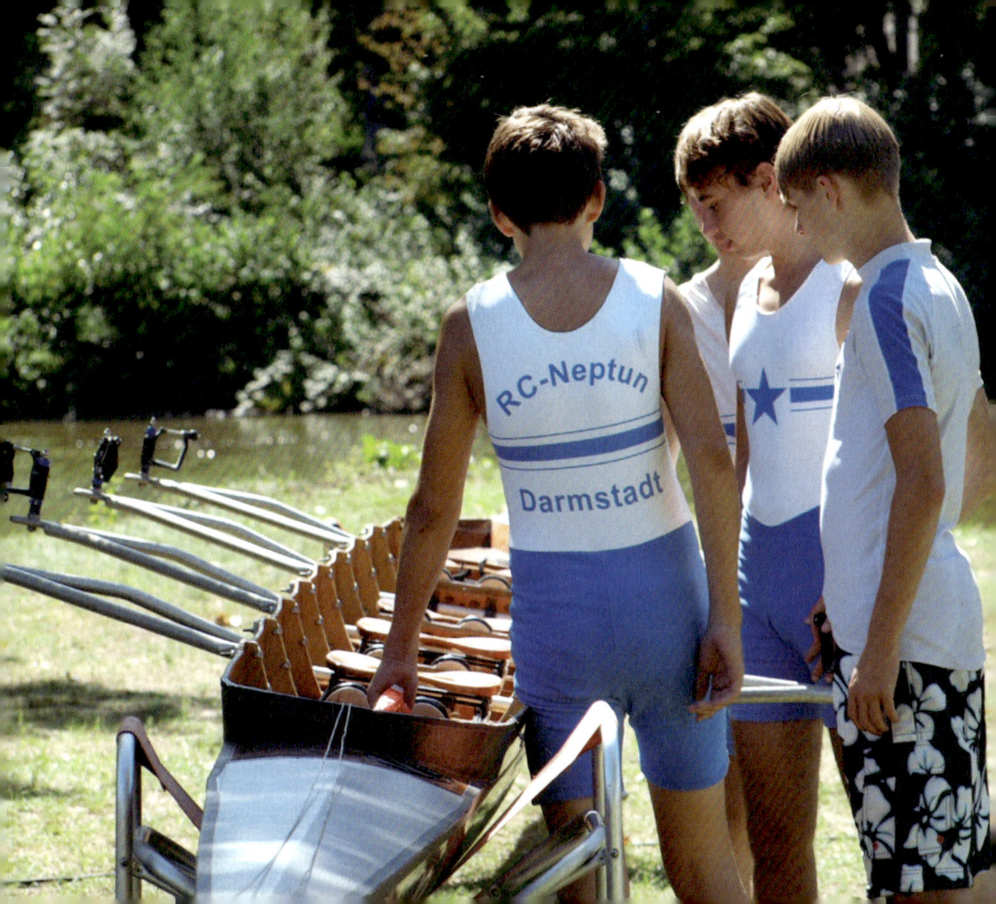
RC-Neptun
Darmstadt

170|171

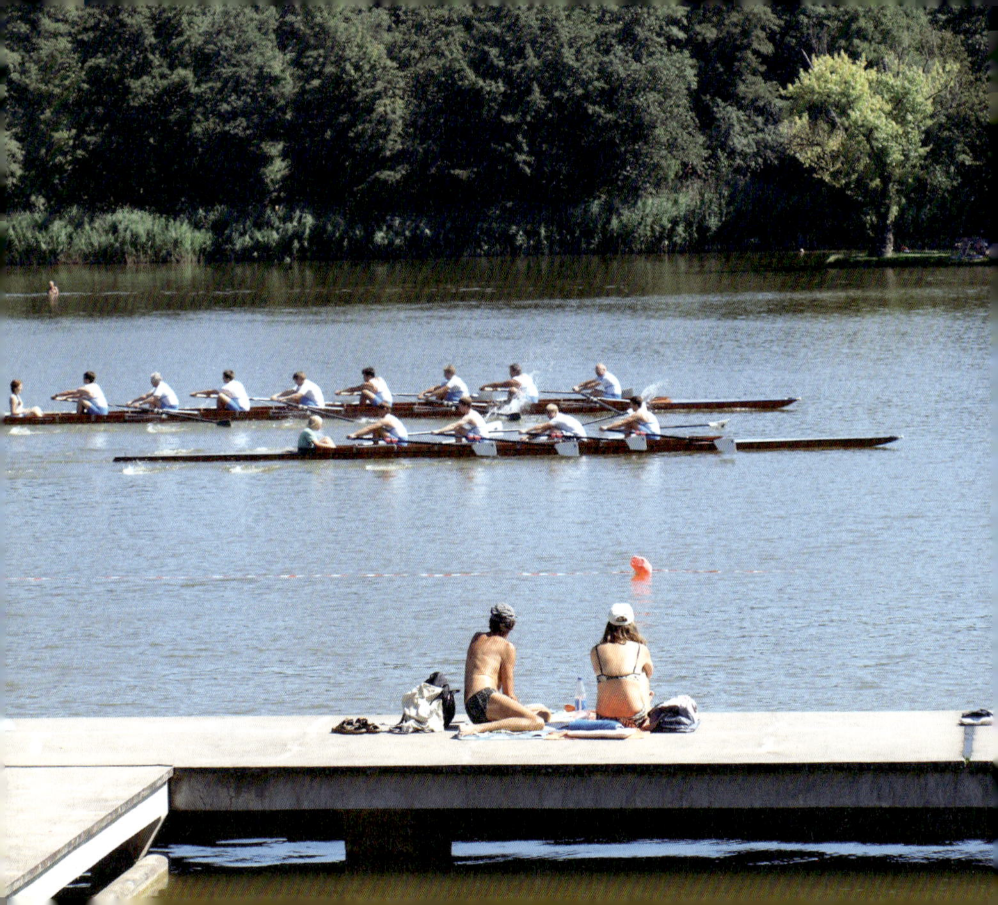

172|173

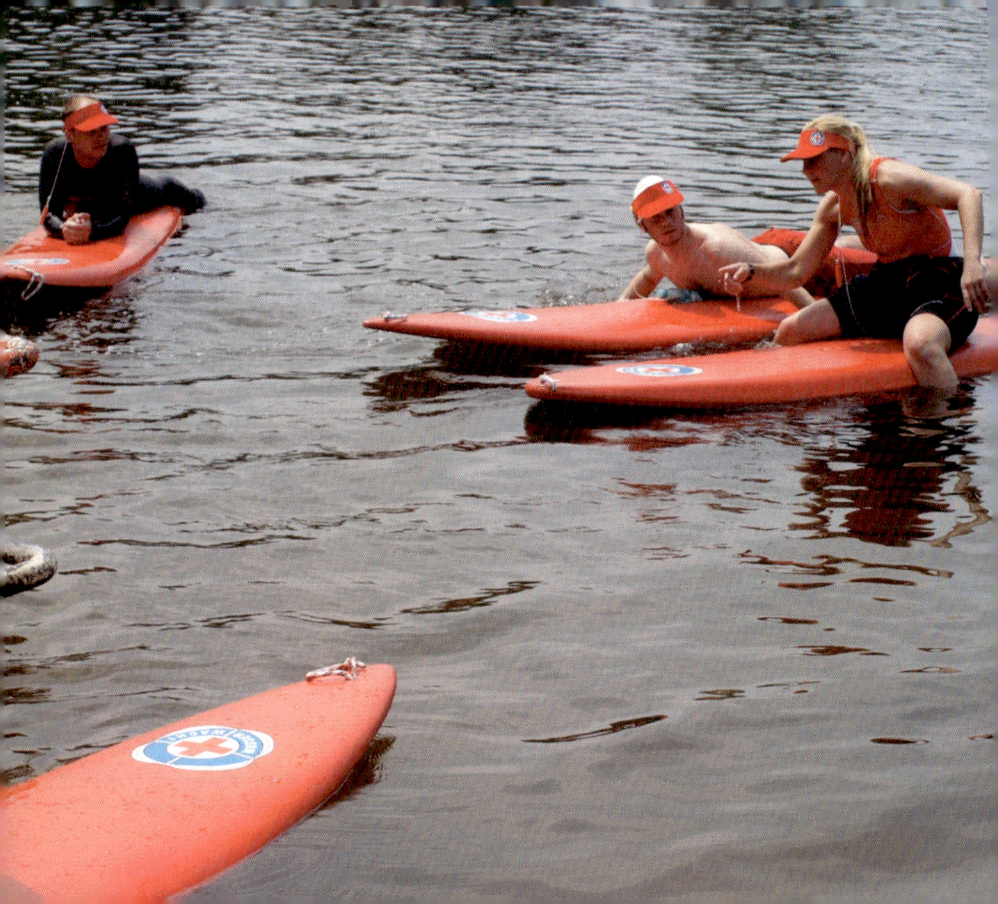

174|175

Schl
Schlammbeißer
Woog
Schlammbeißer
Woog
Schlammbeißer
Woog

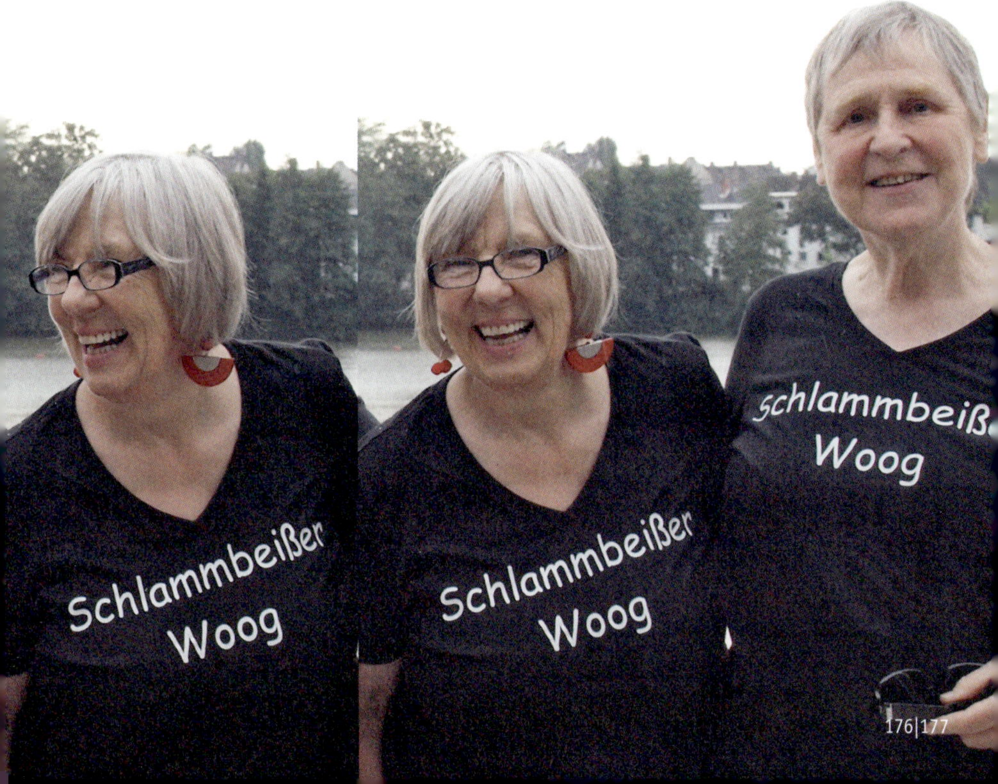
Schlammbeißer
Woog
Schlammbeißer
Woog
Woog

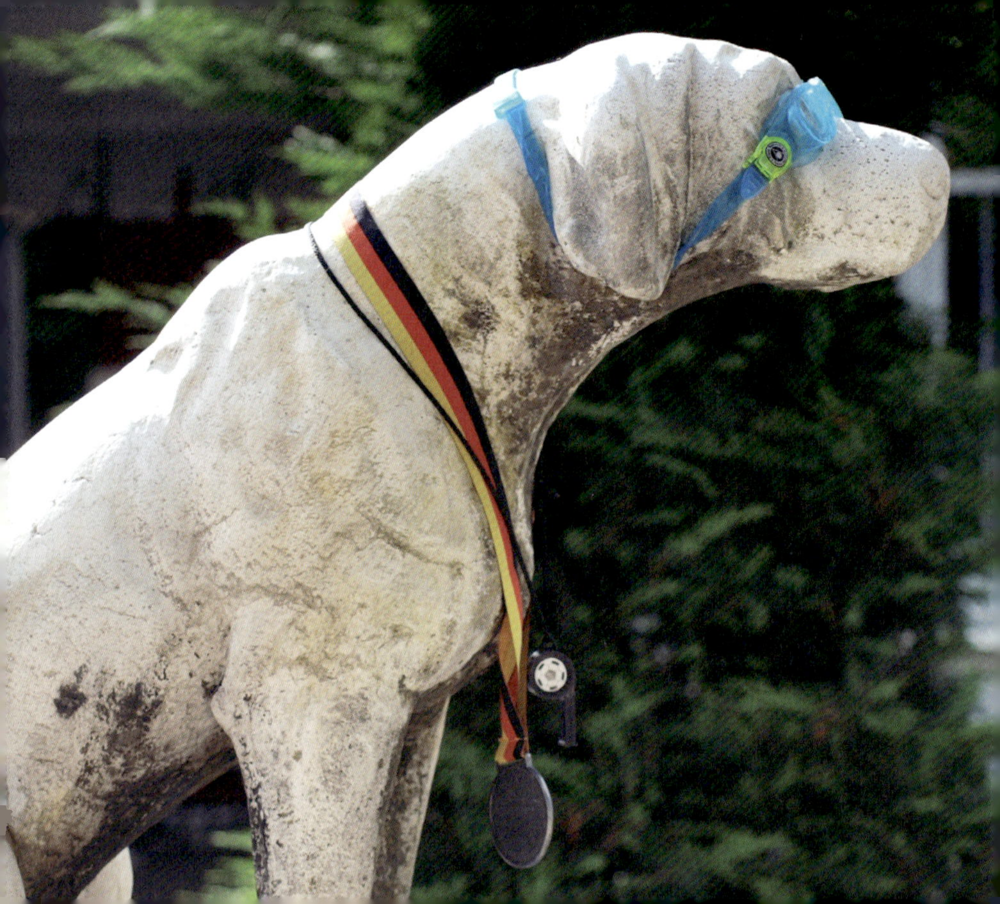

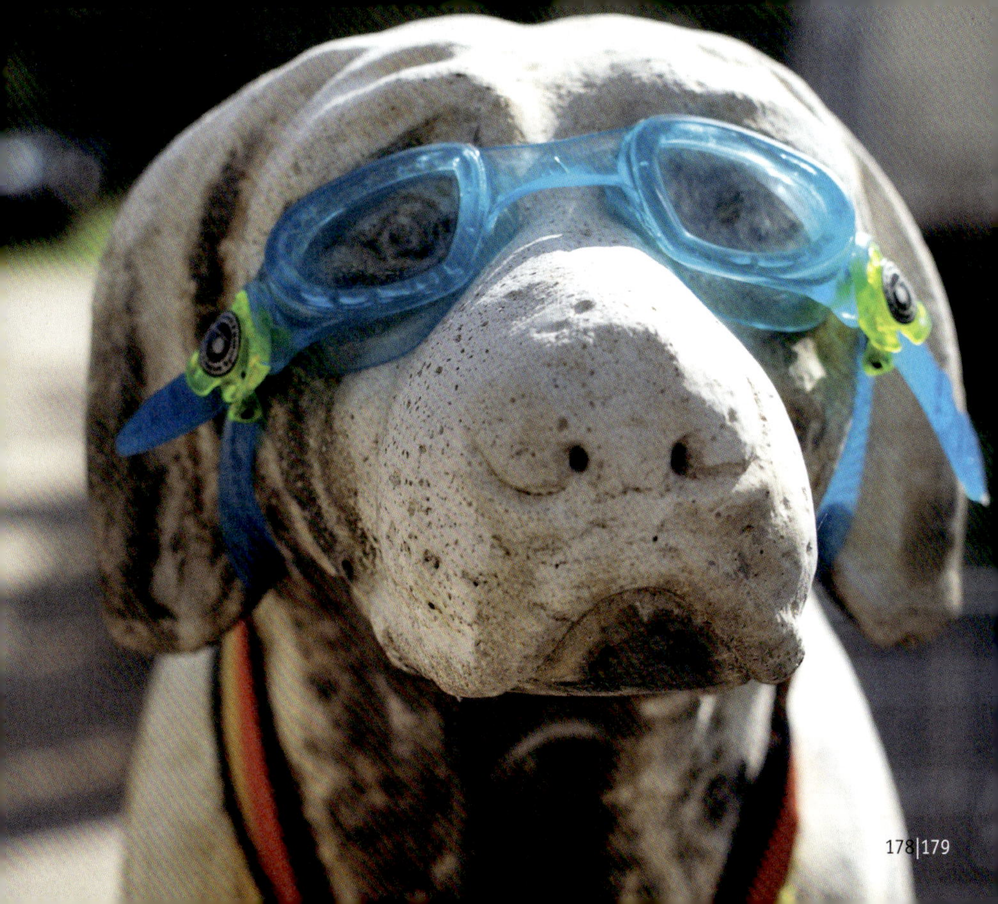

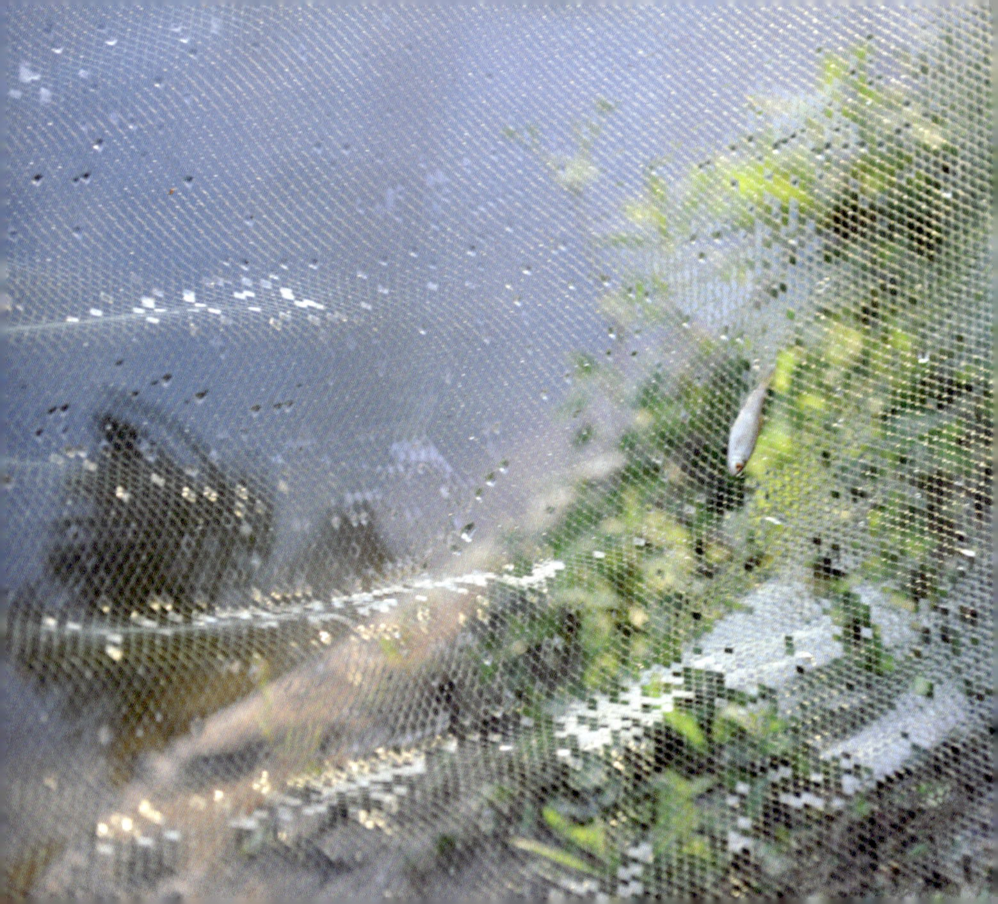

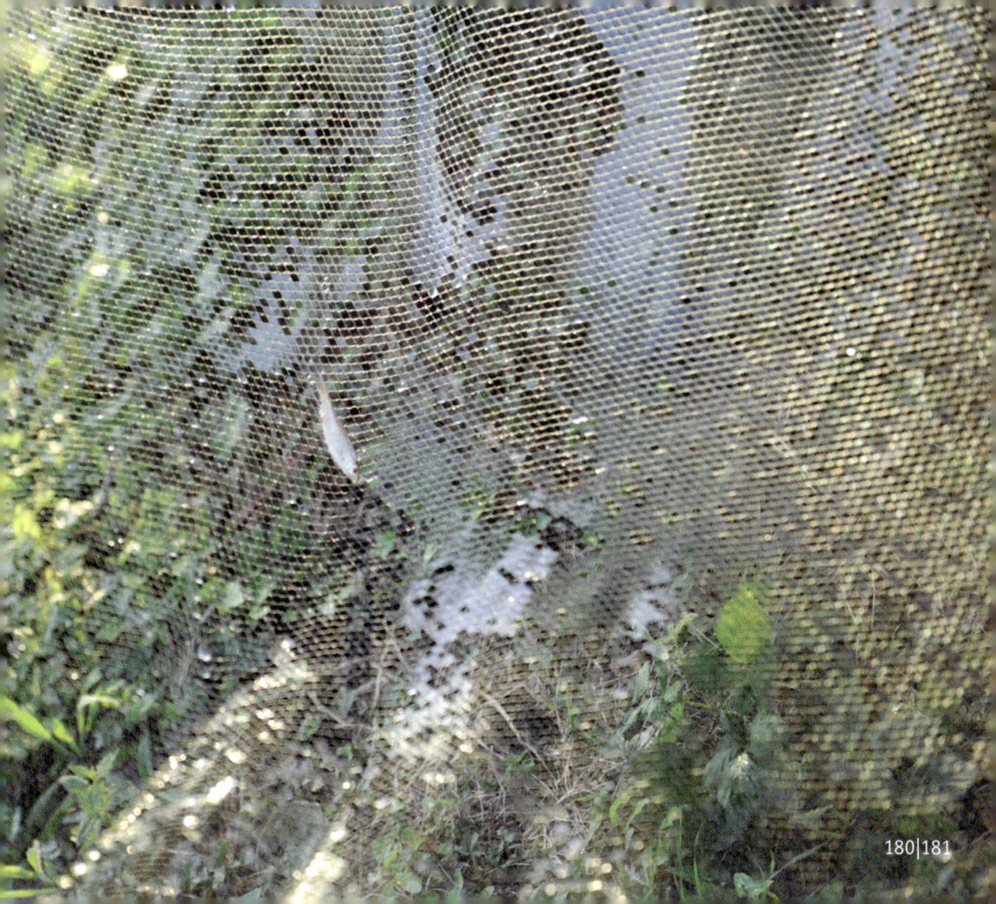

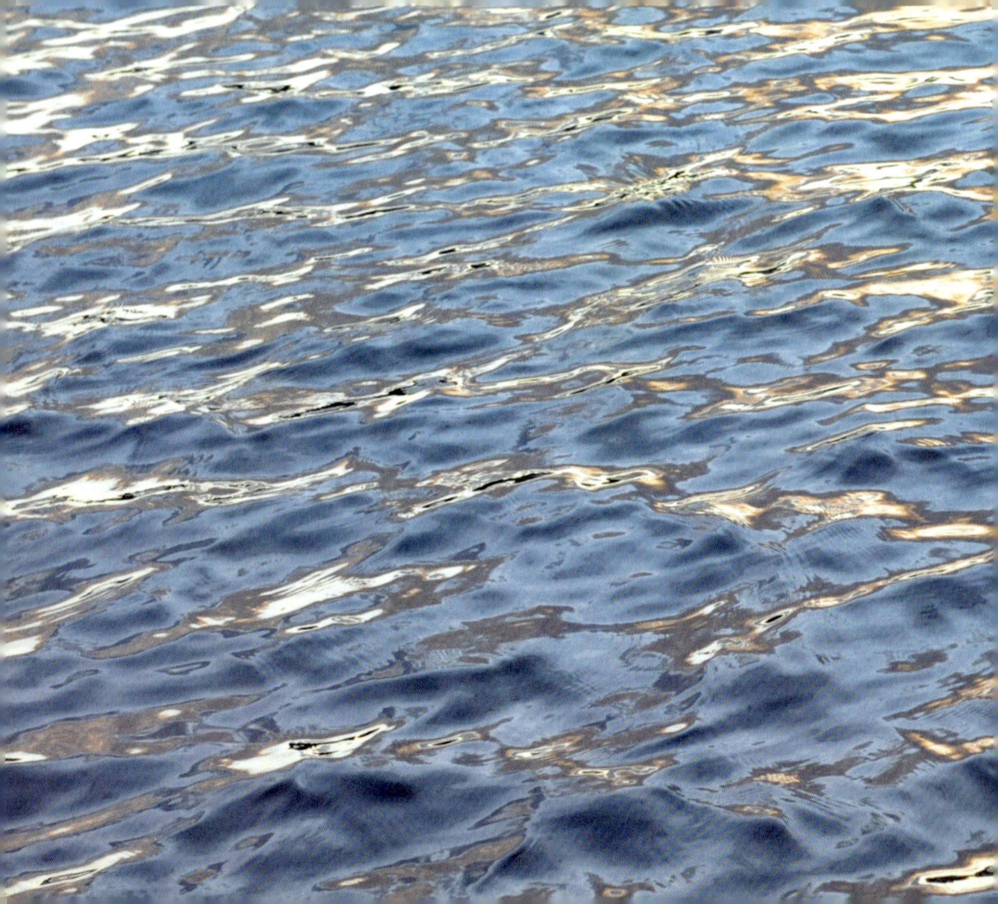

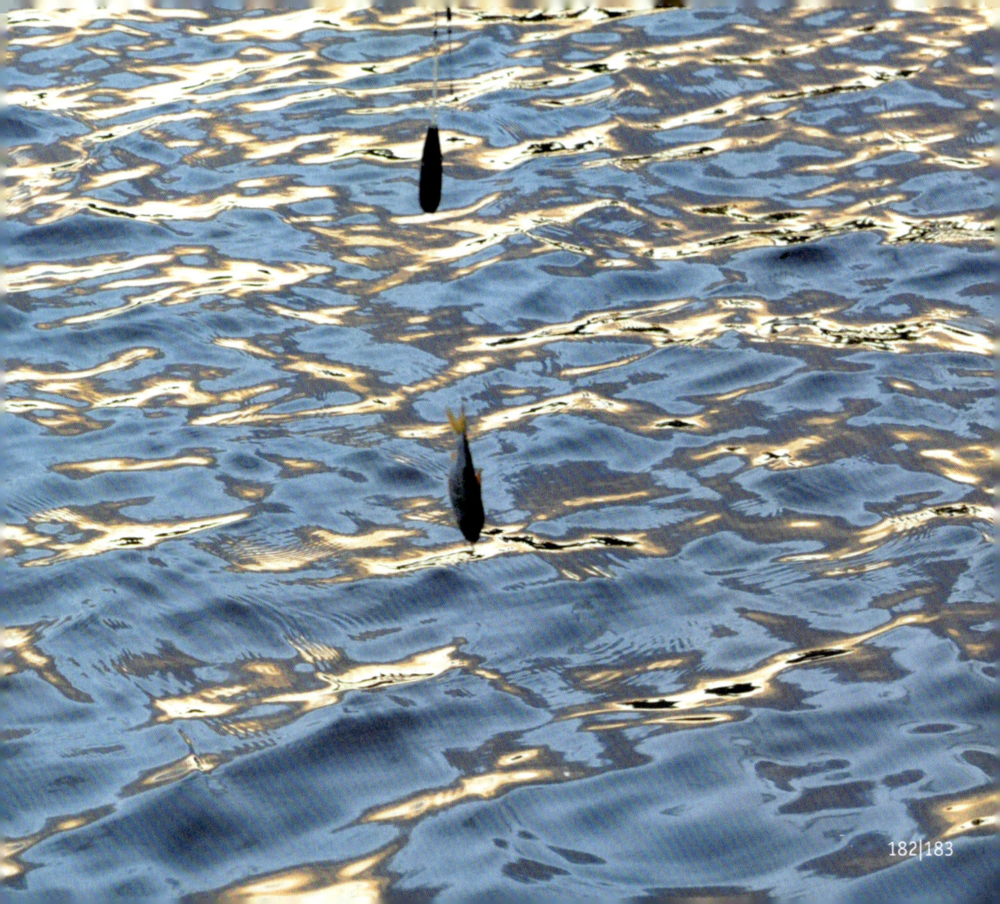

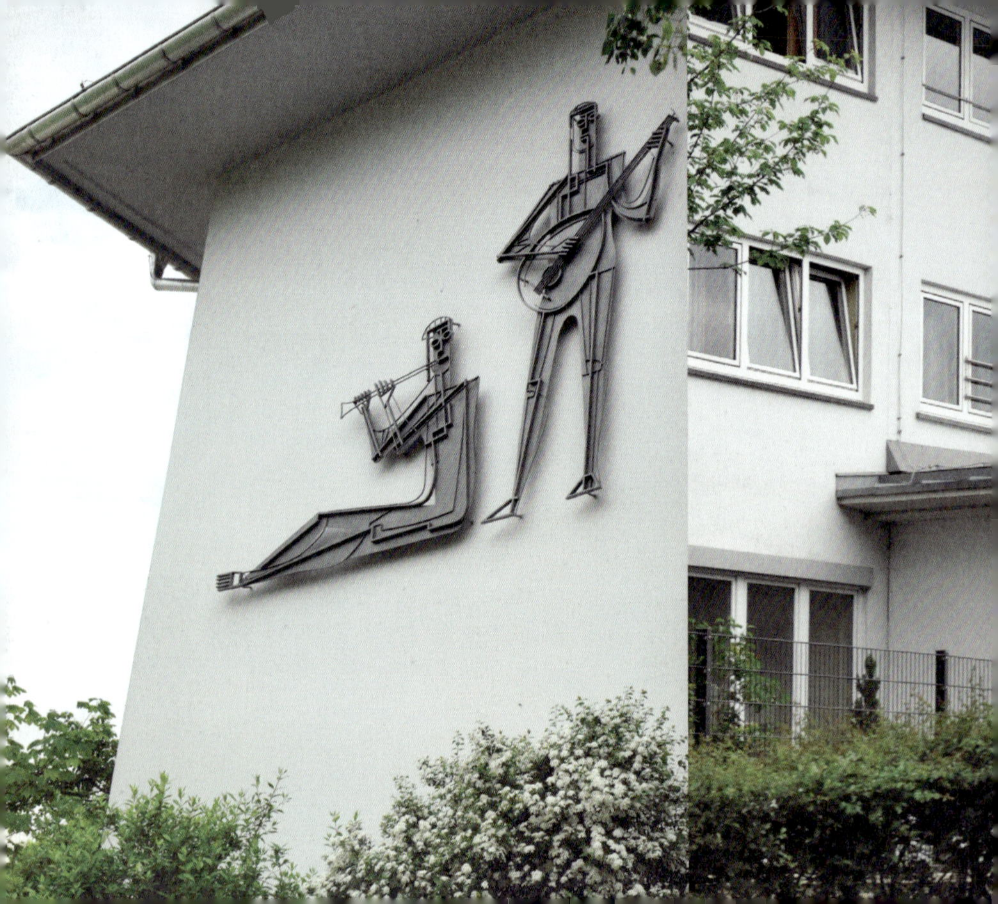

184|185

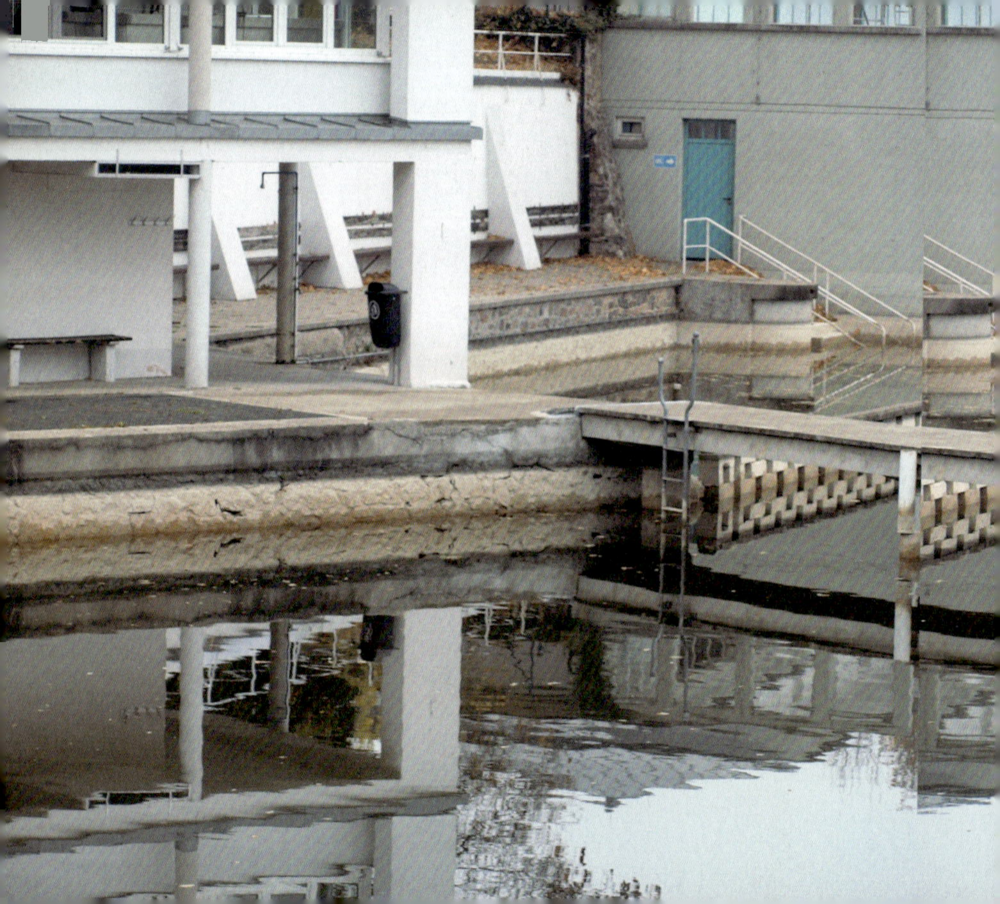

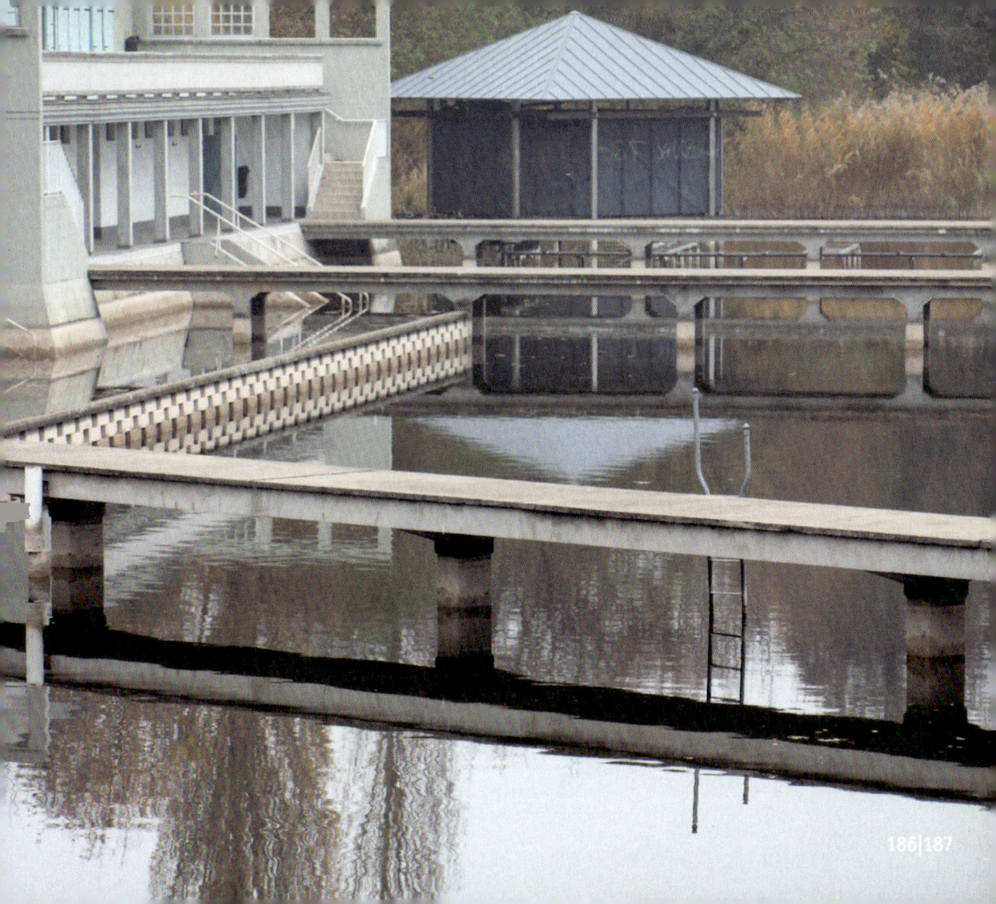

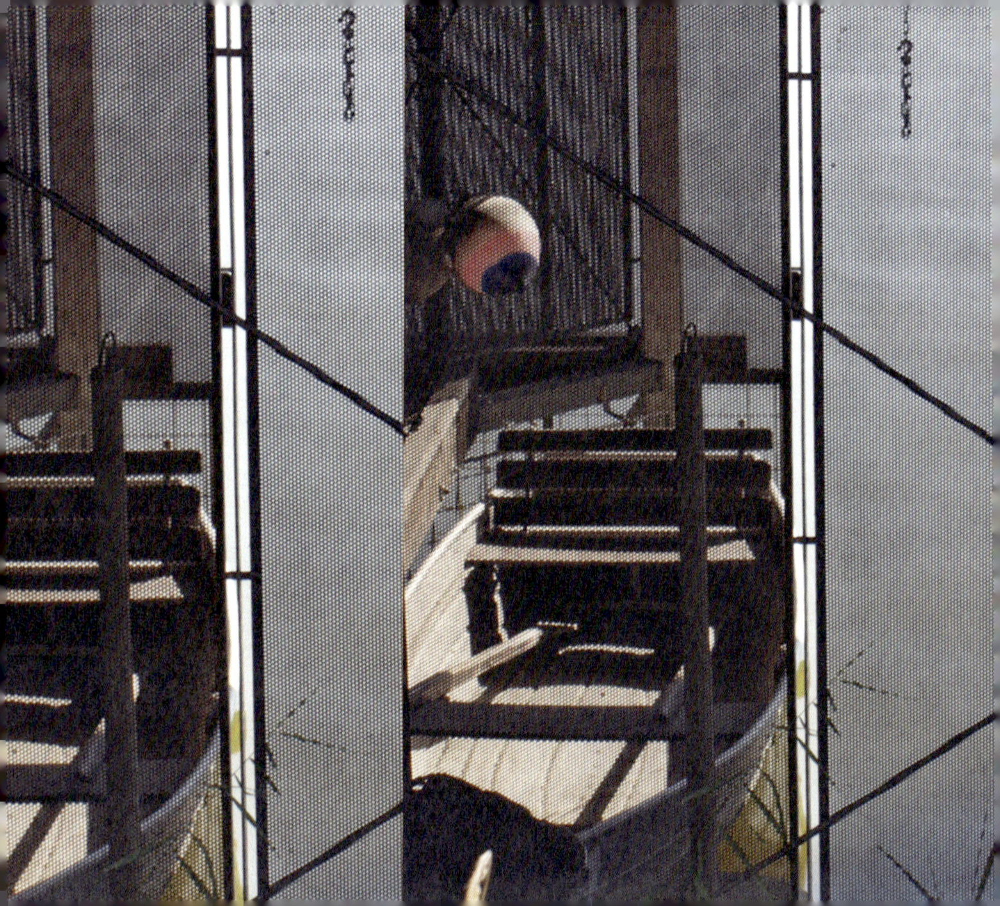

188|189

Vollstau

157,50 müNN ▼

außergew. Stau

158,25 müNN ▼

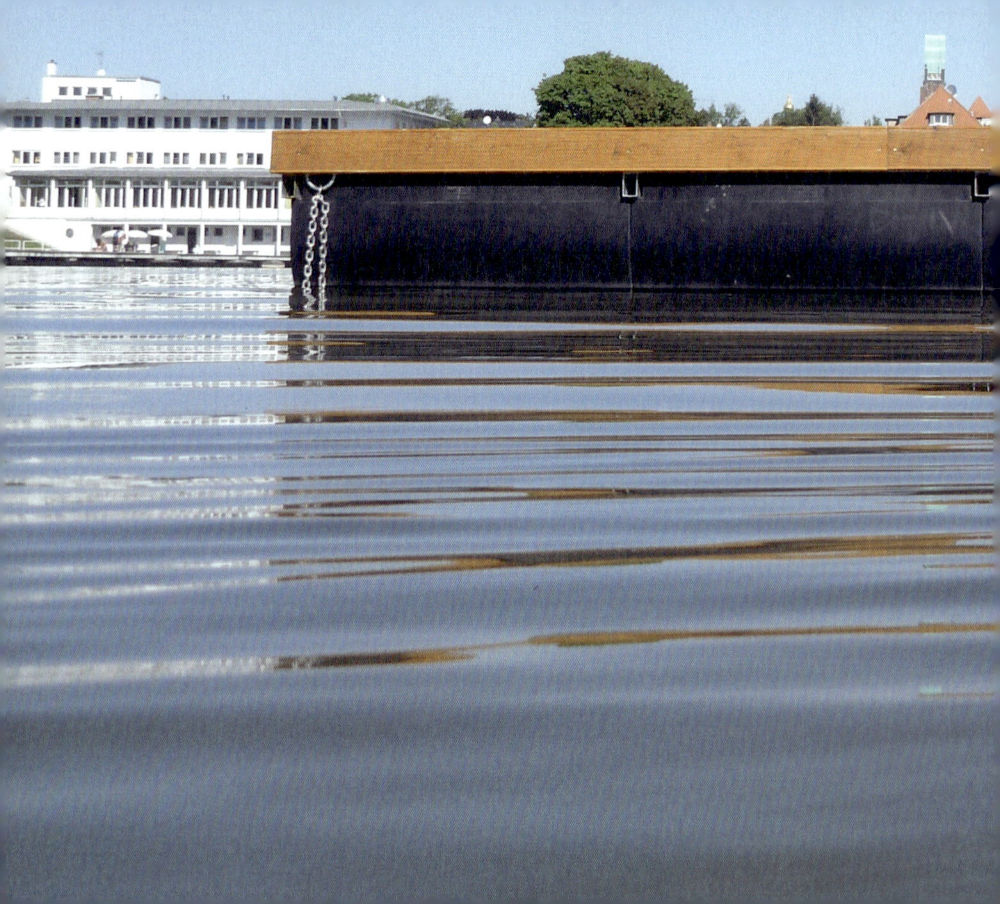

192|193

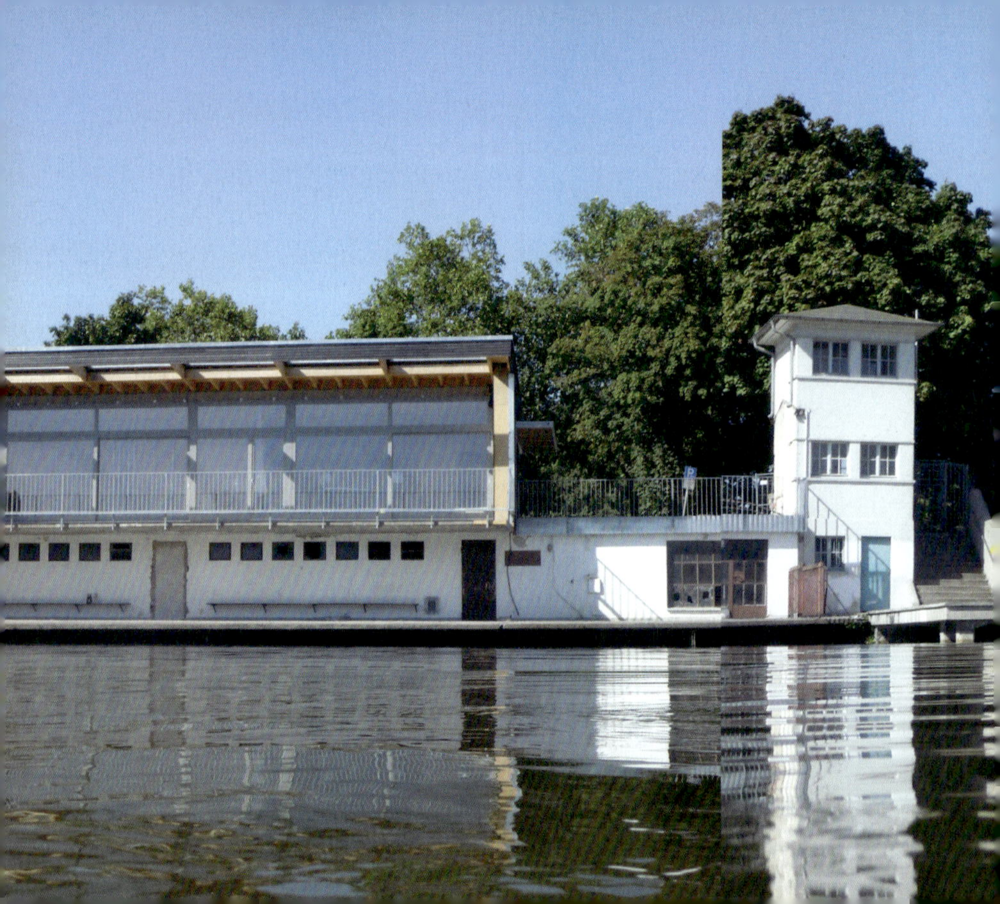

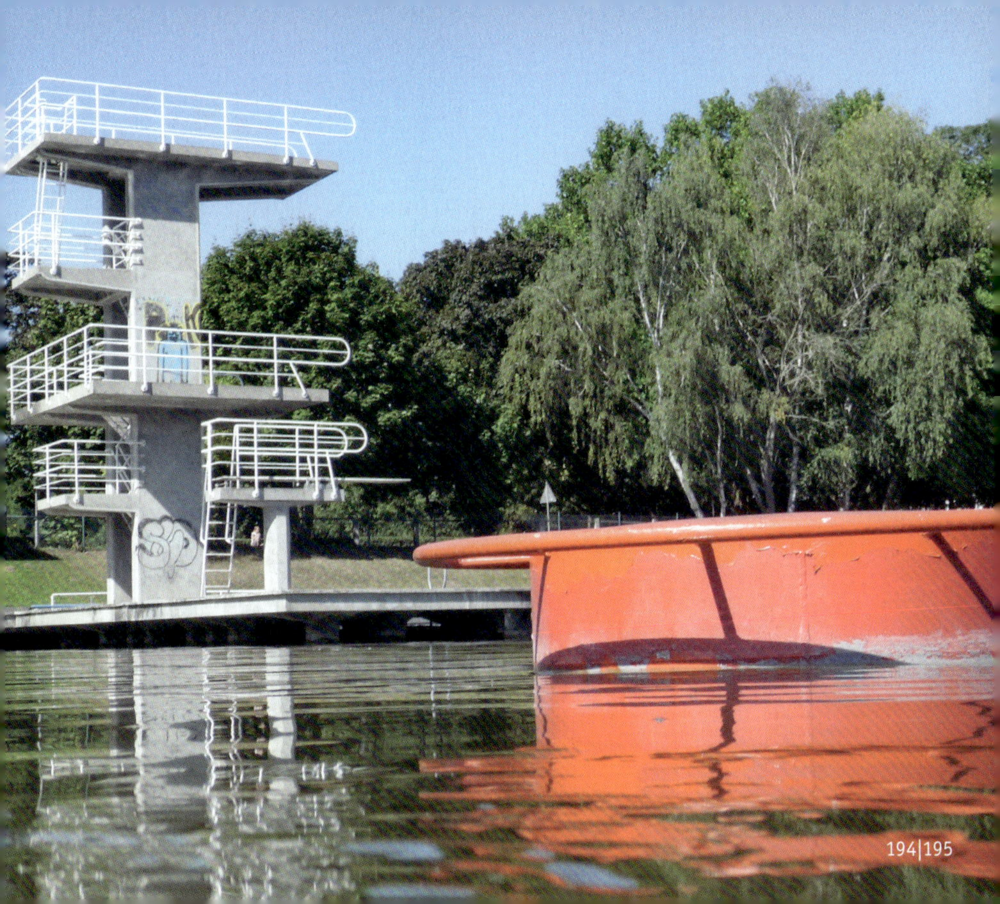

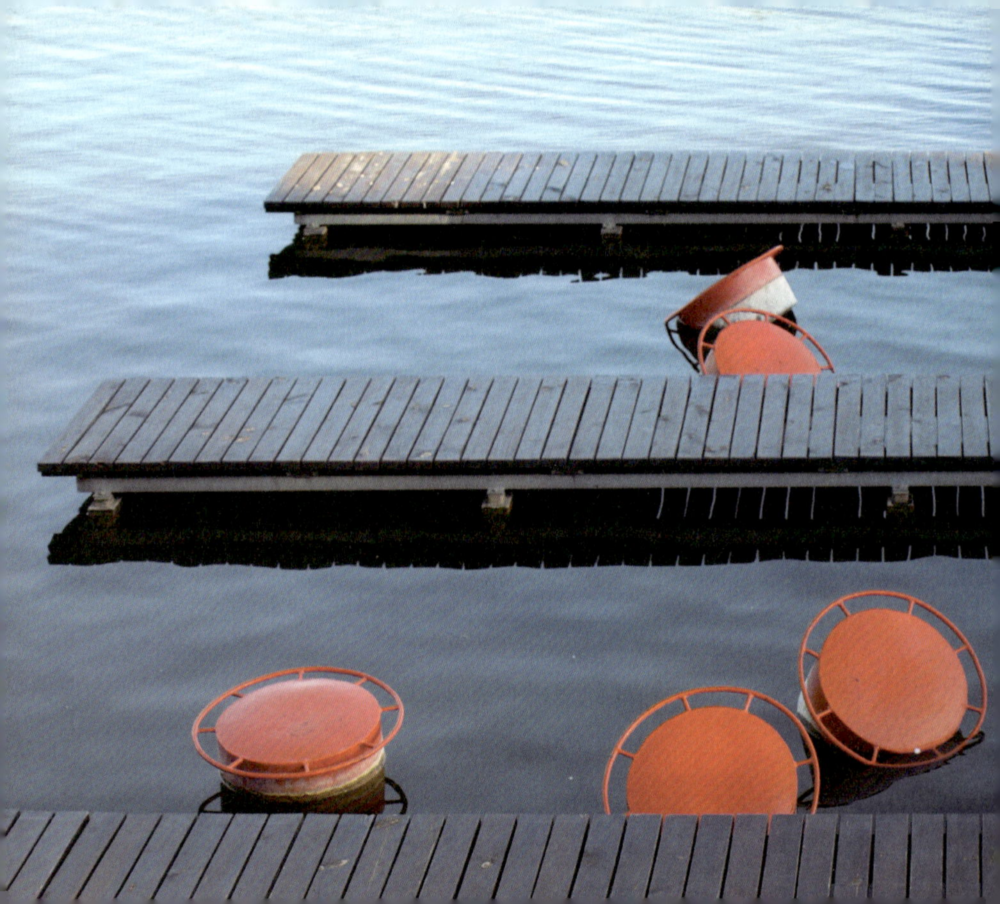

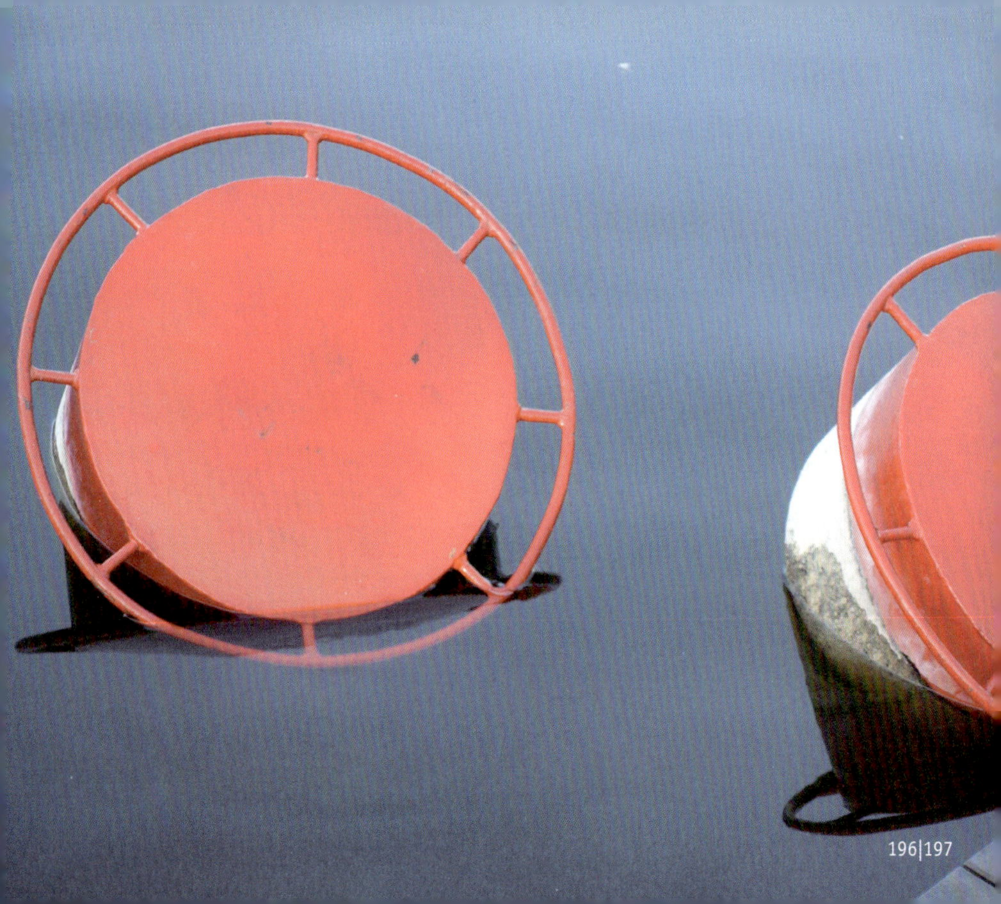

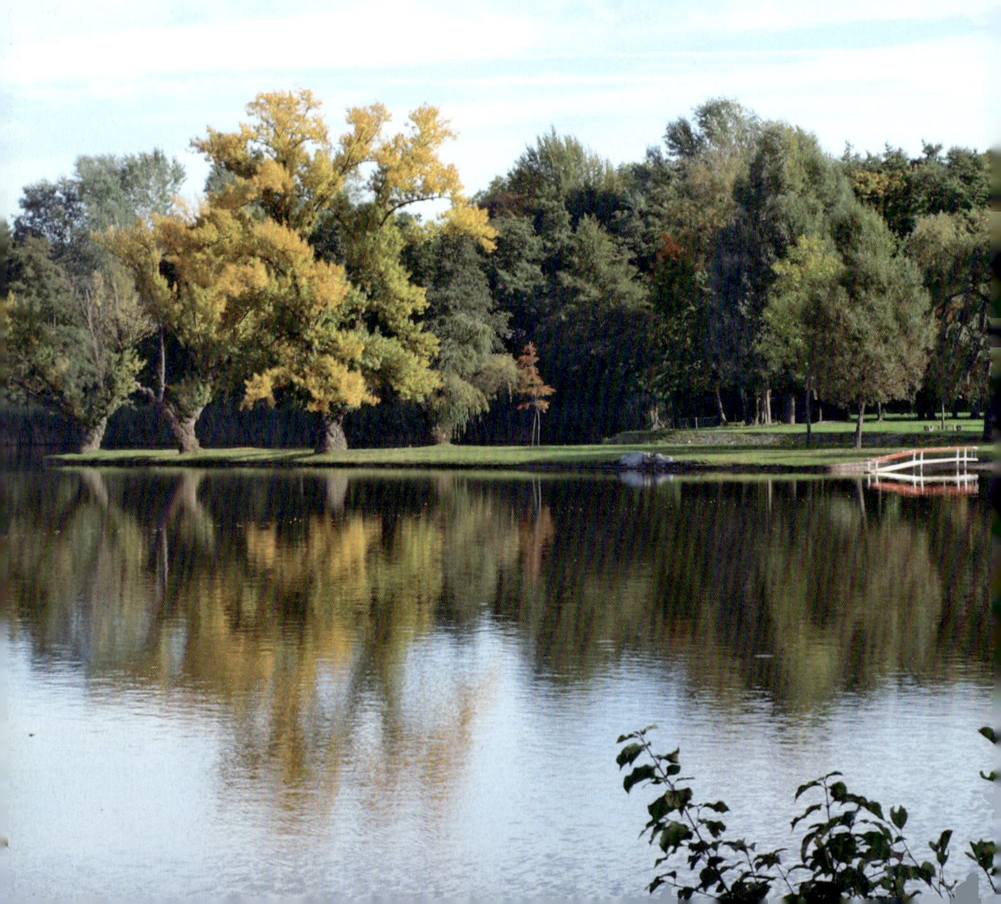

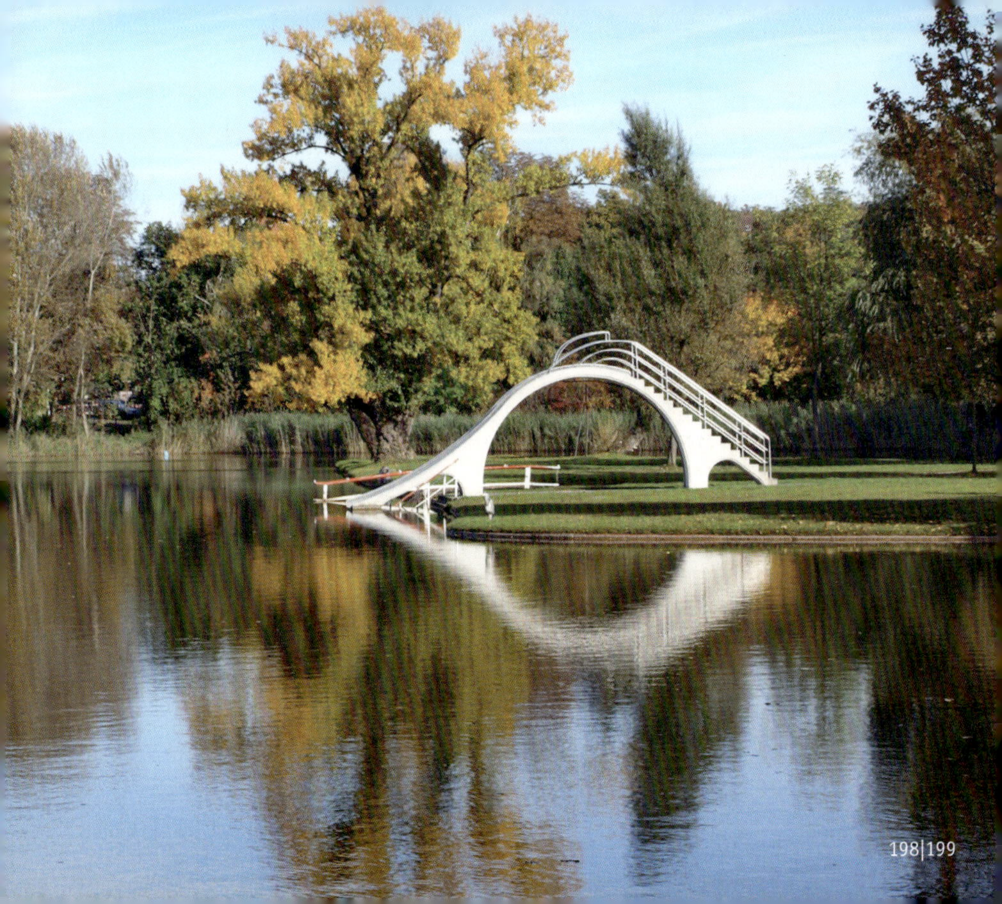

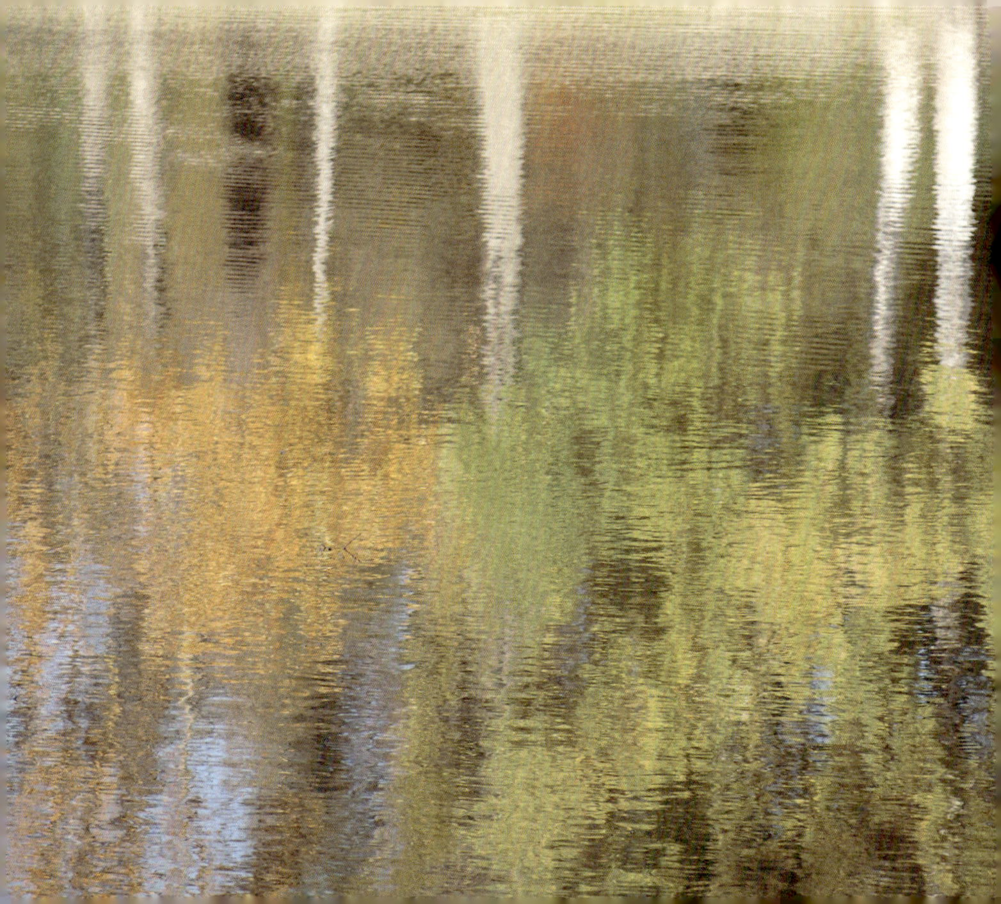

200|201

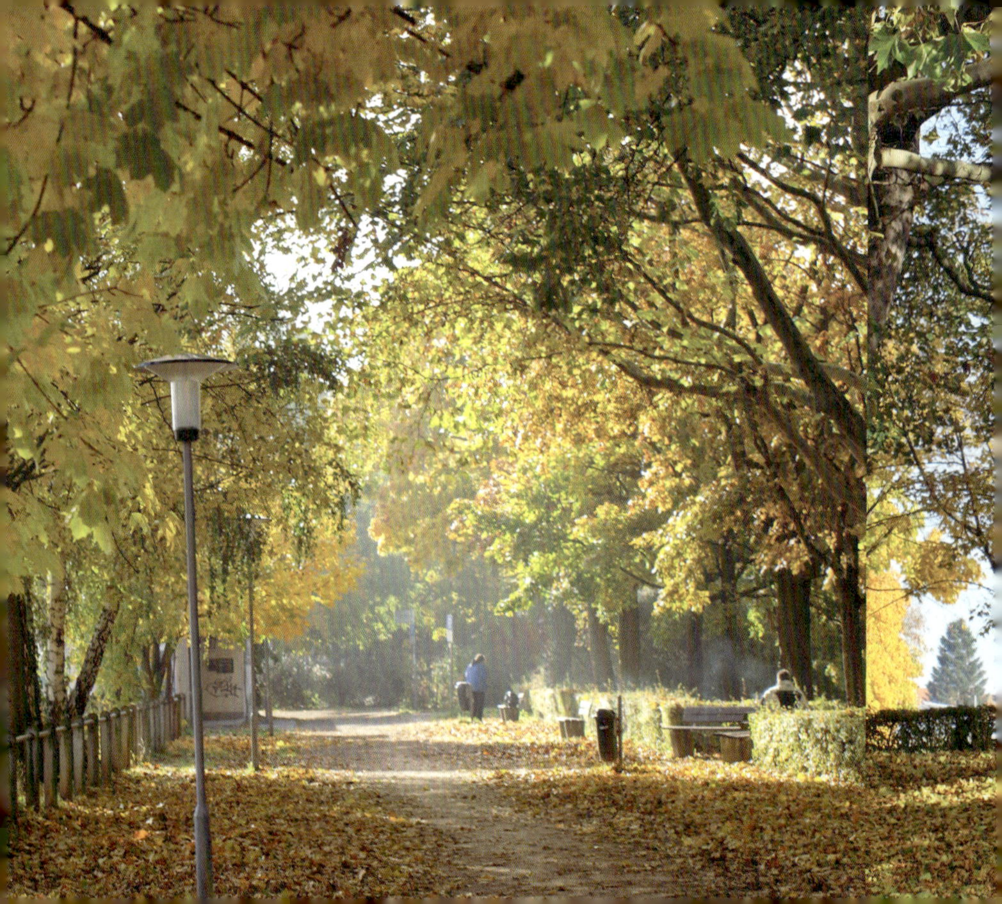

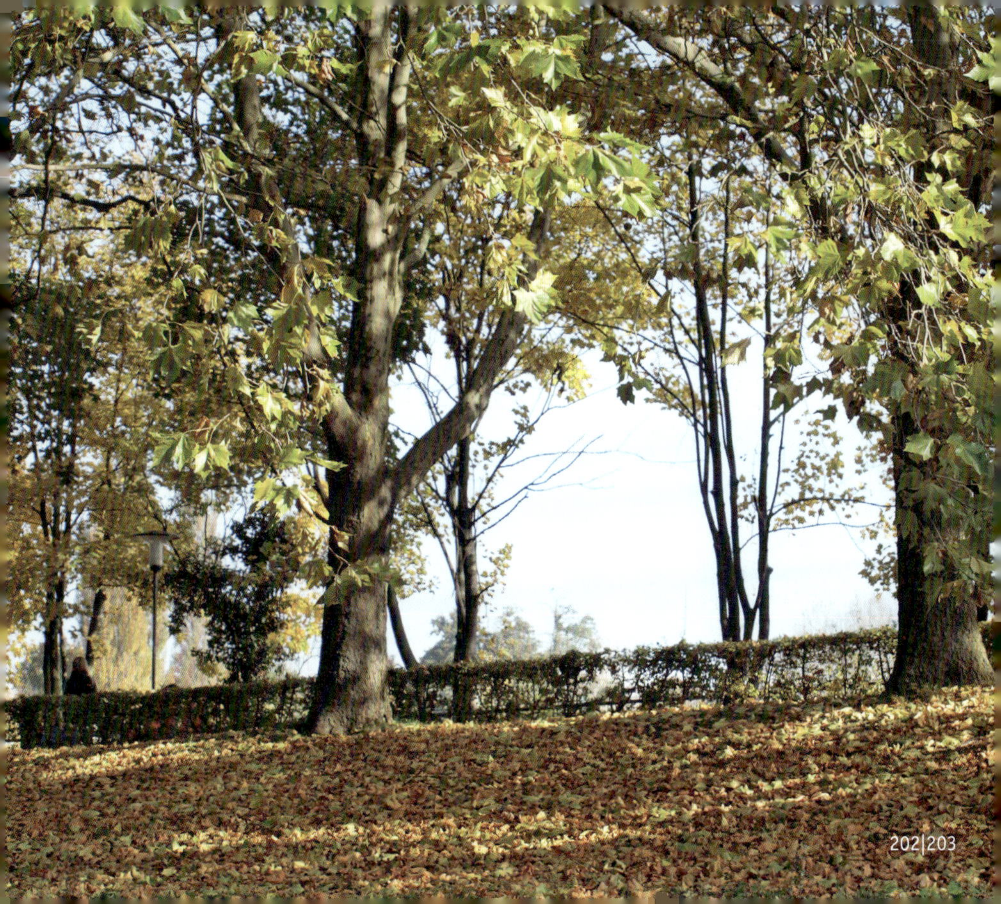

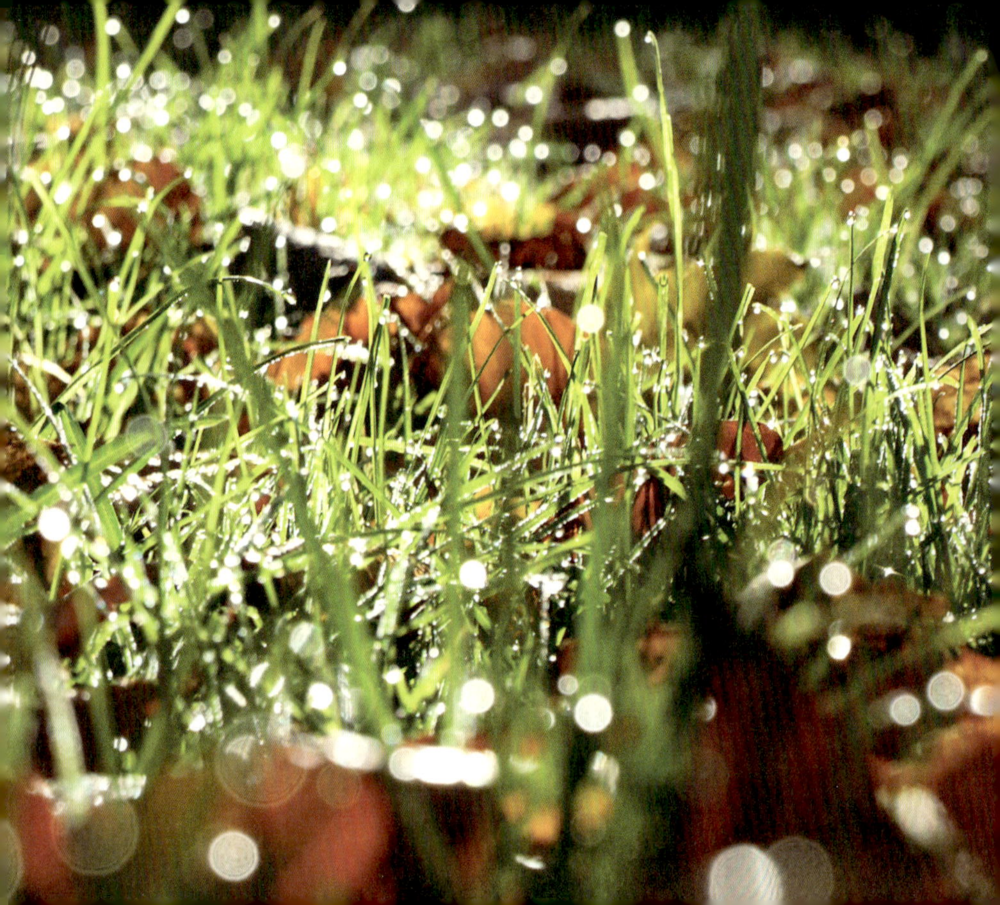

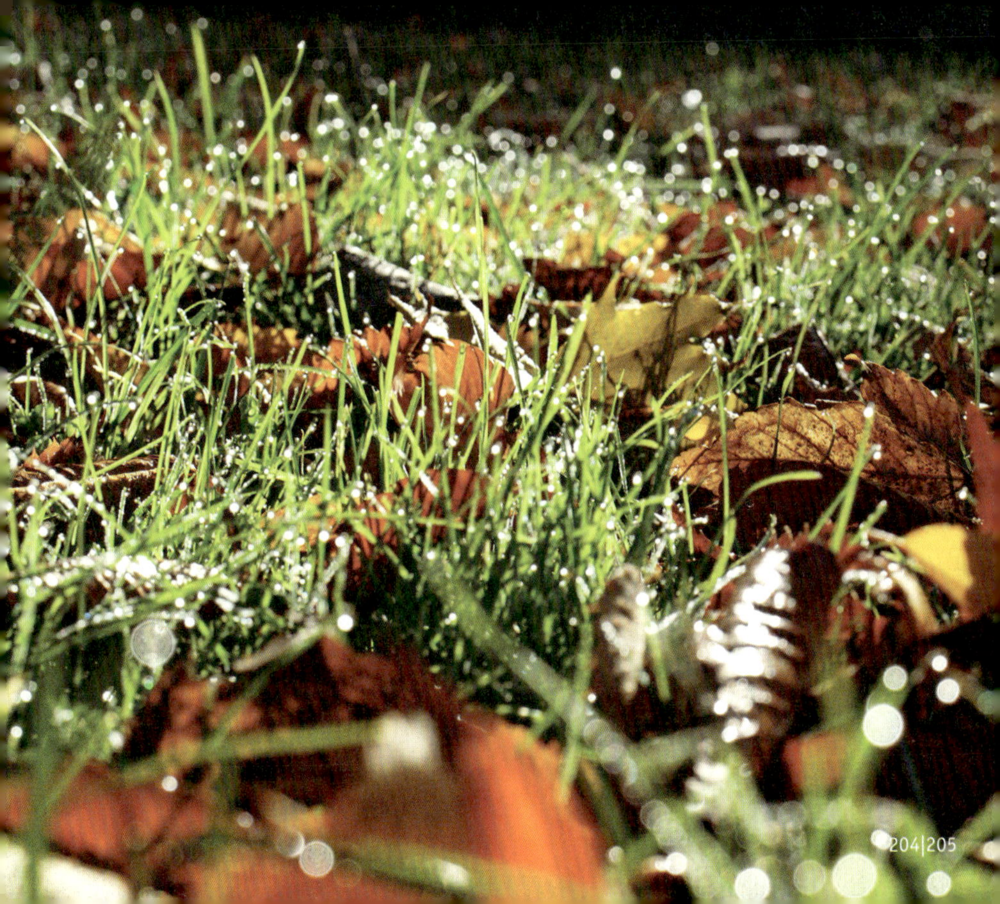

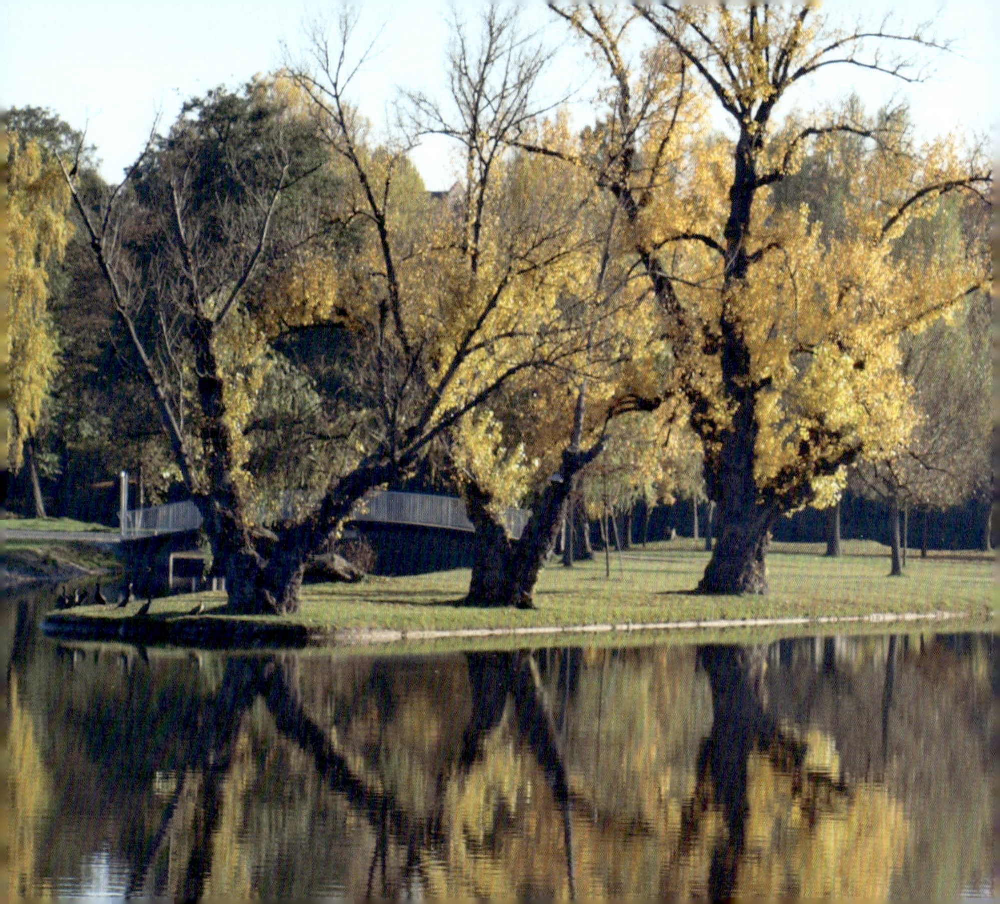

206|207

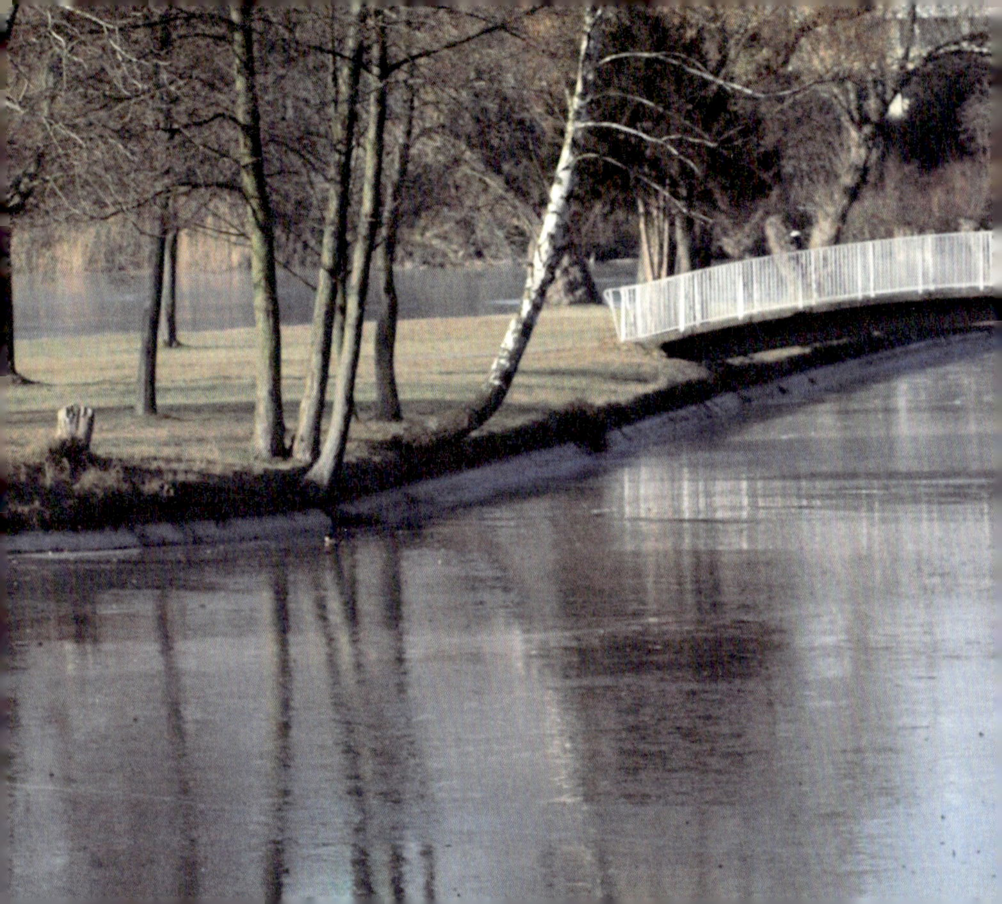

208|209

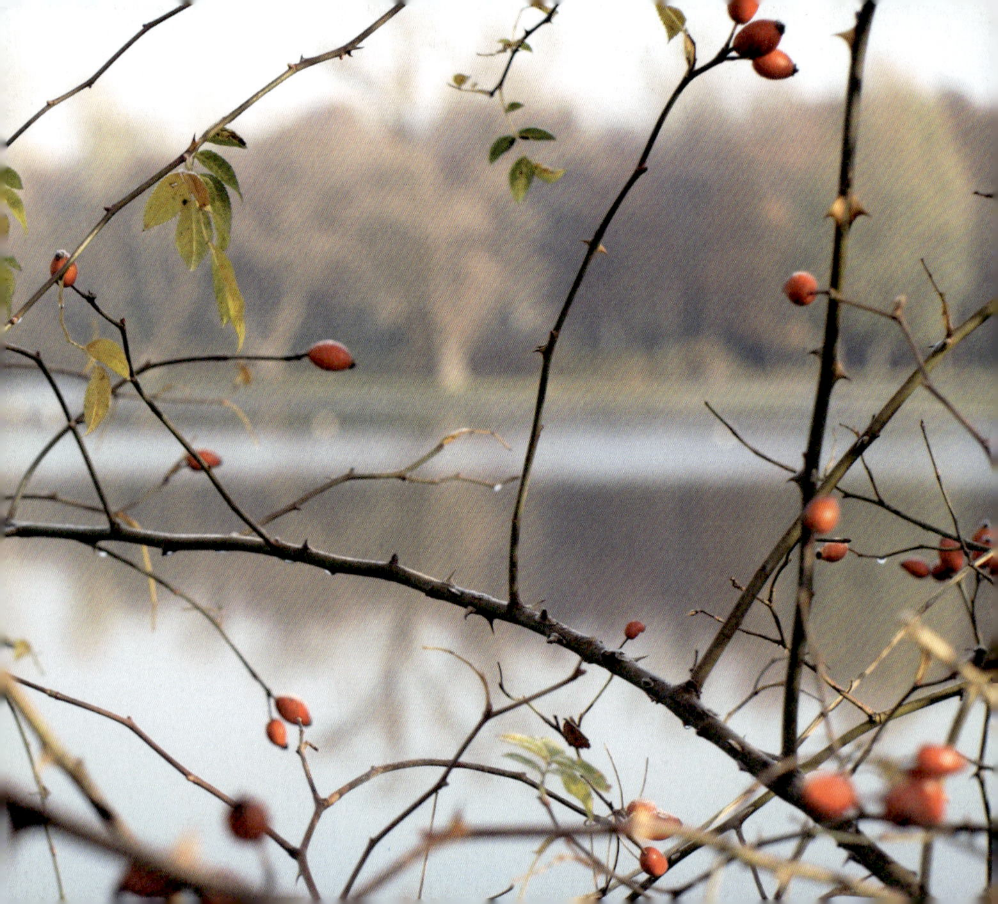

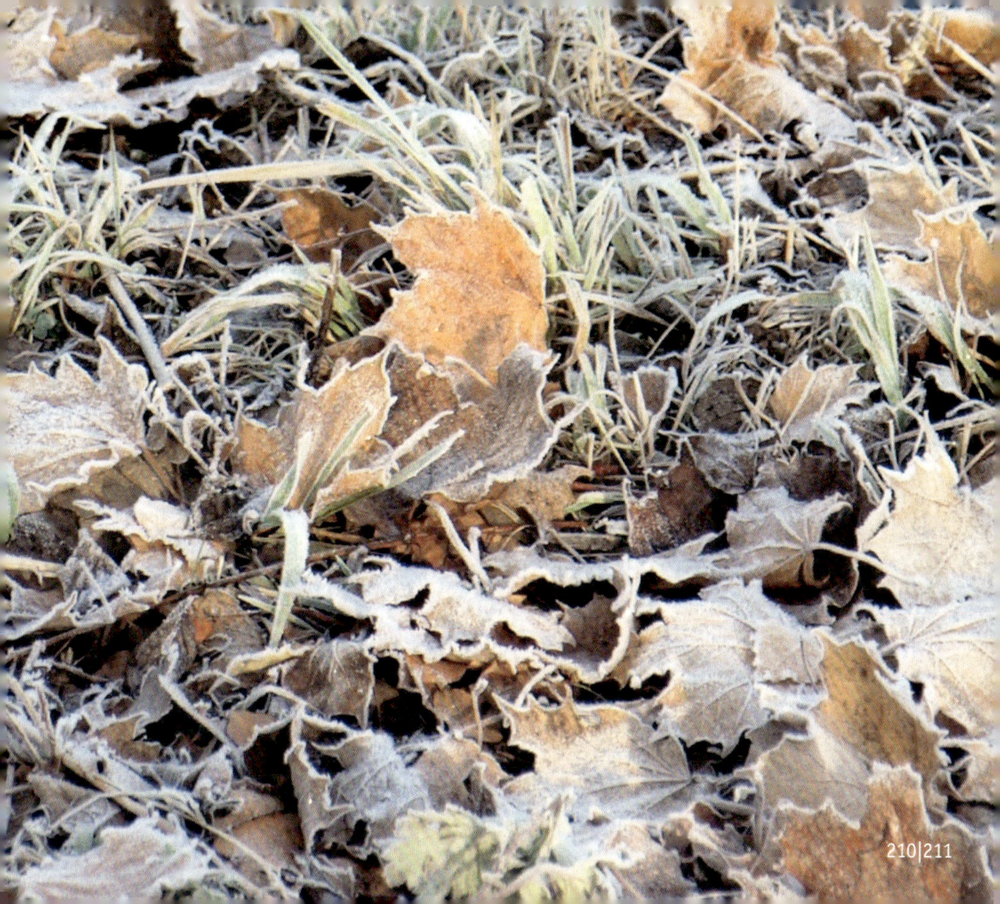

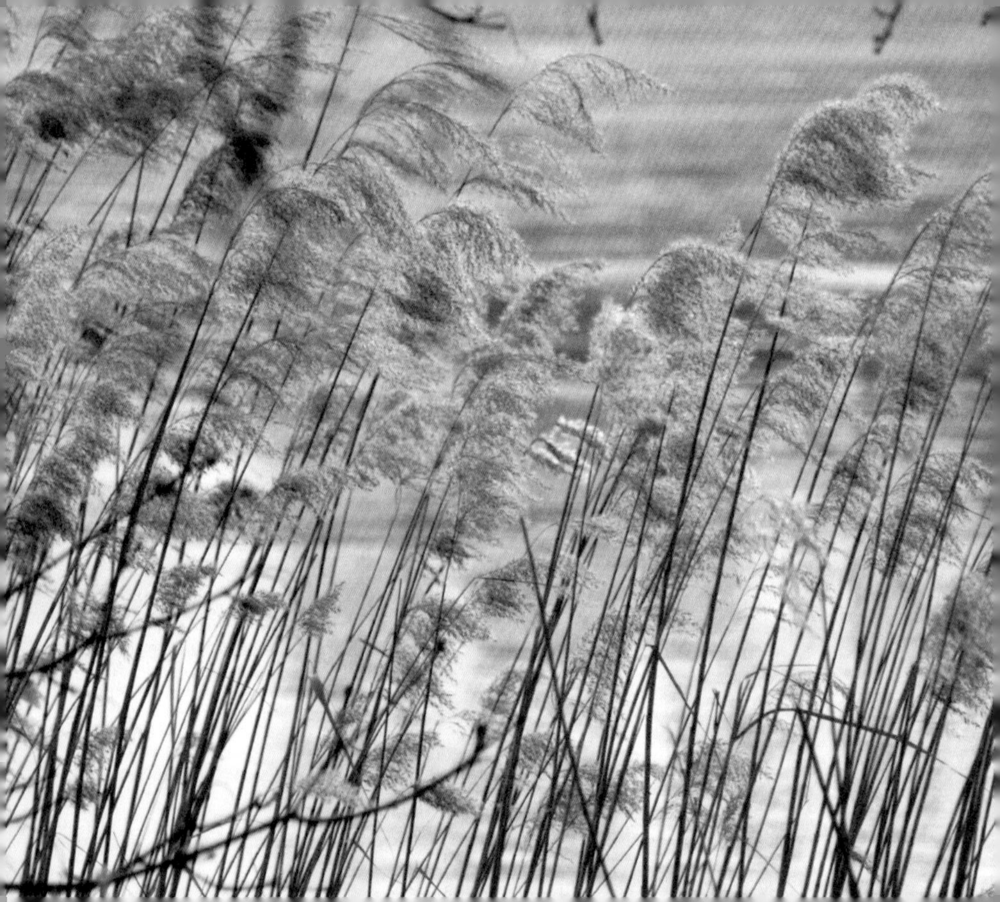

212|213

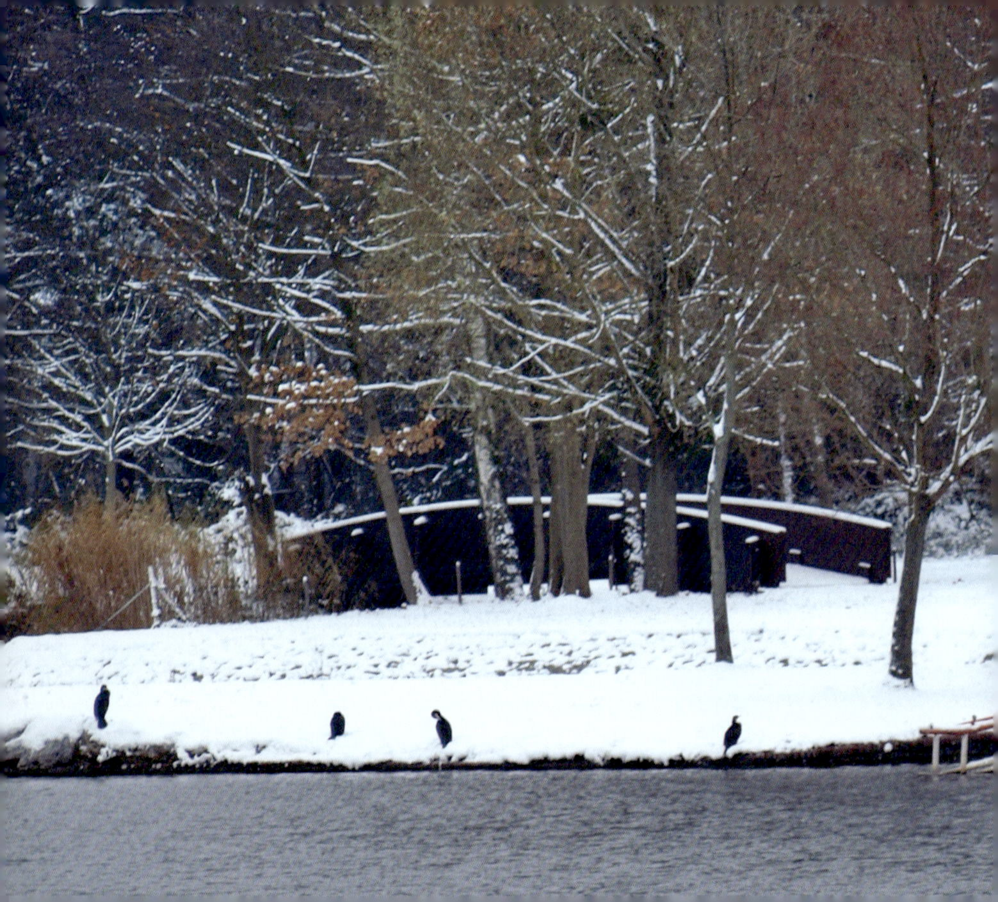

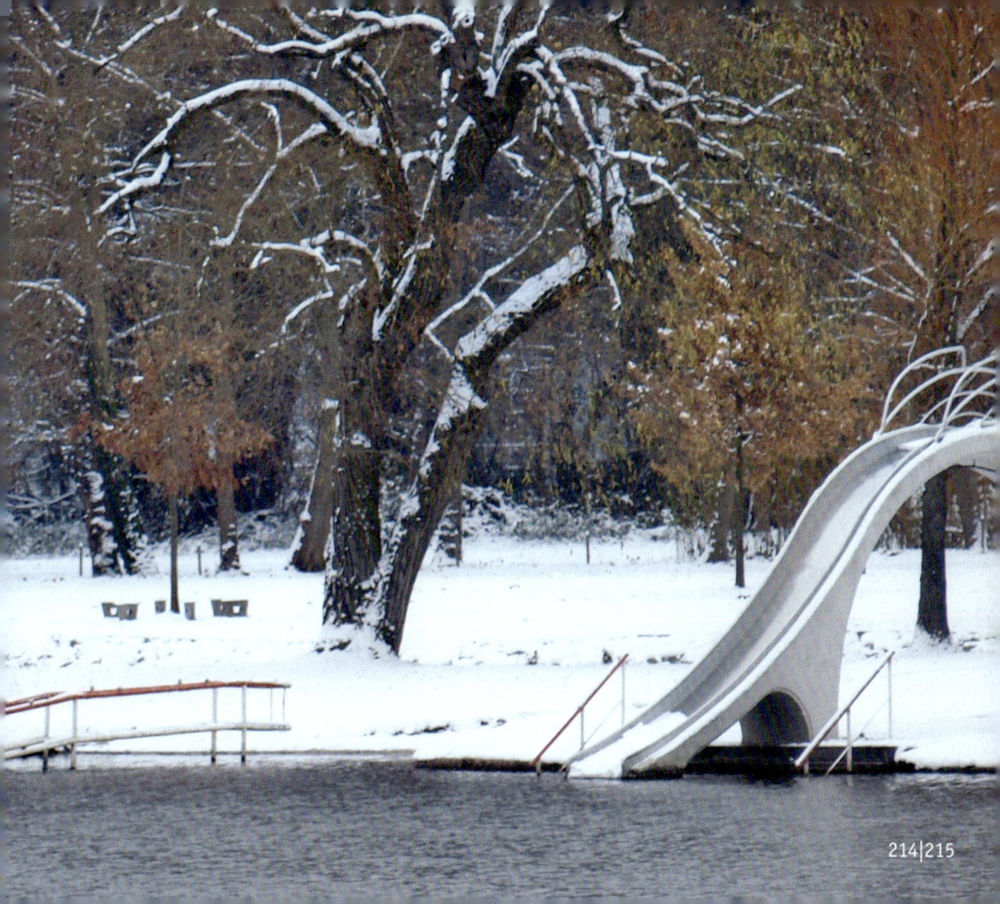

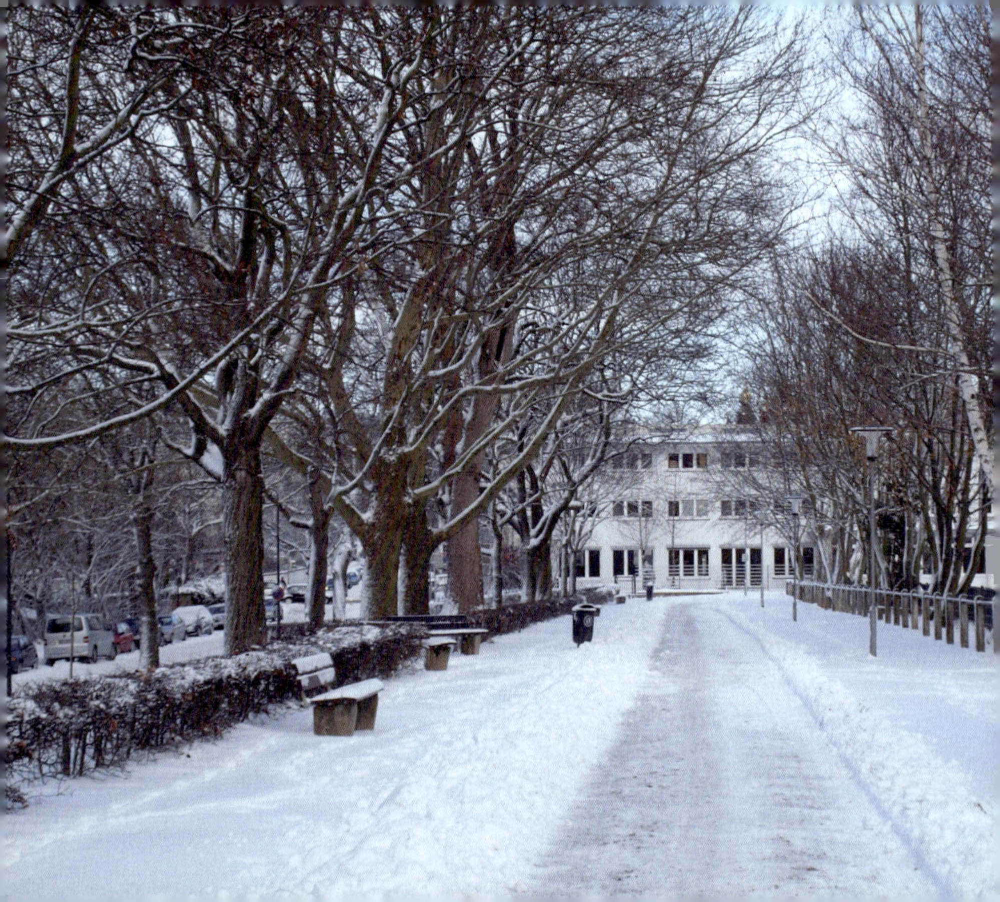

216|217

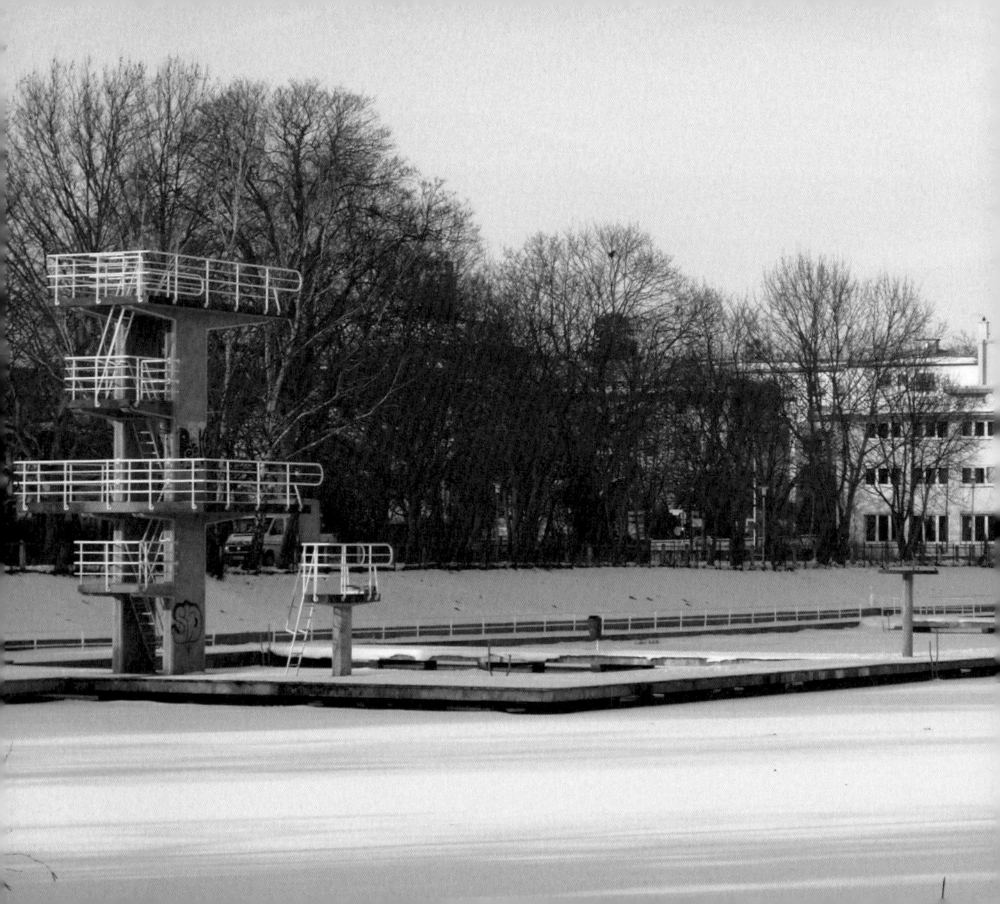

218|219

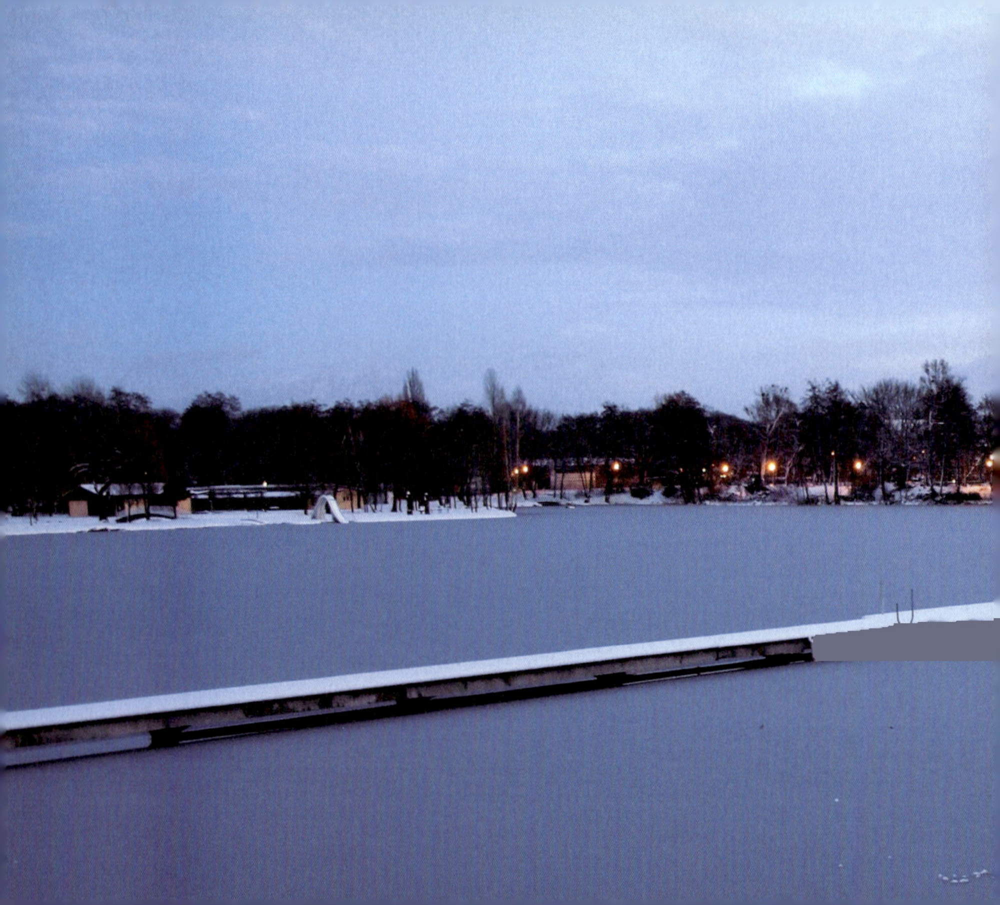

220|221

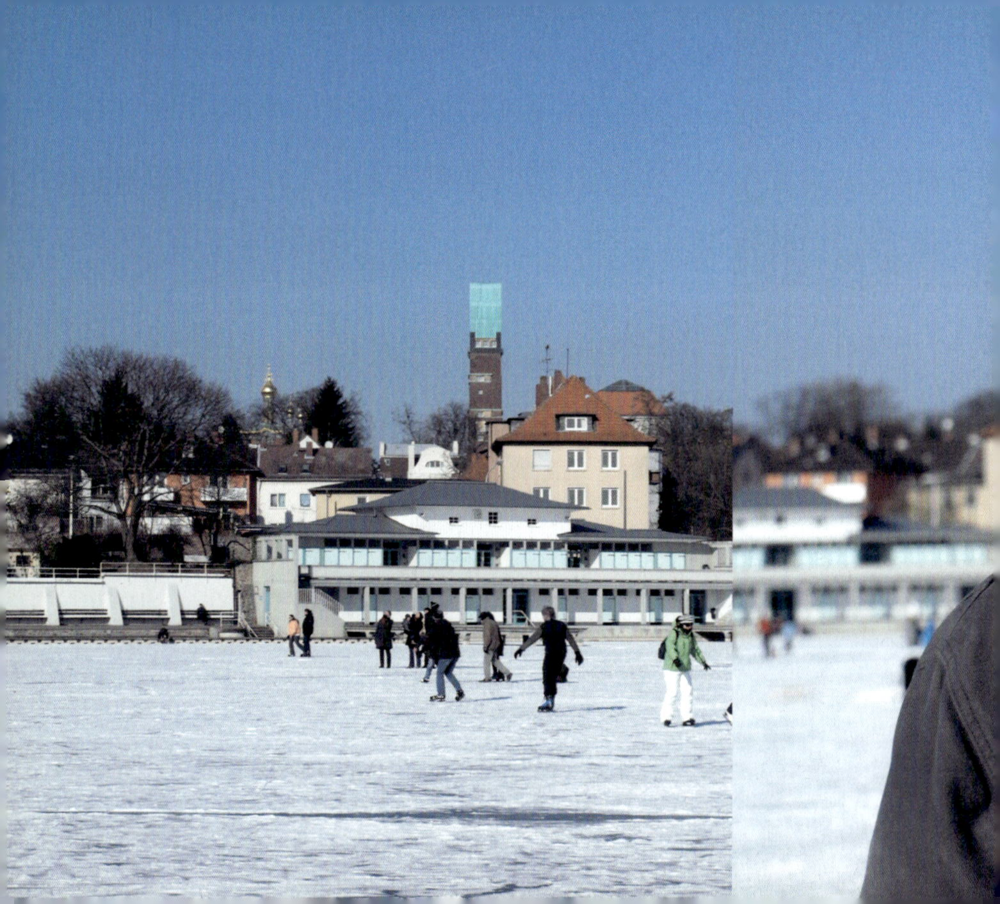

222|223

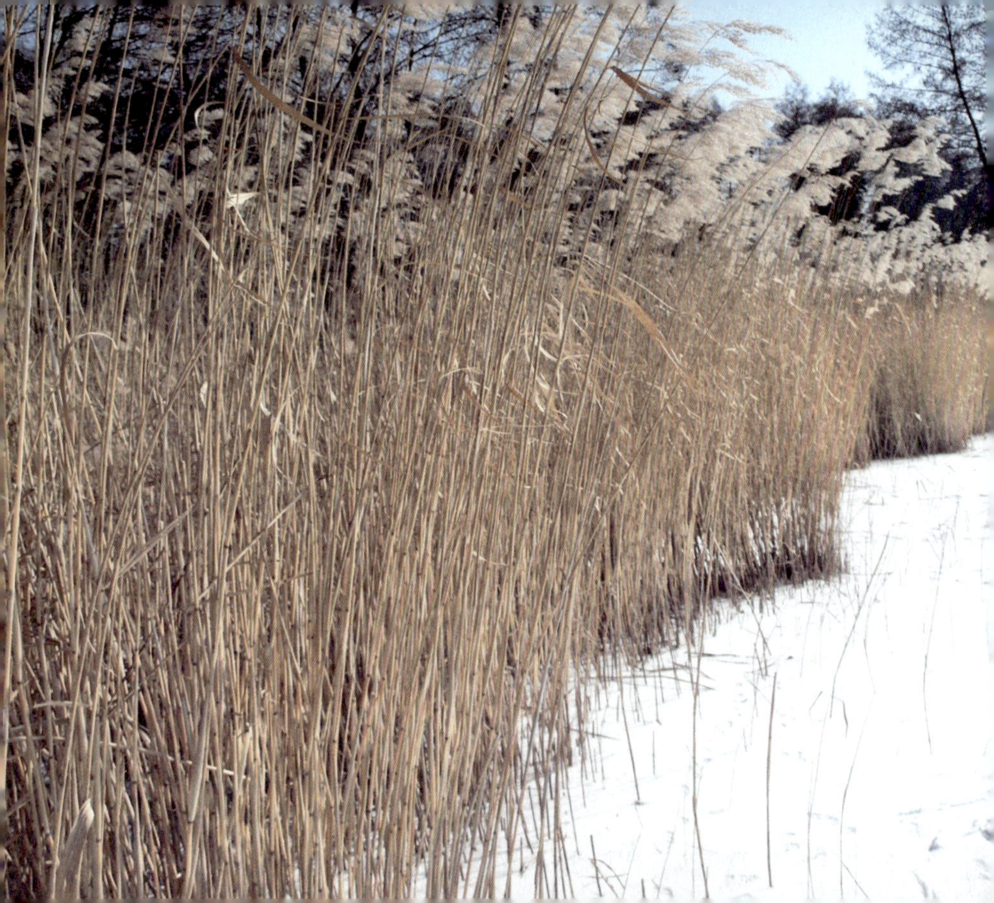

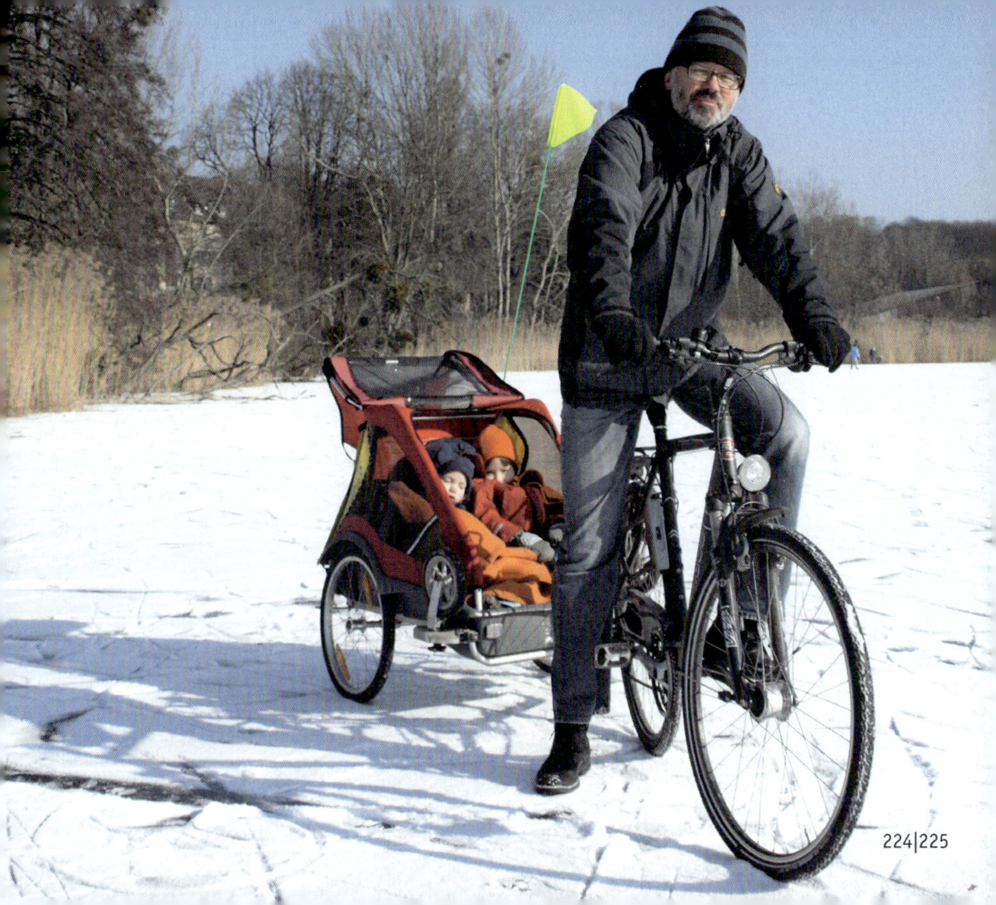

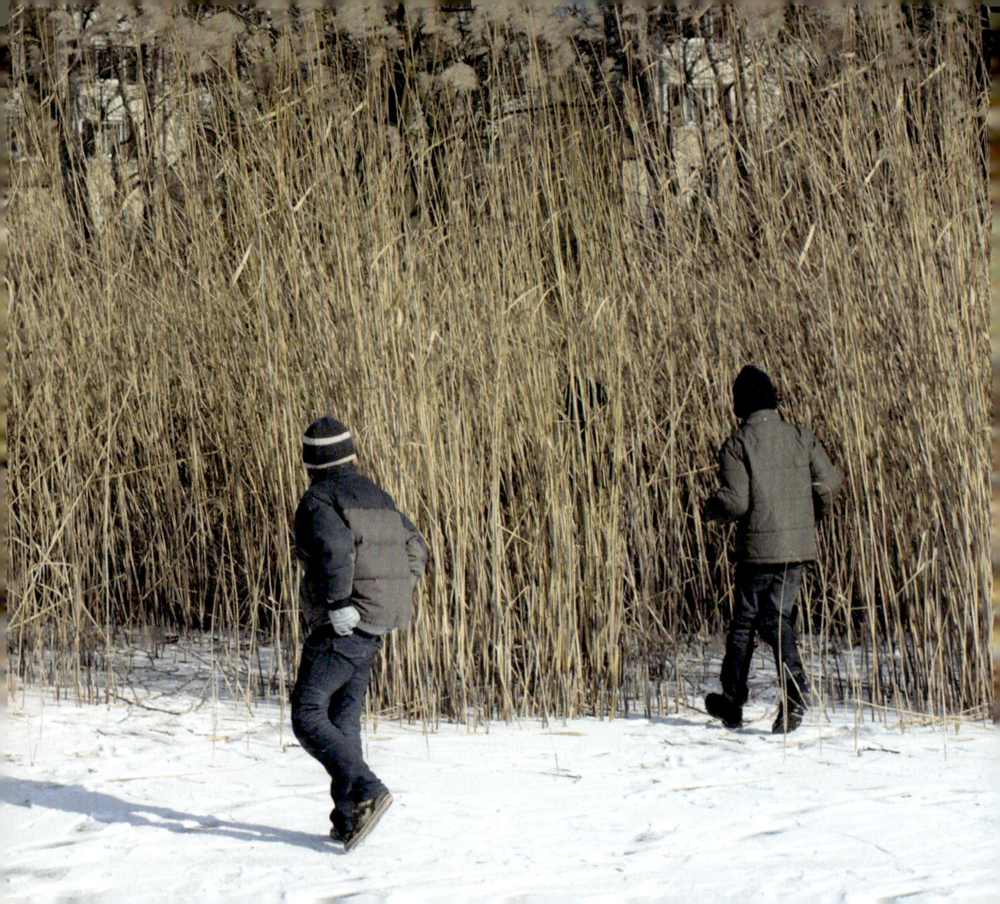

226|227

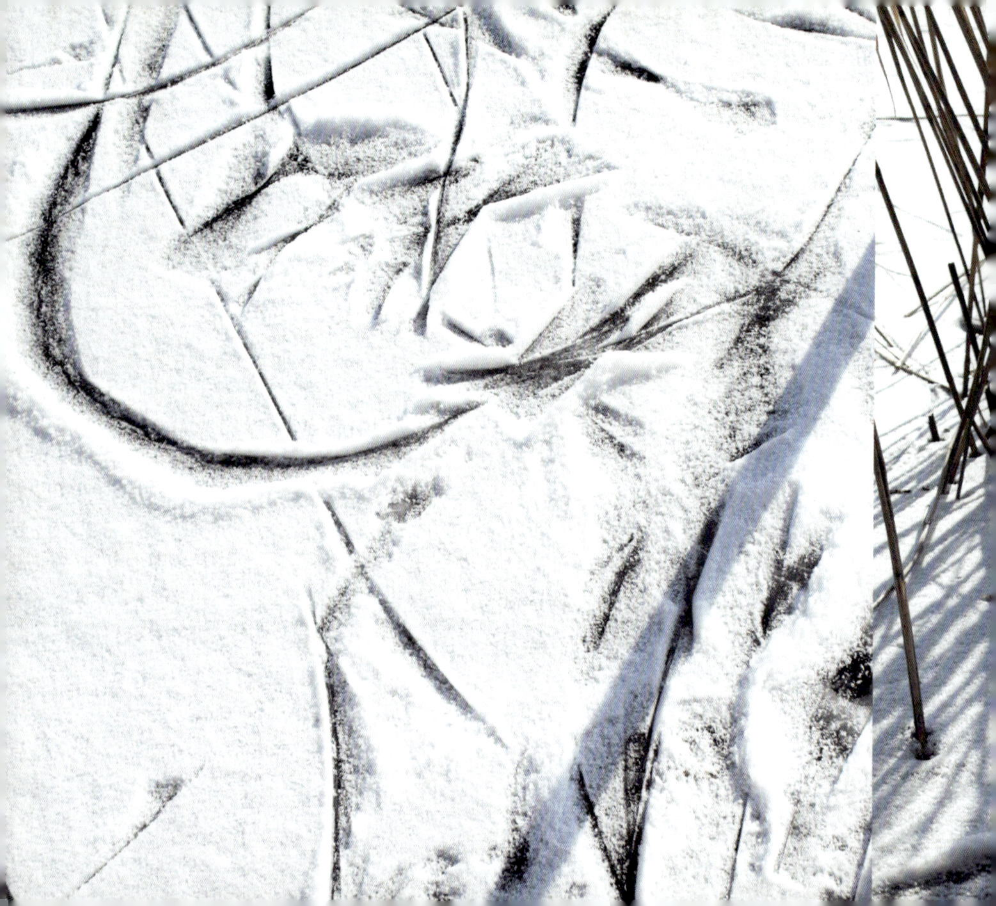

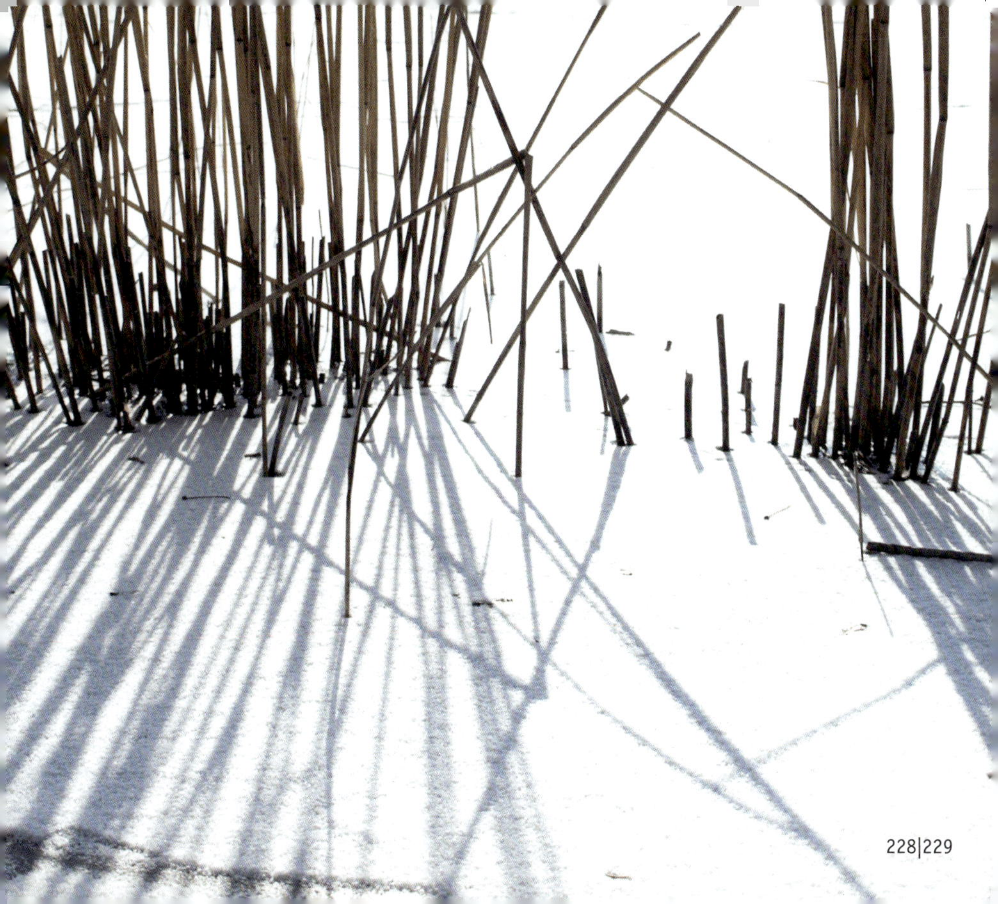

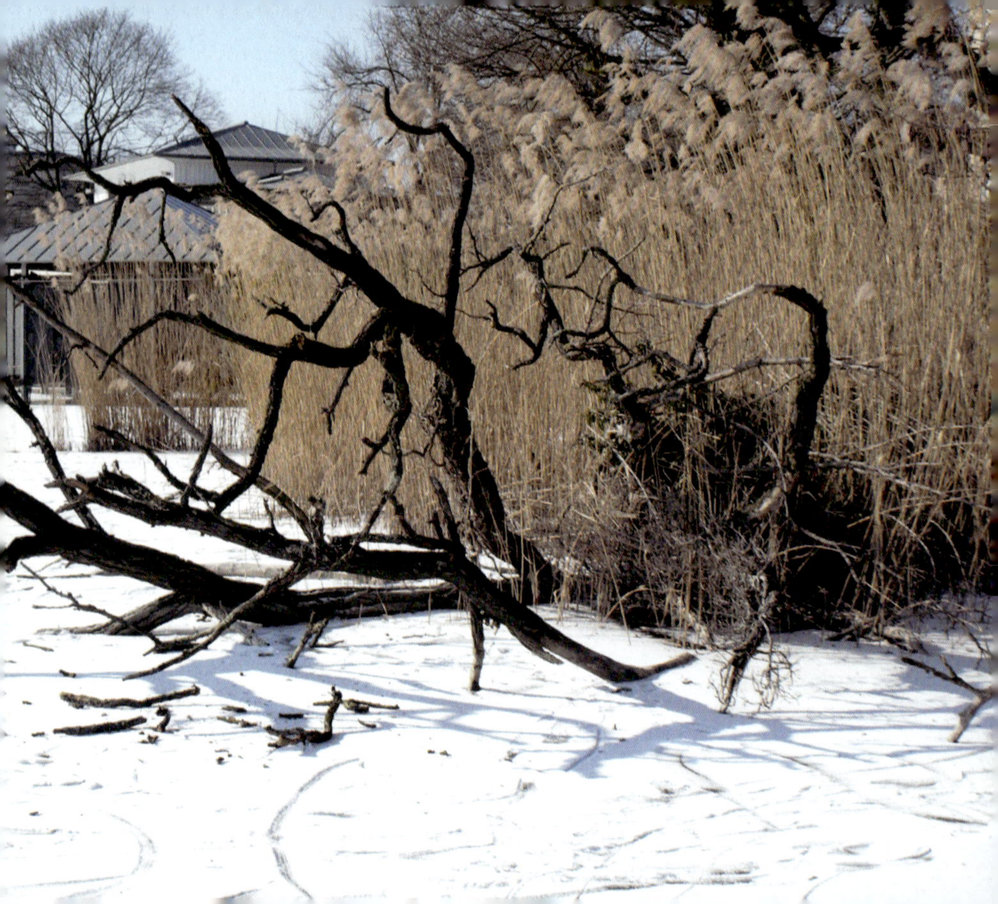

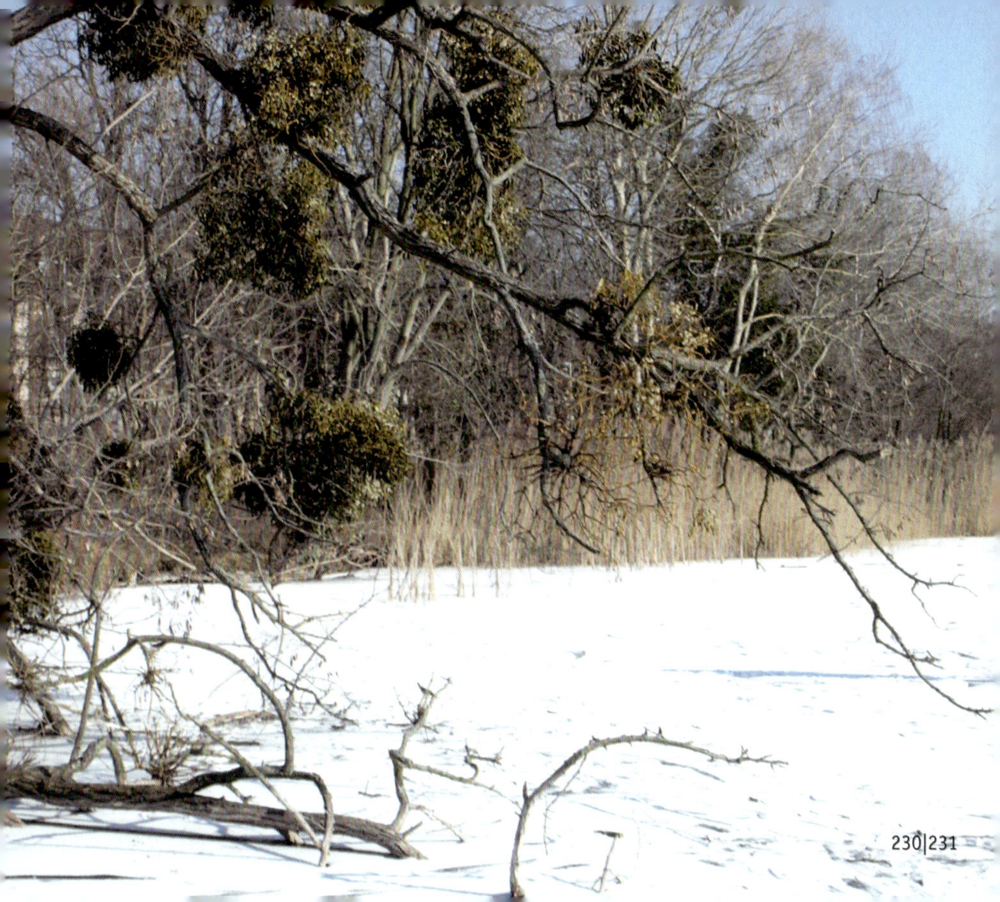

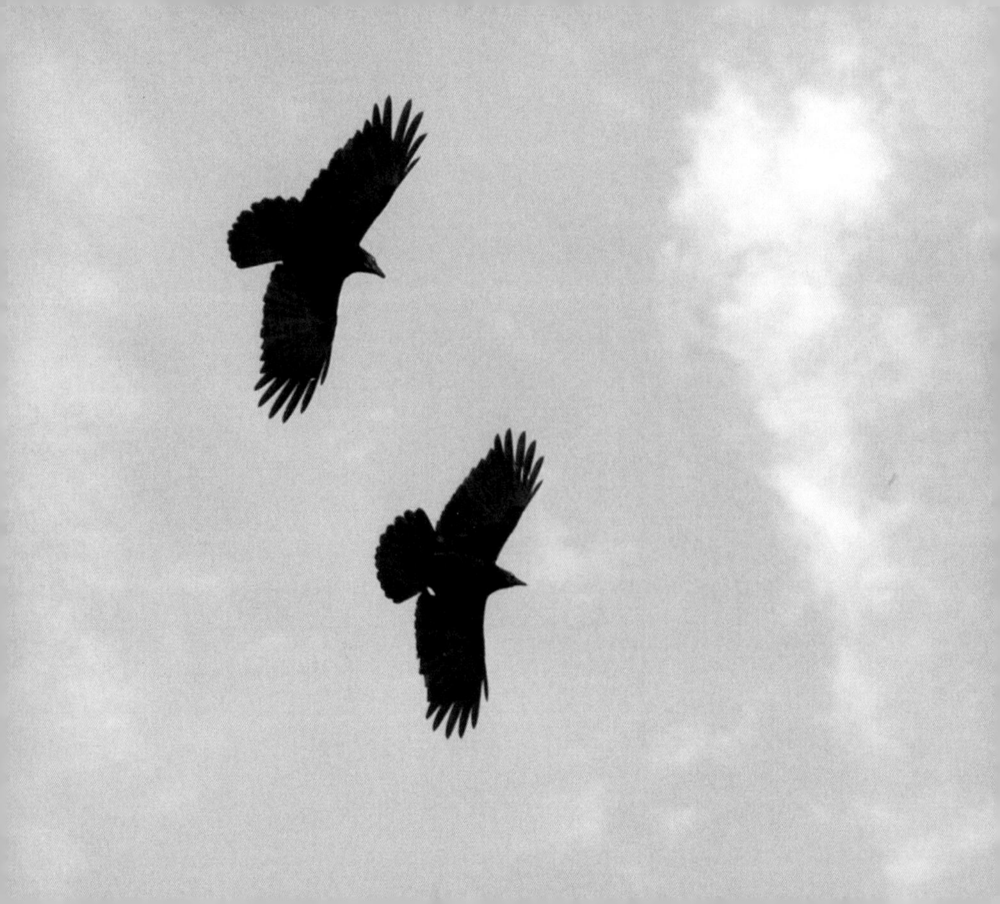

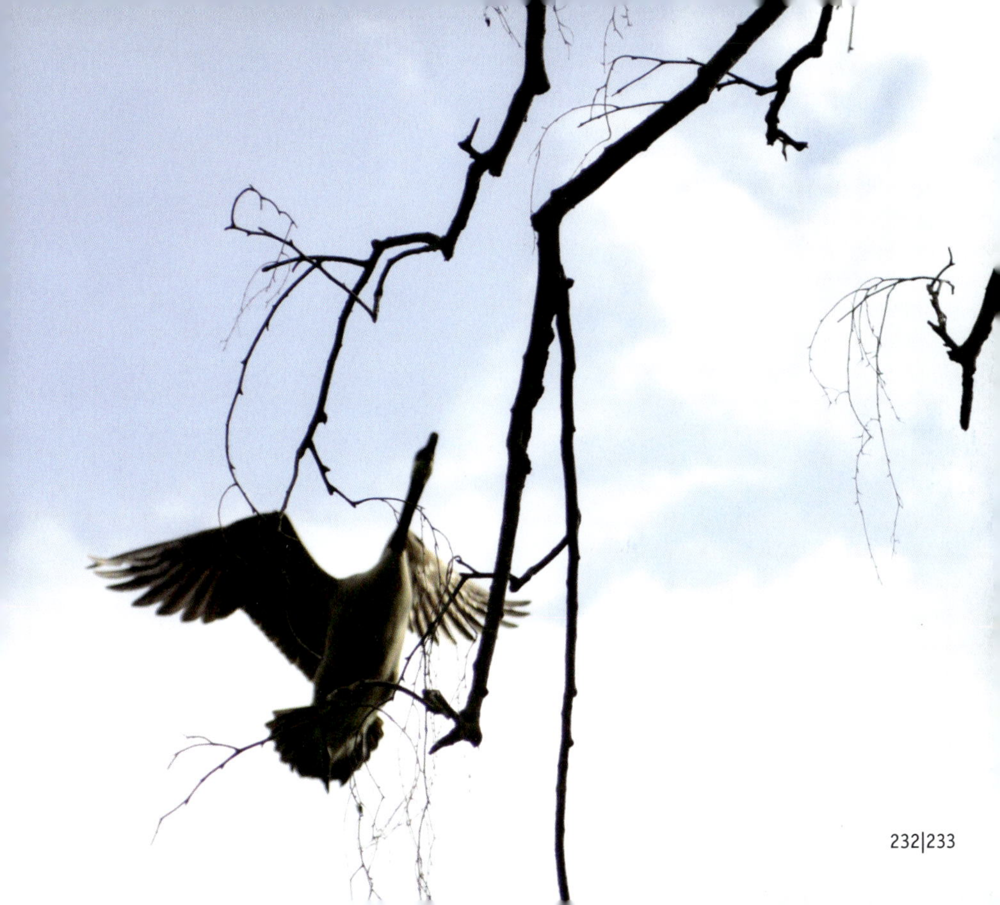

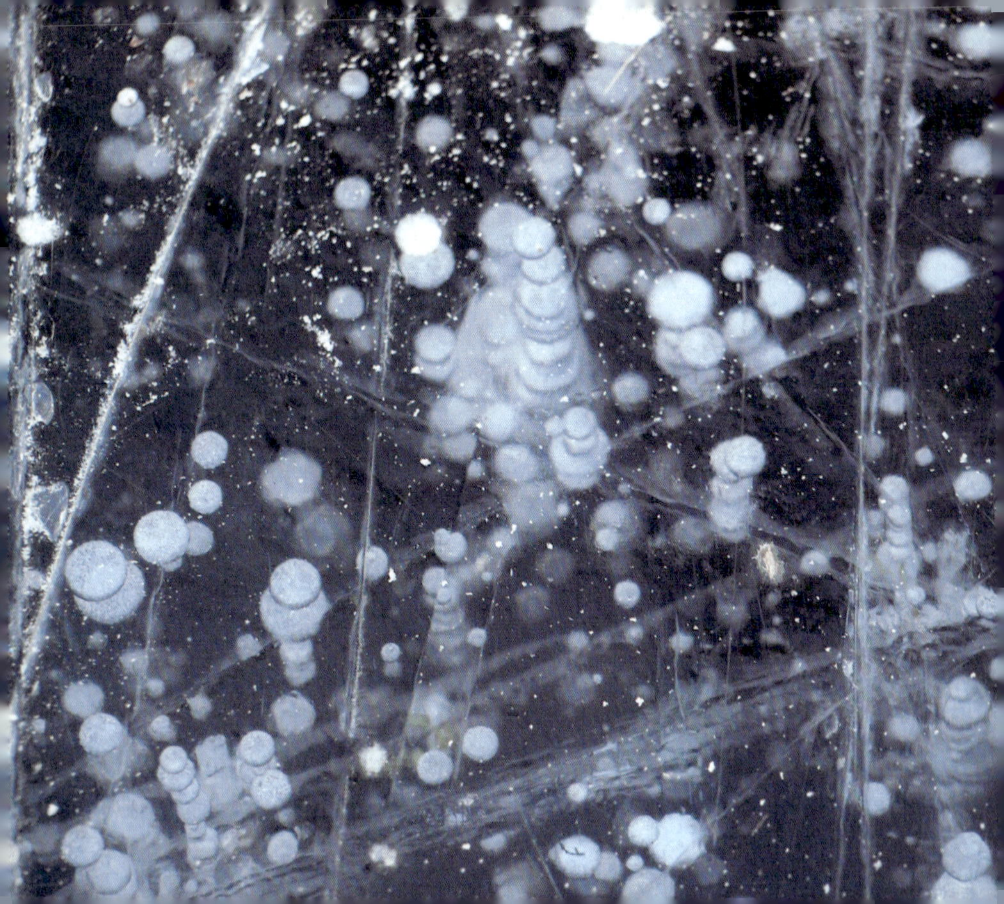

234|235

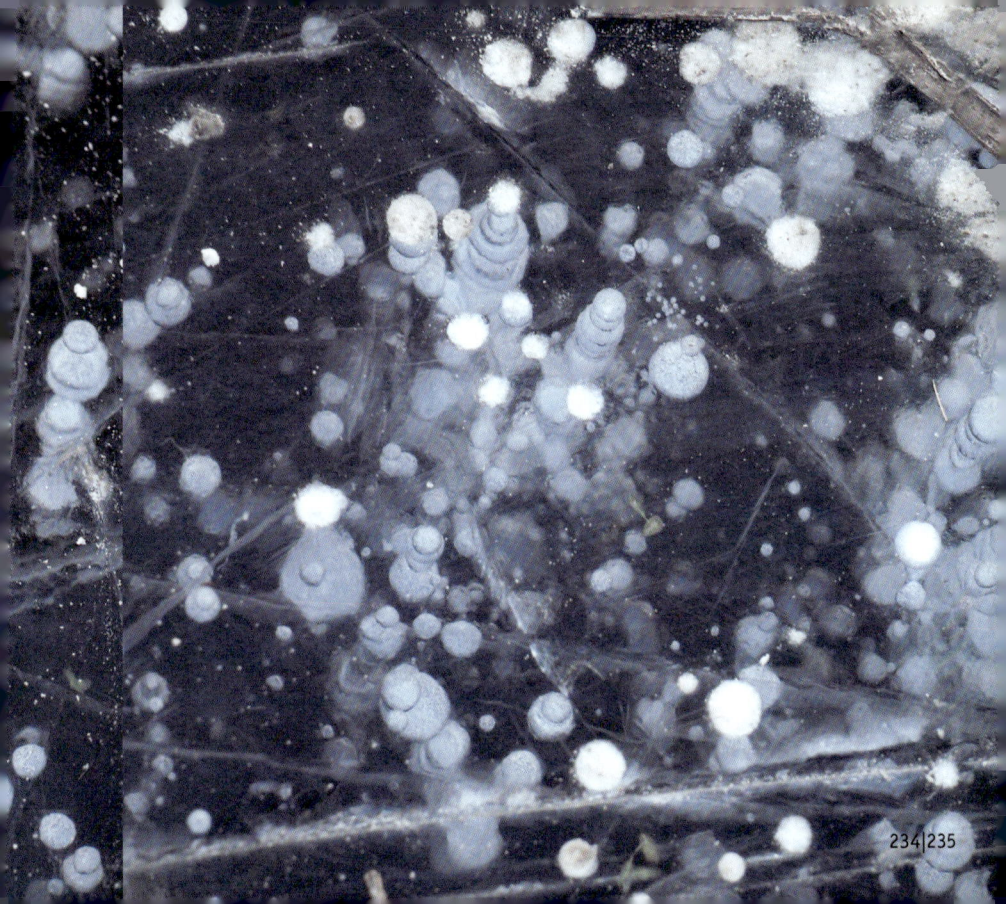

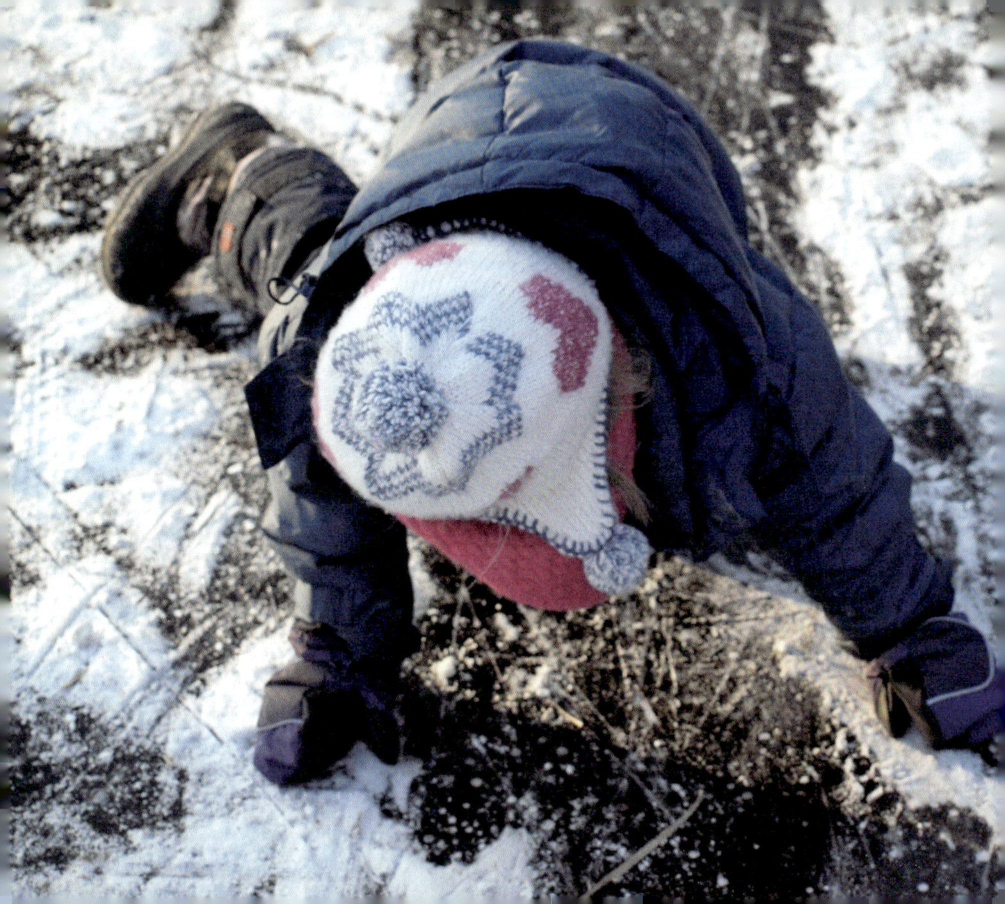

236|237

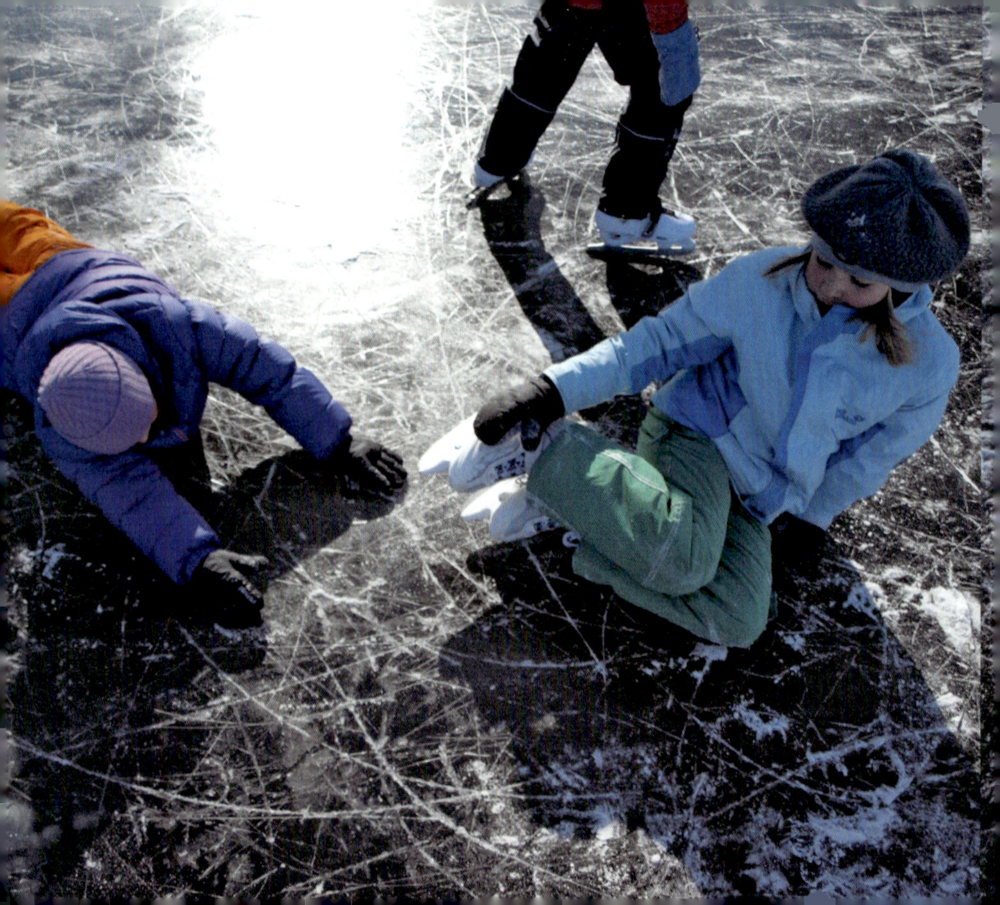

238|239

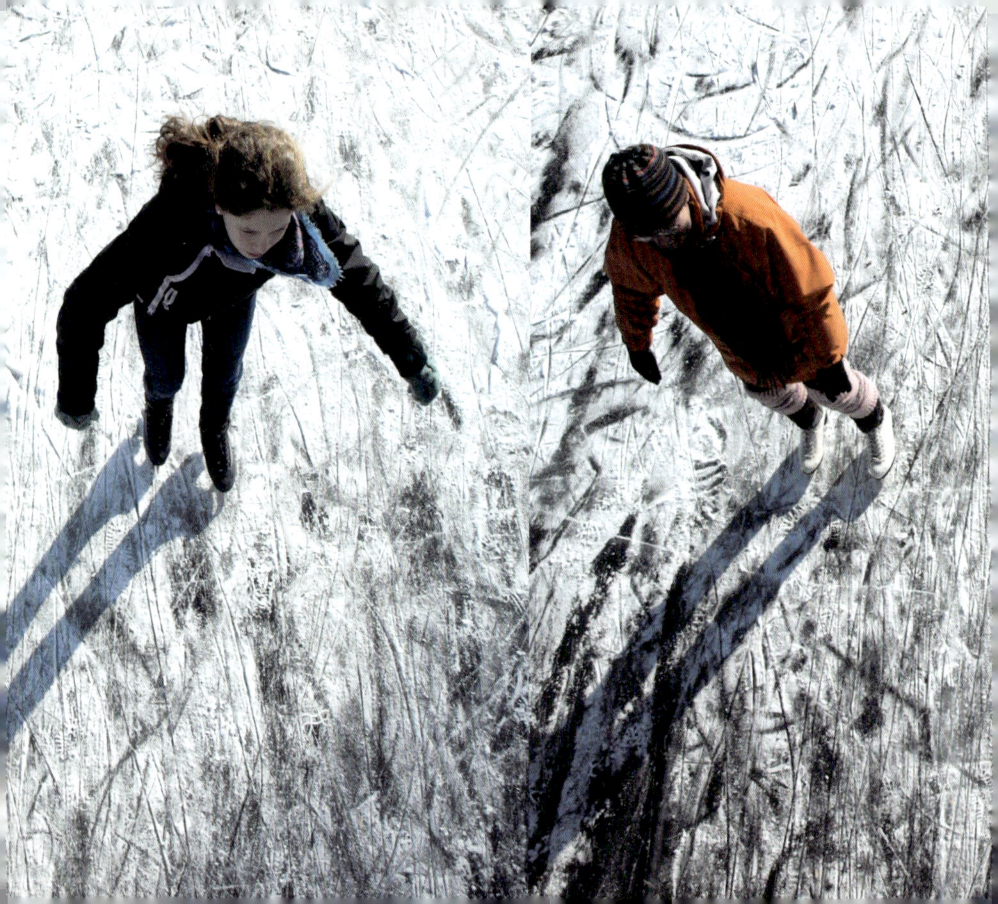

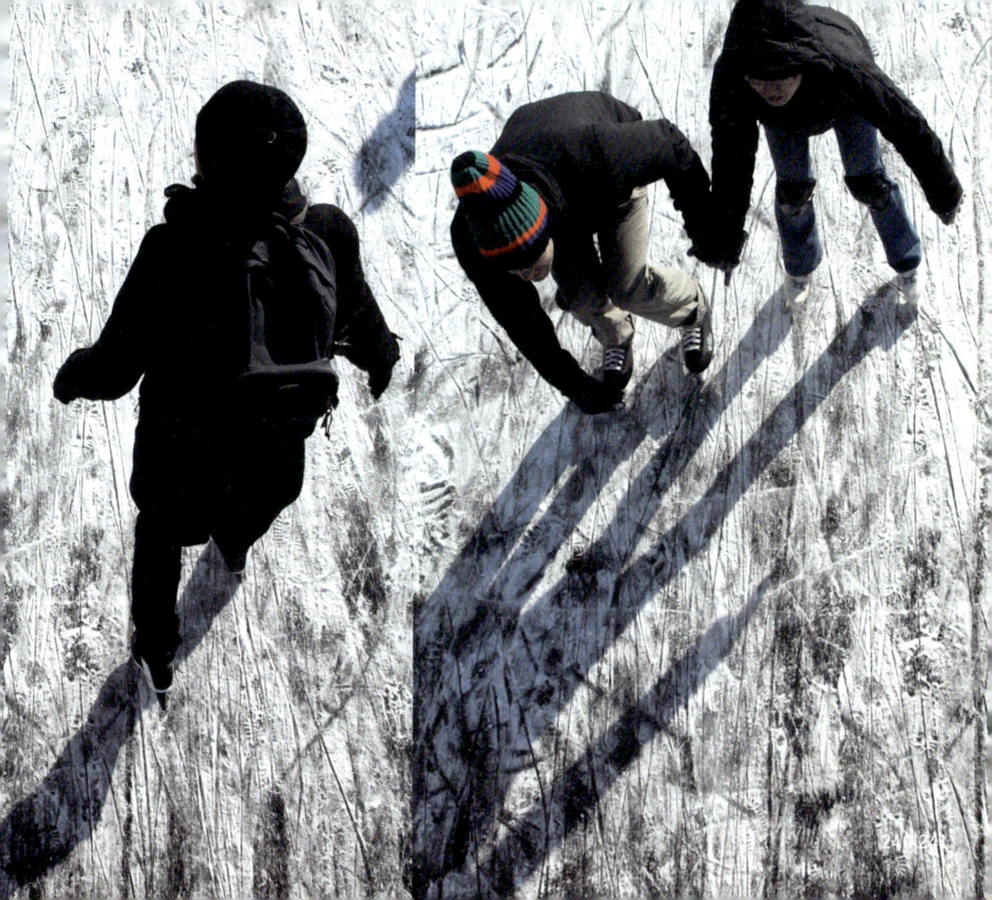

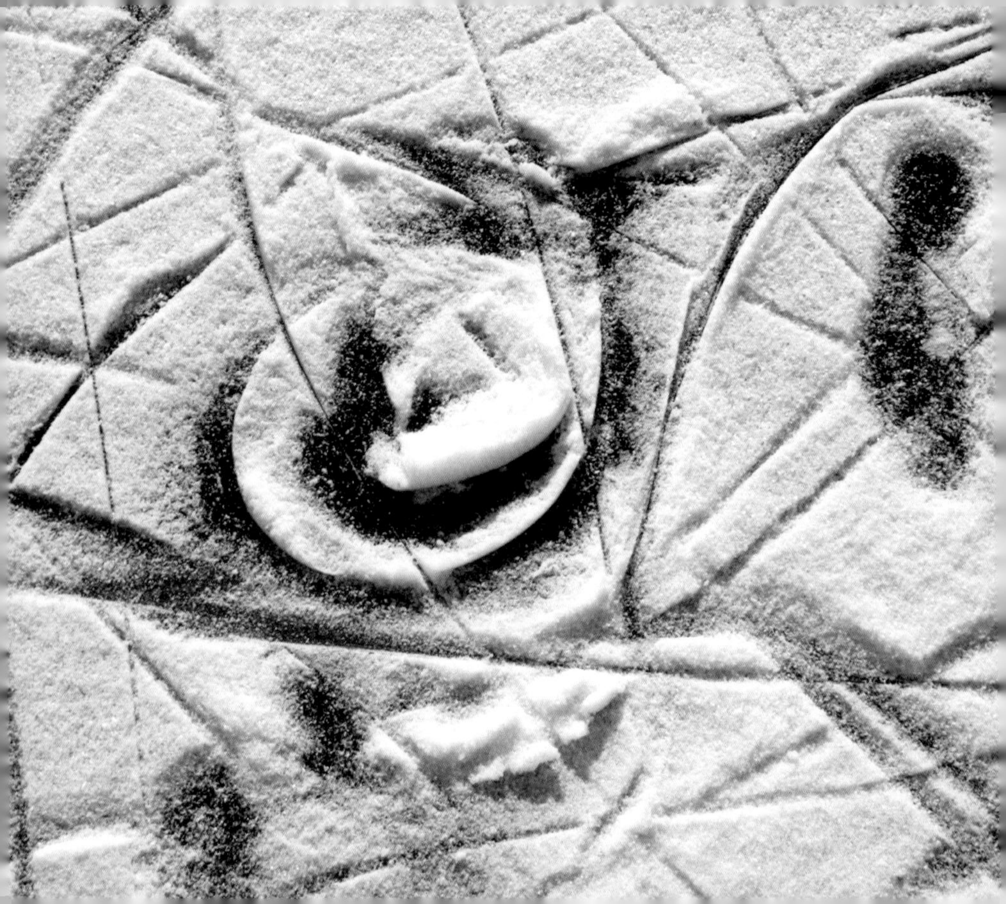

242|243

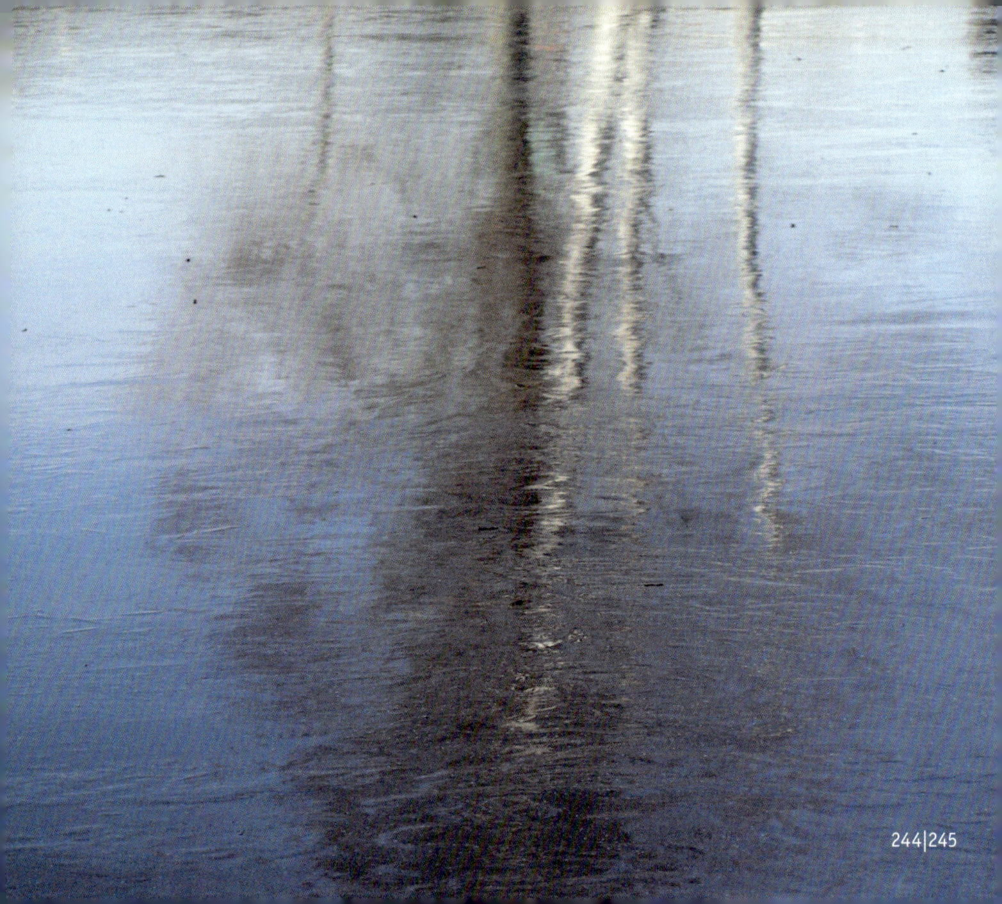

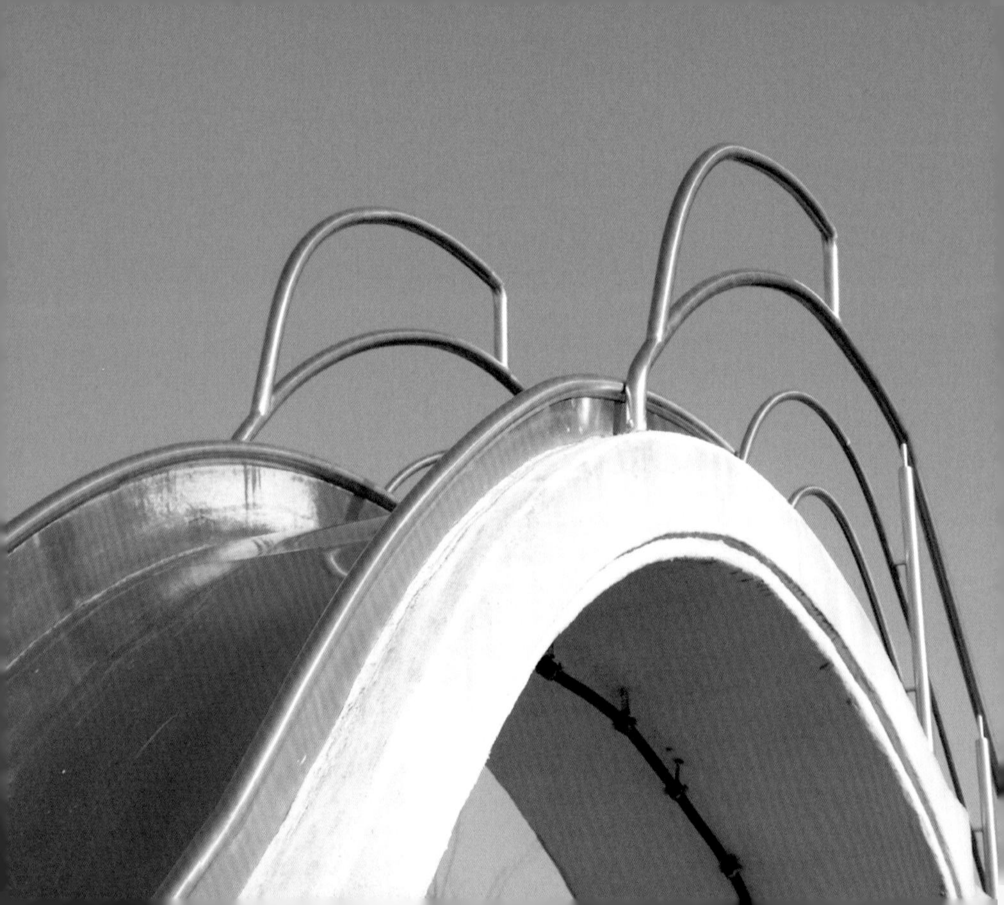

246|247

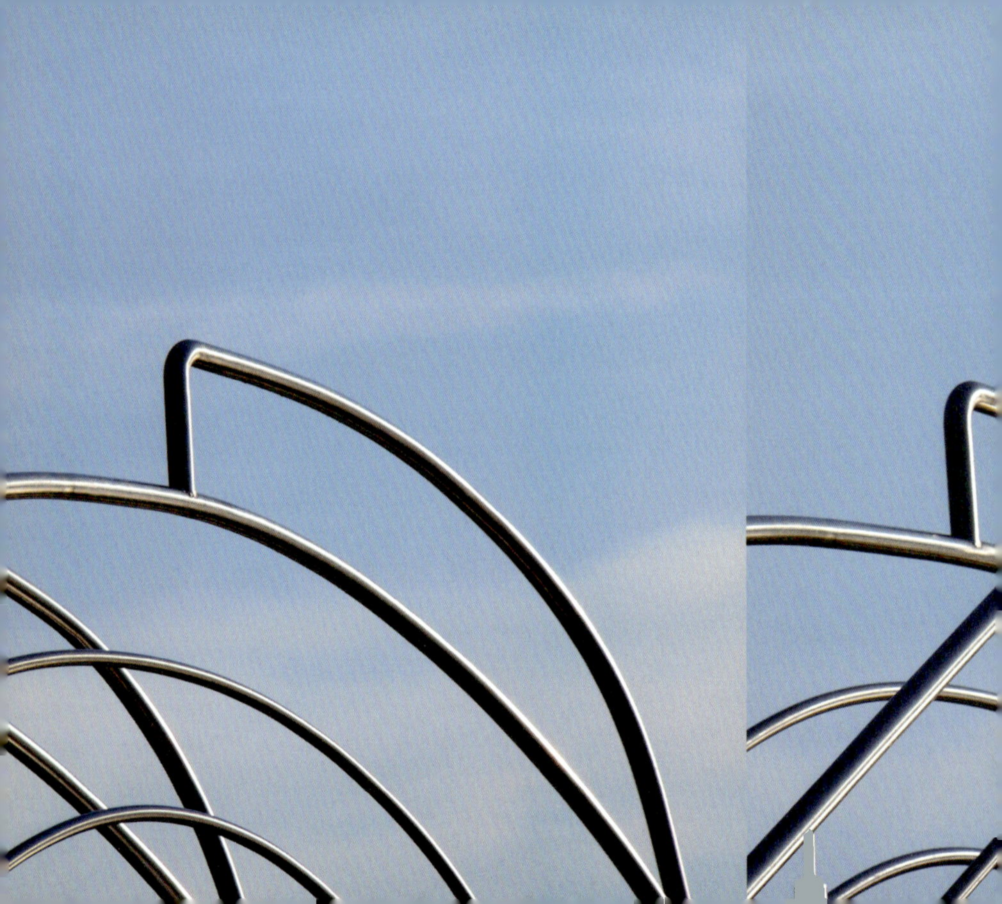

248|249

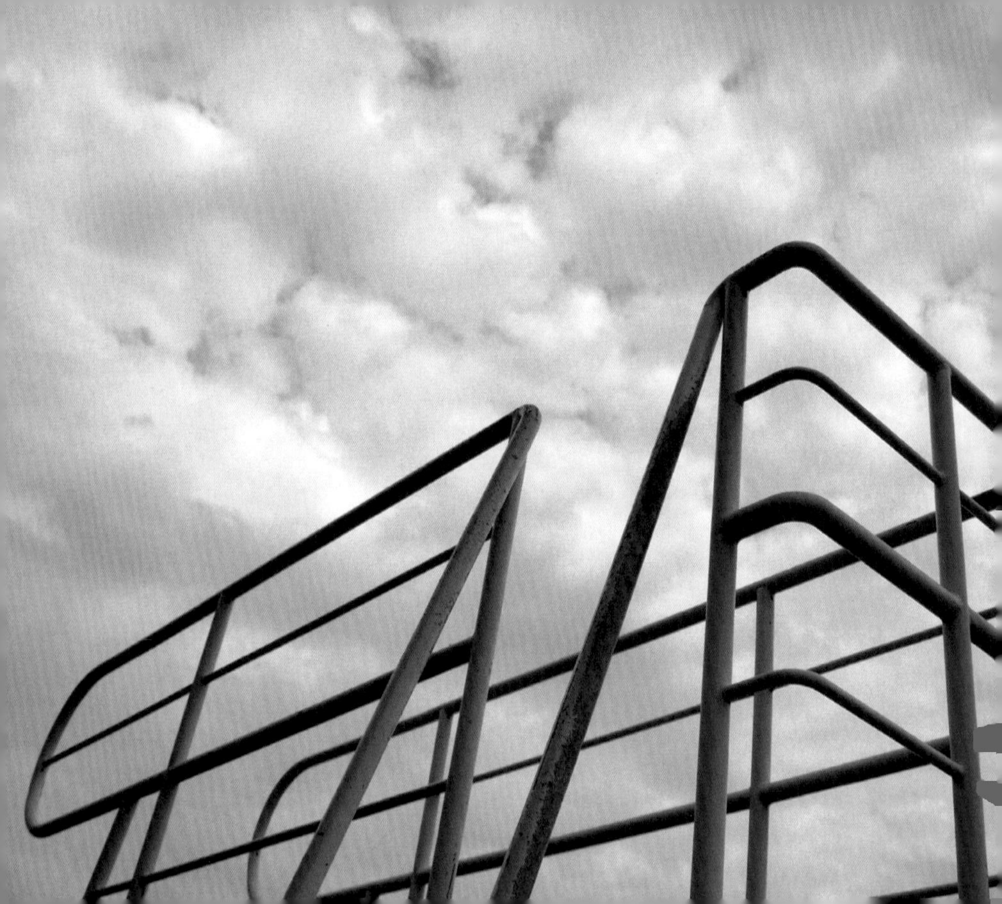

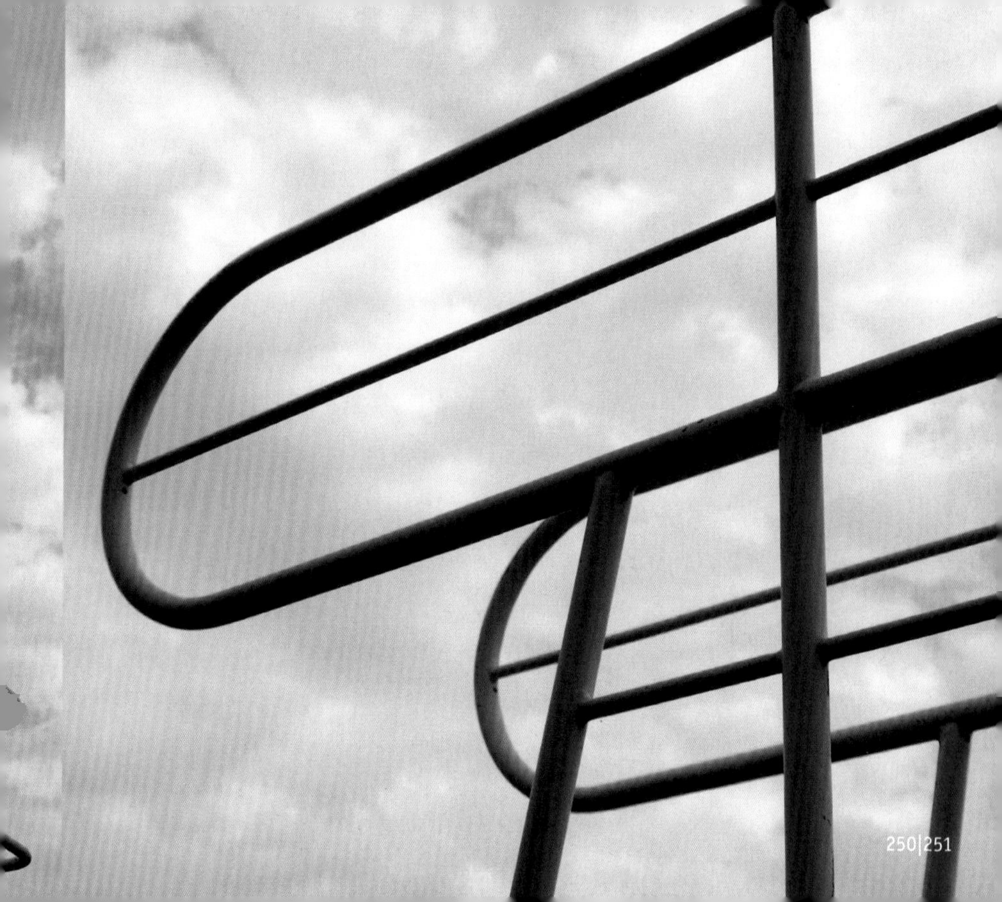

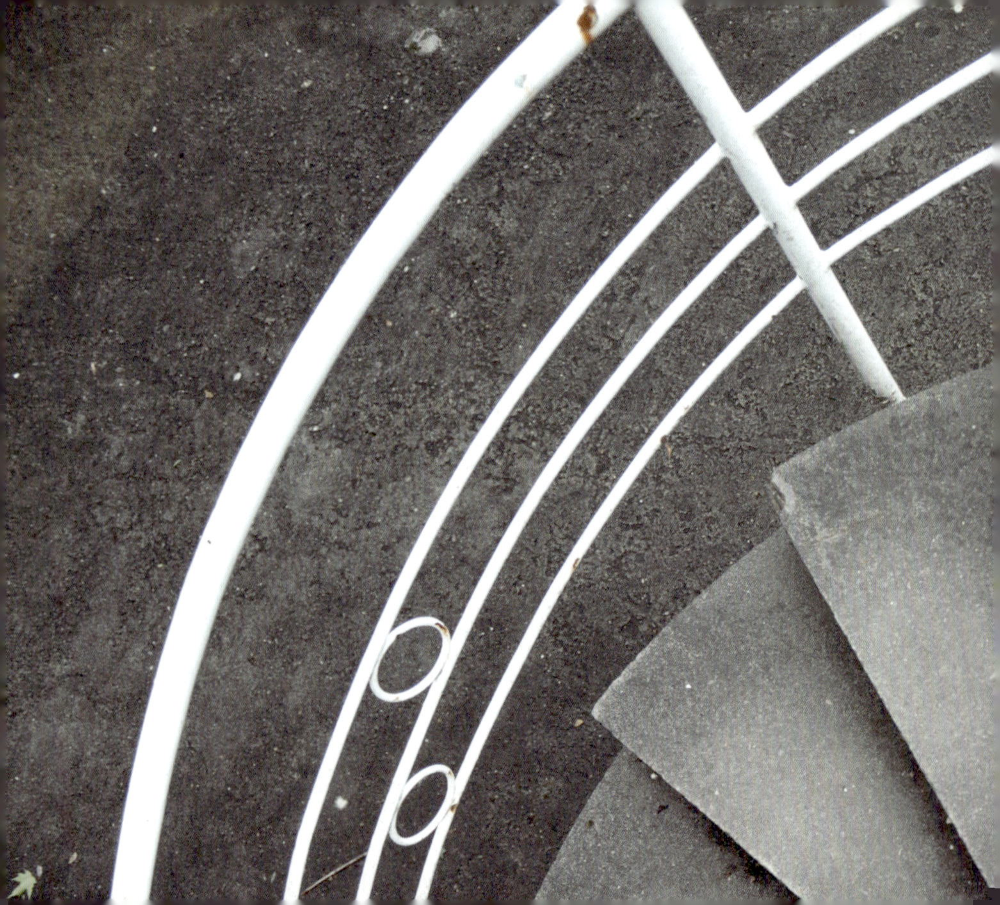

252|253

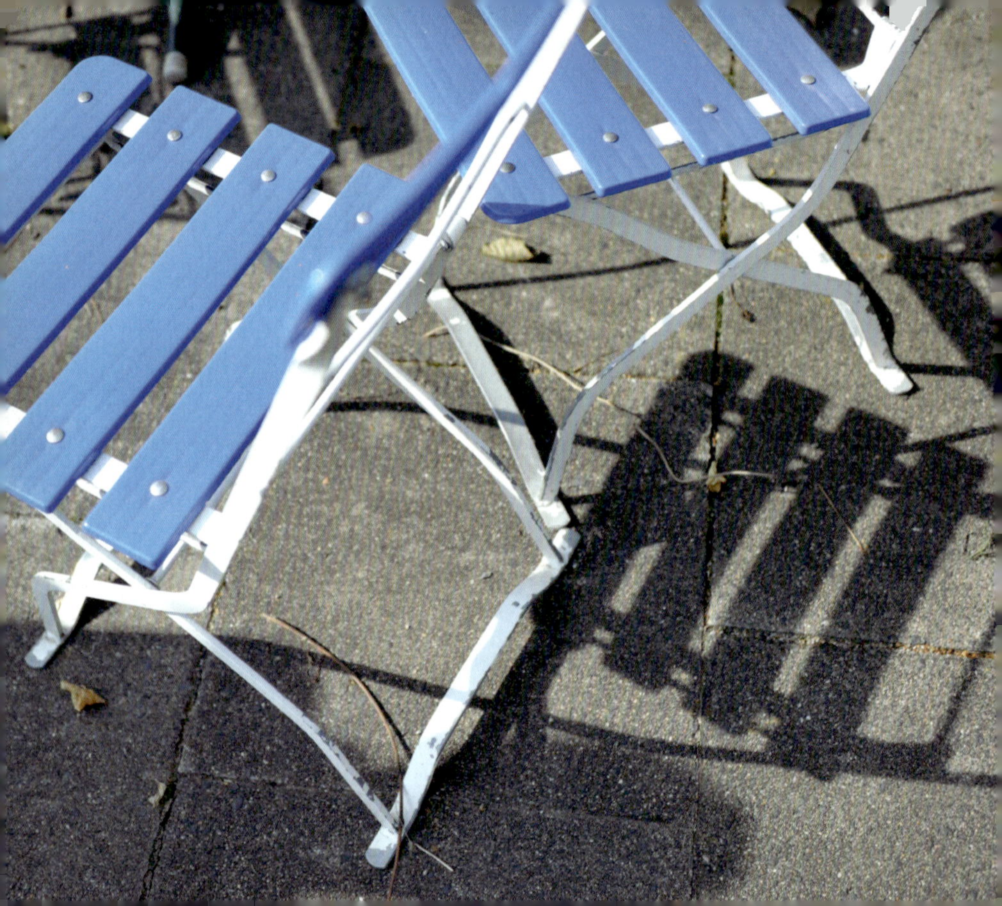

254|255

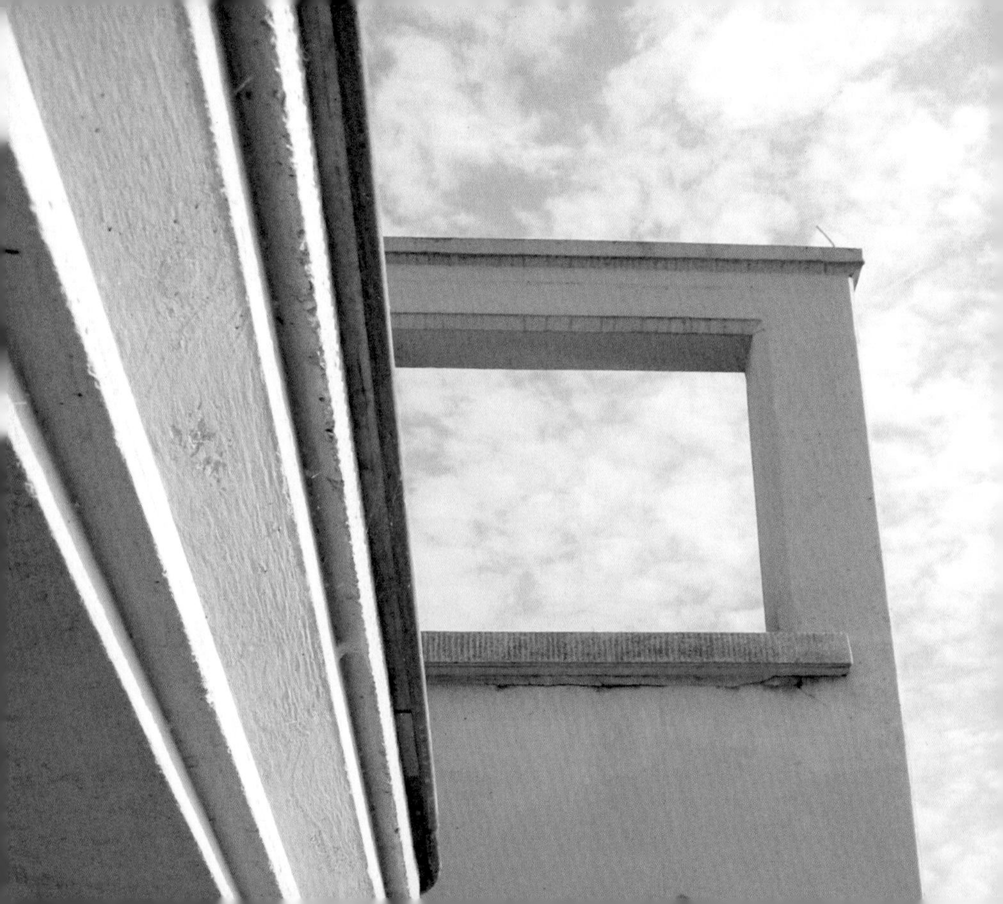

256|257

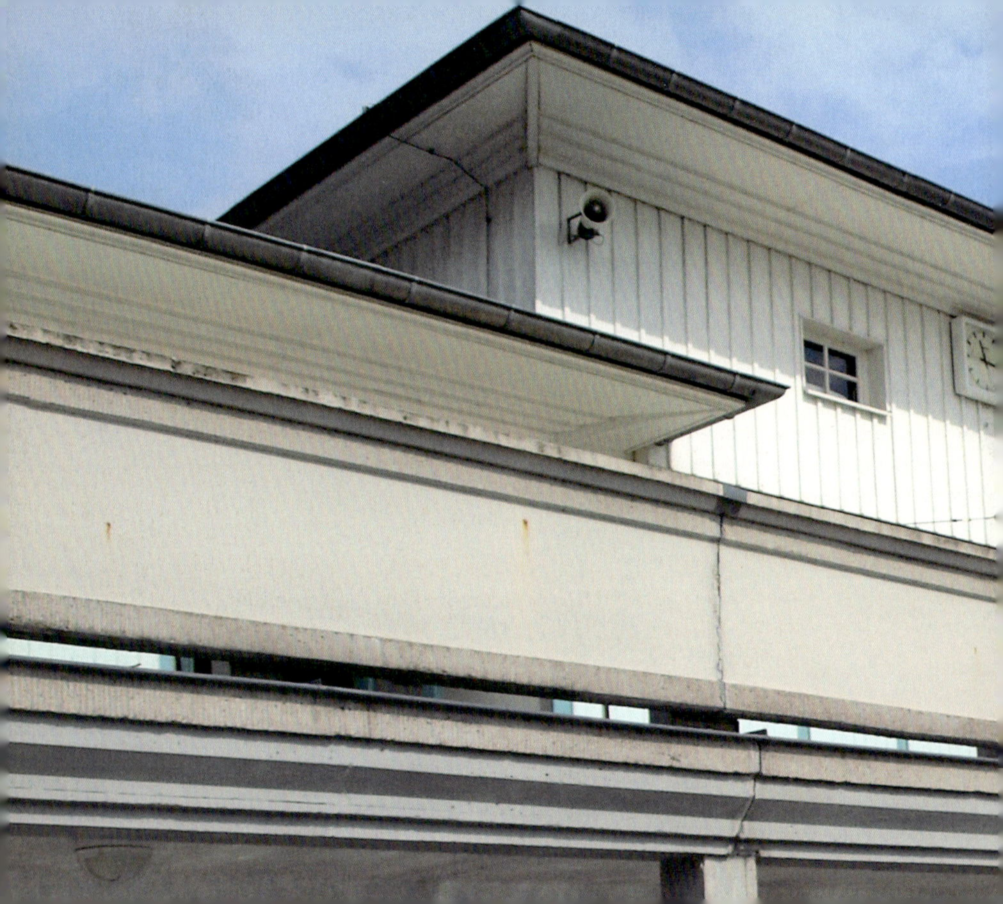

258|259

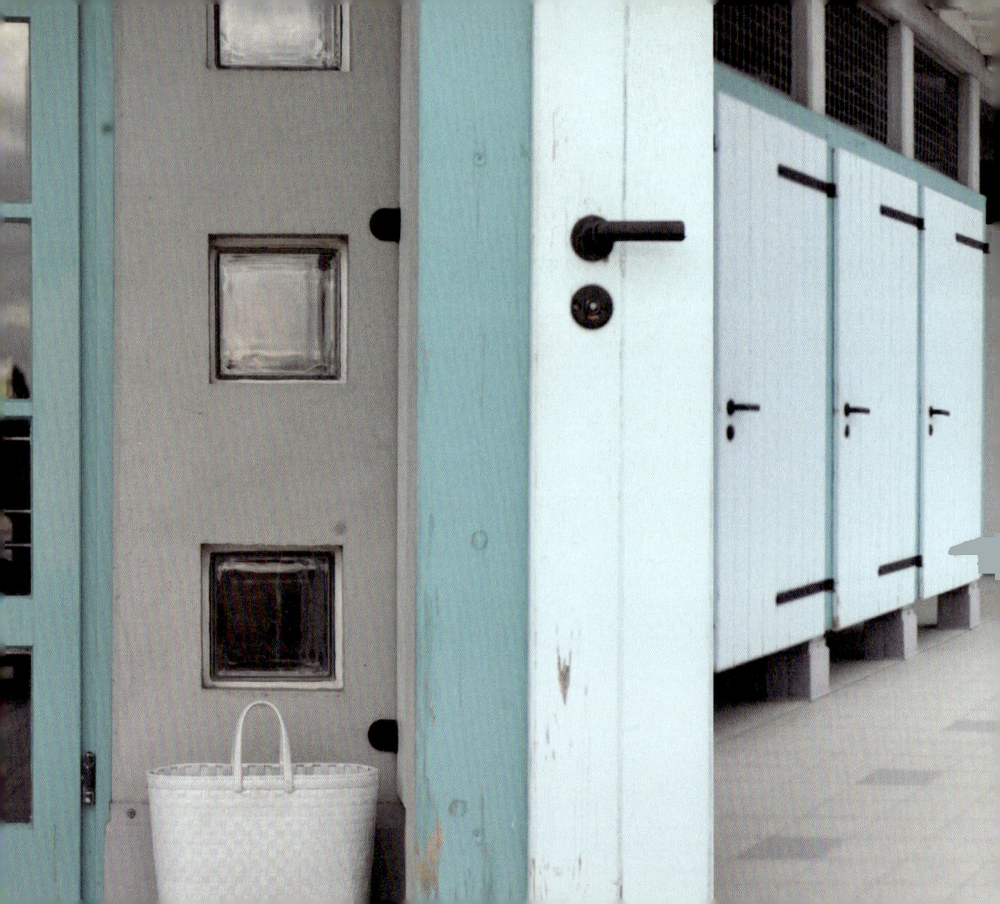

260|261

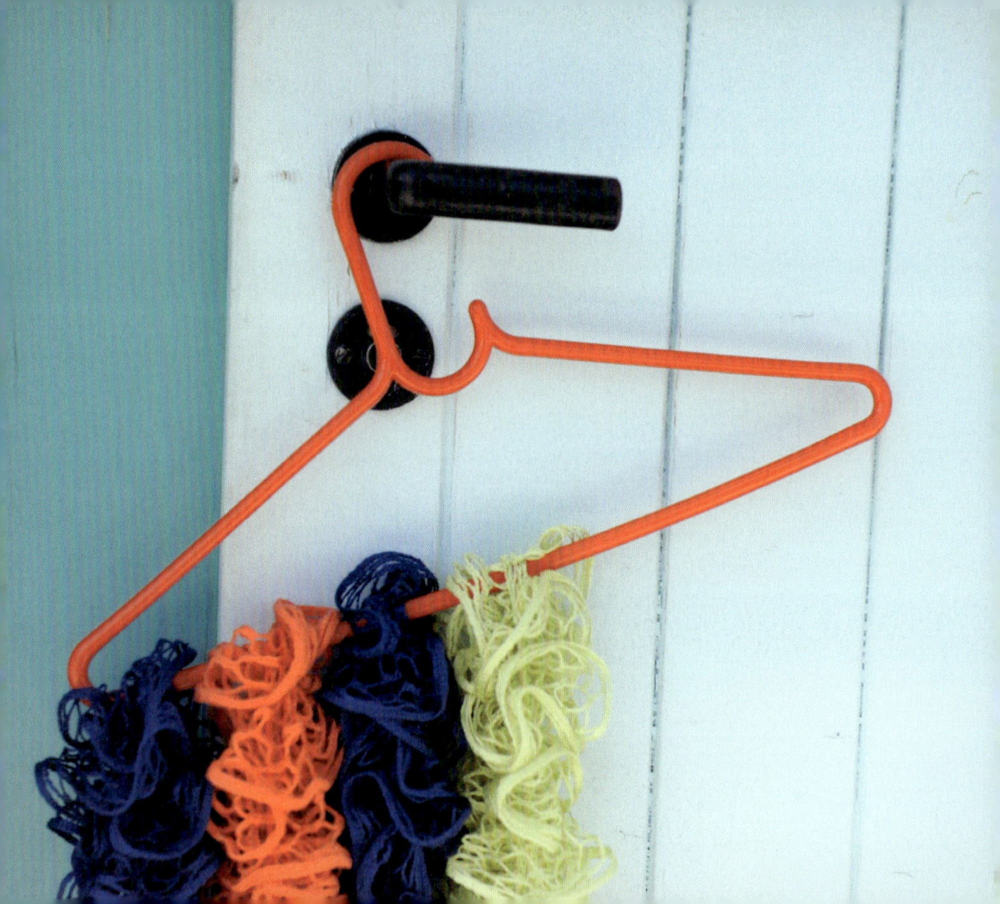

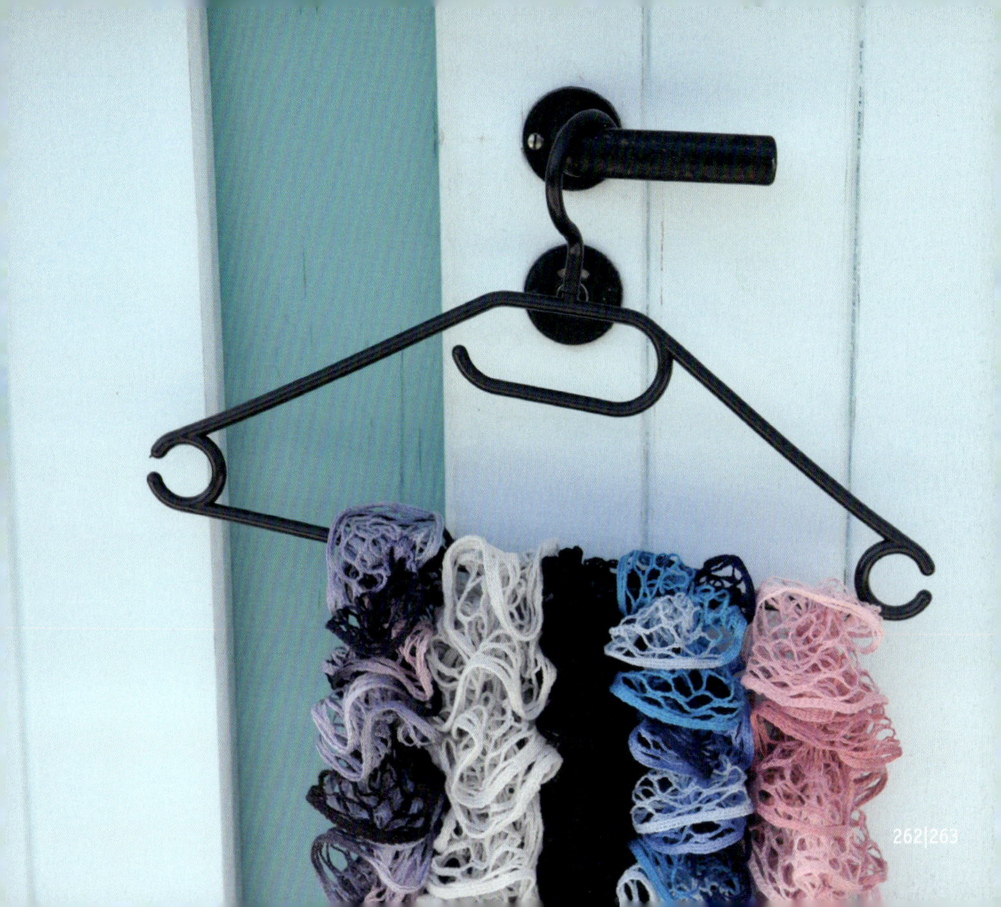

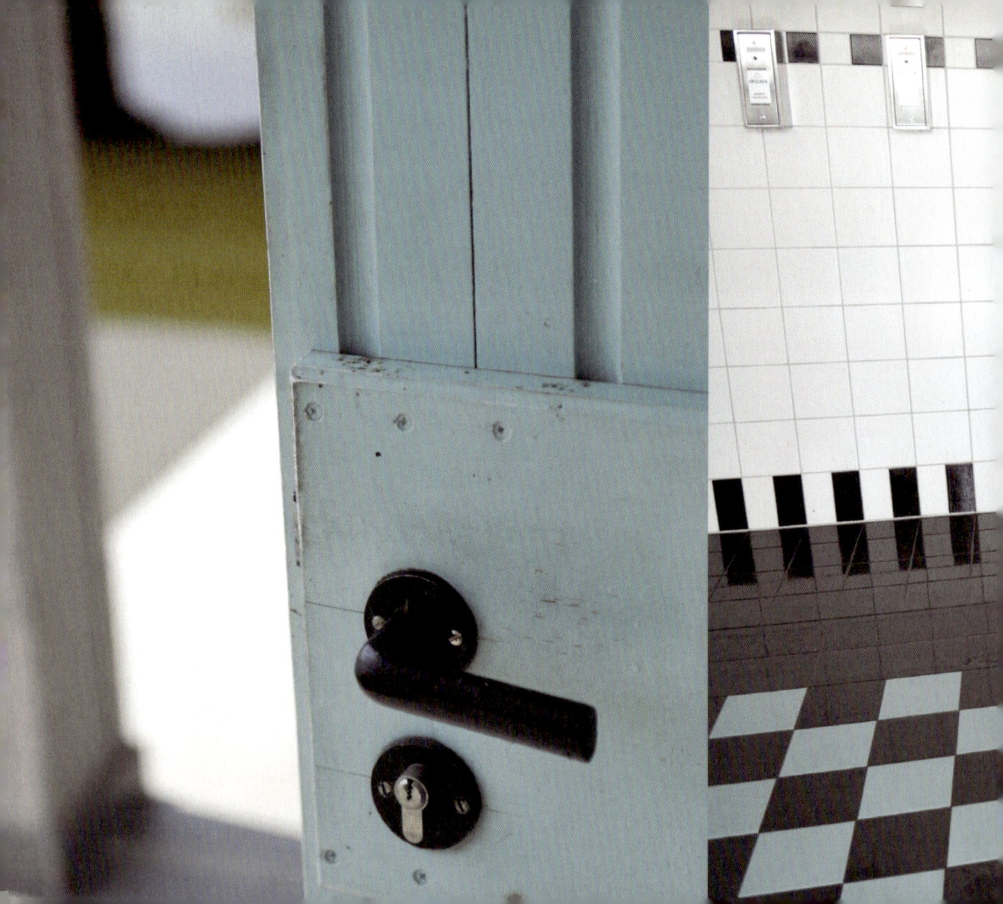

264|265

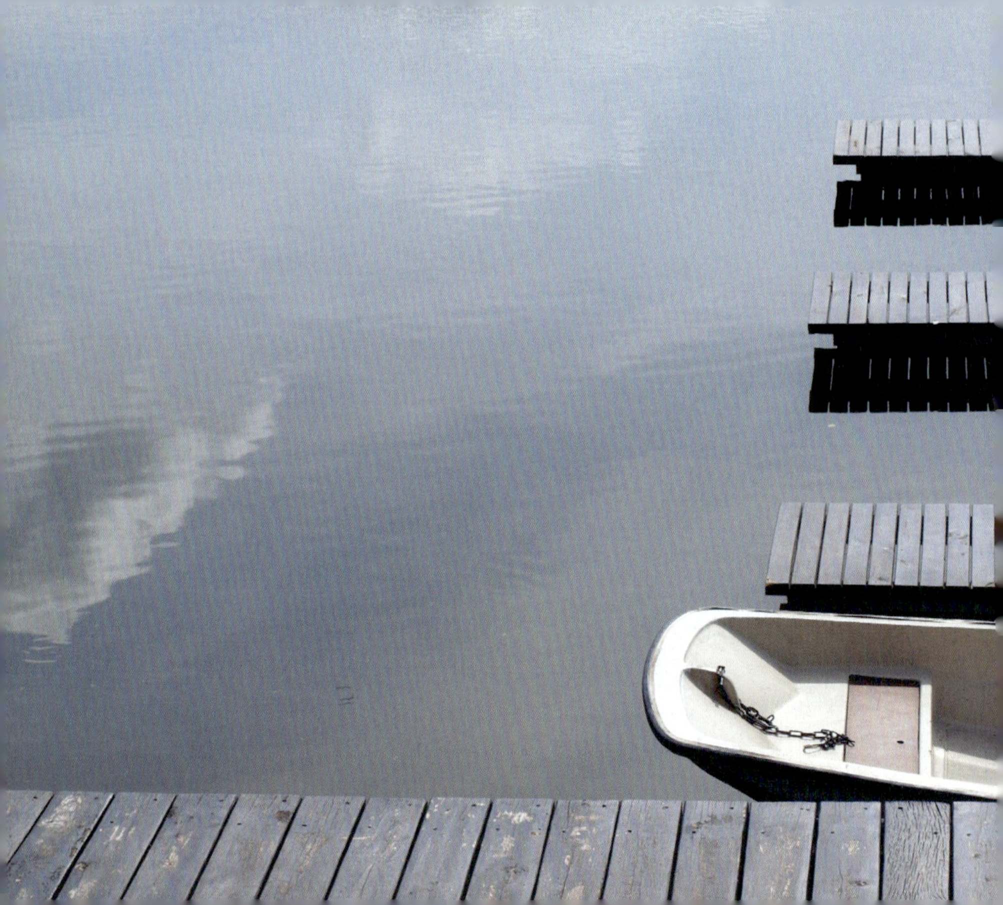

Familienbad

266|267

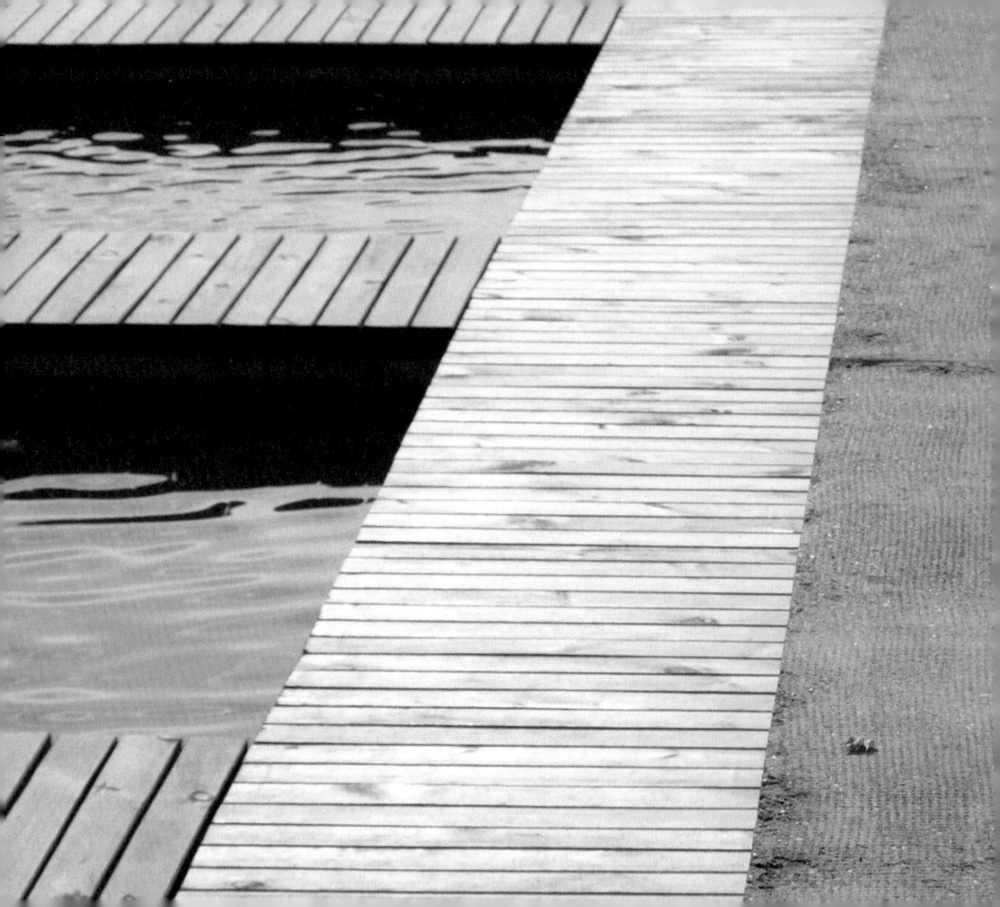

268|269

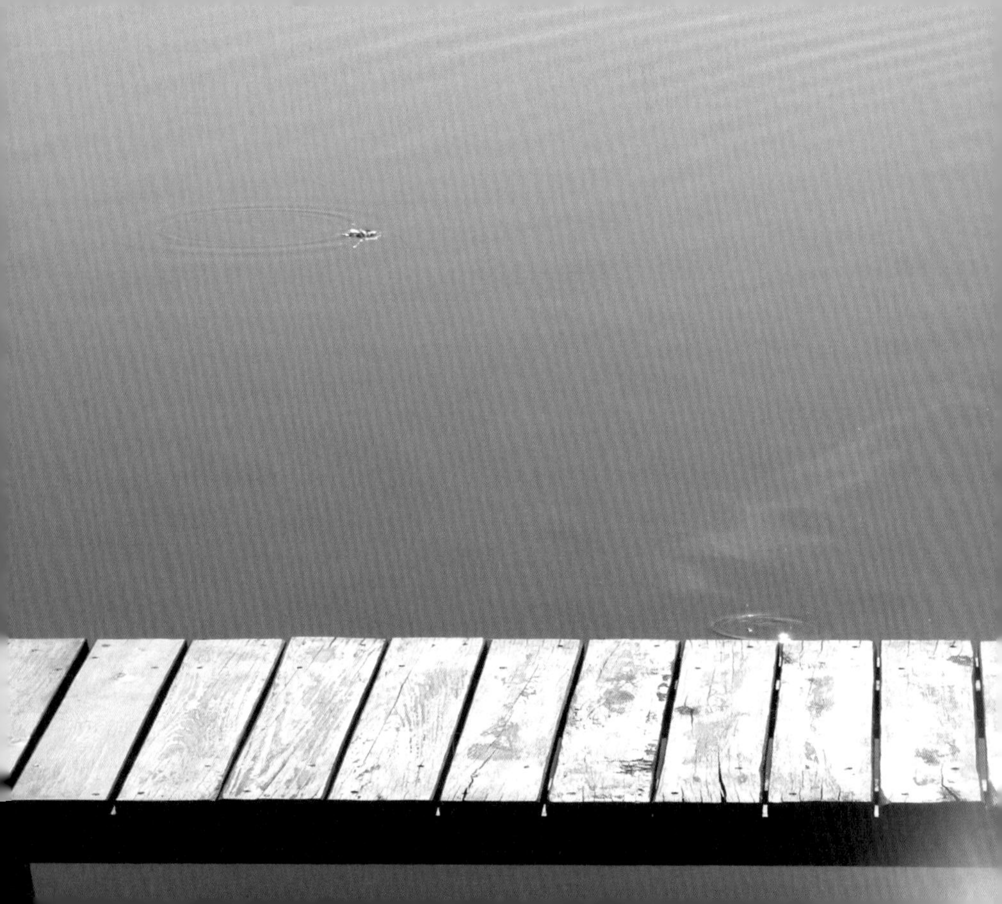

270|271

MARCEL VAN EEDEN

272|273

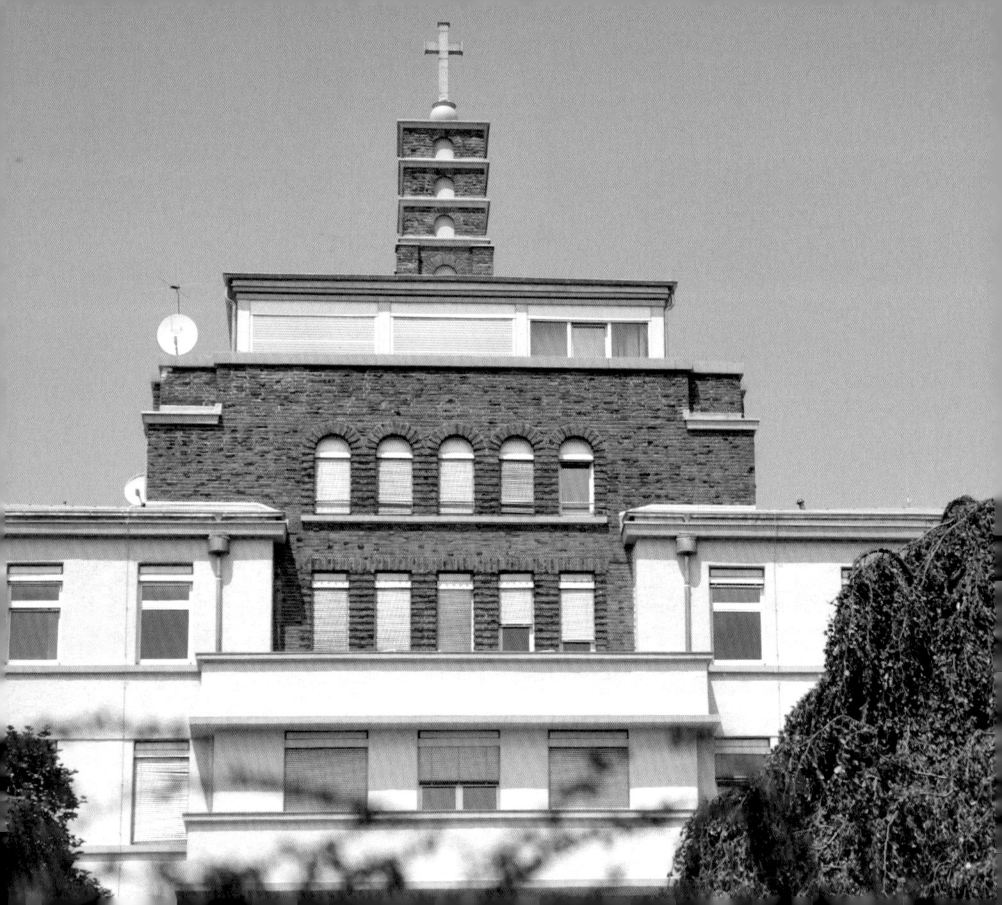

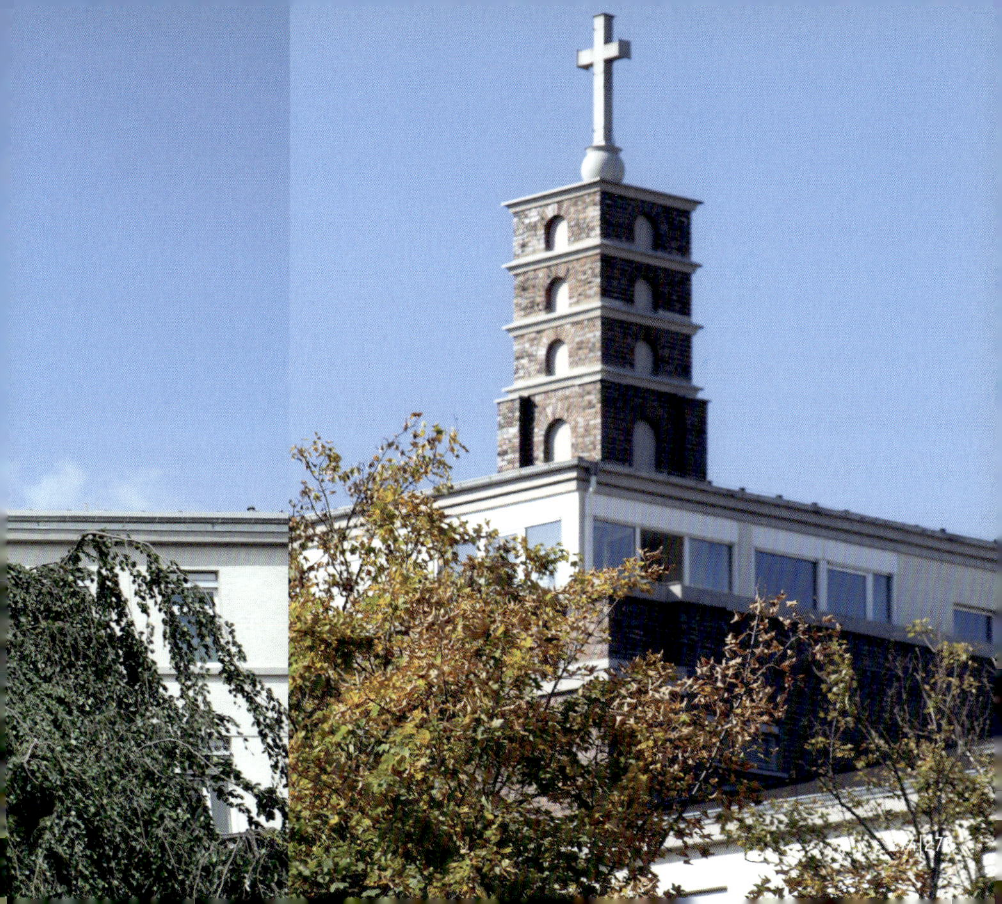

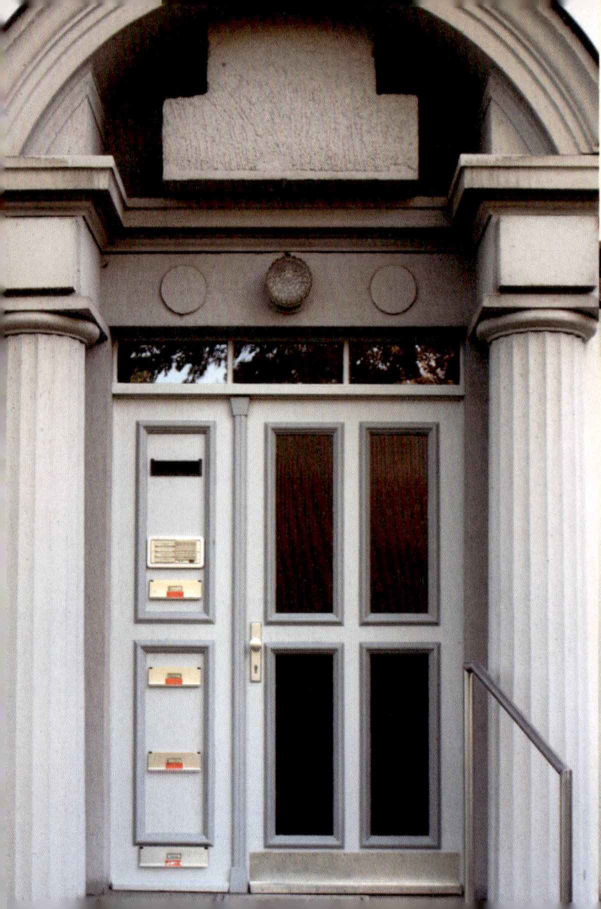
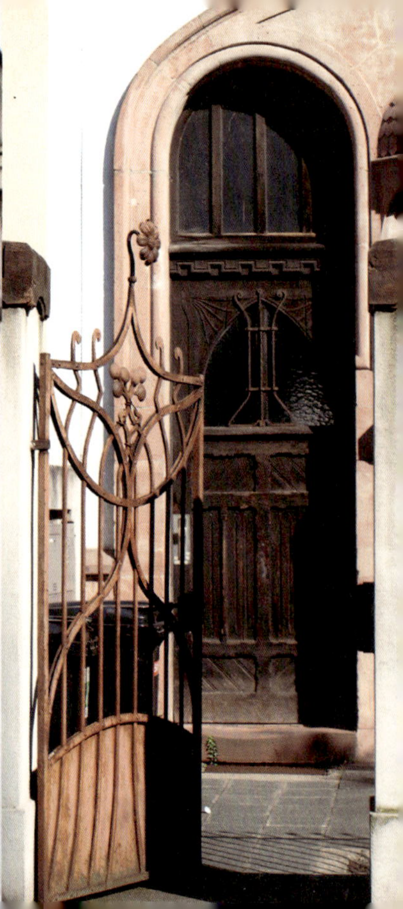

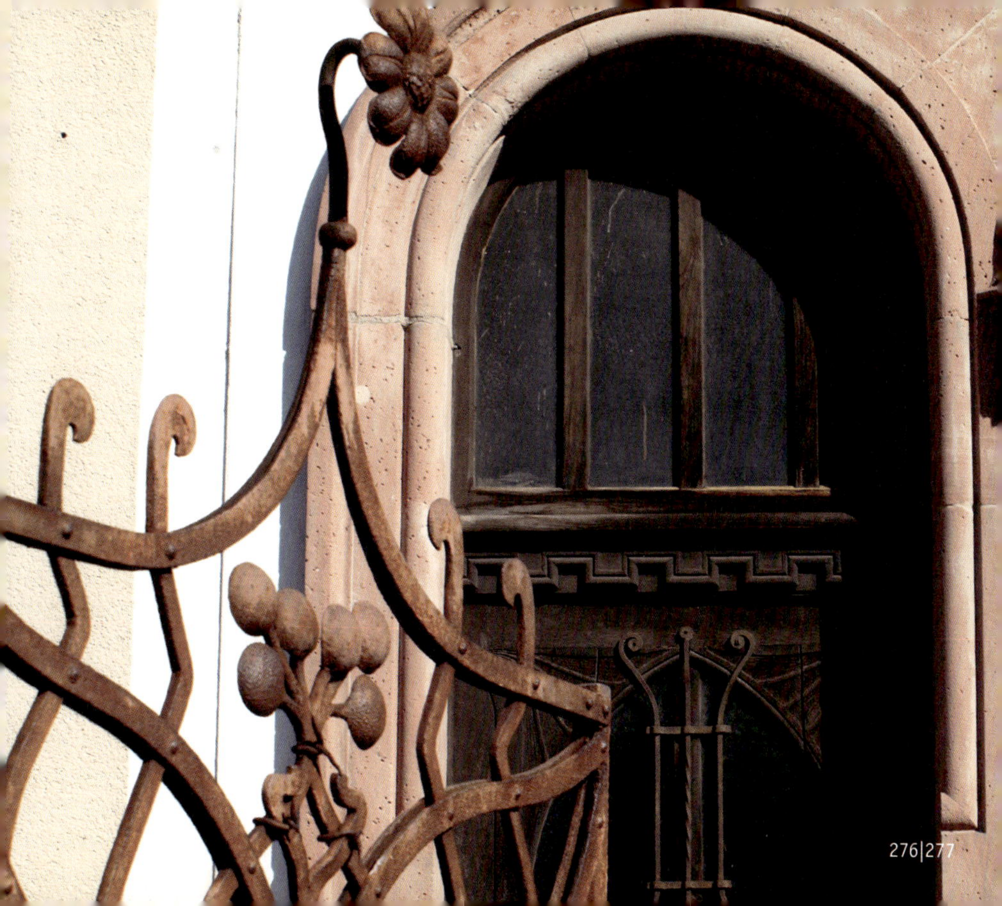

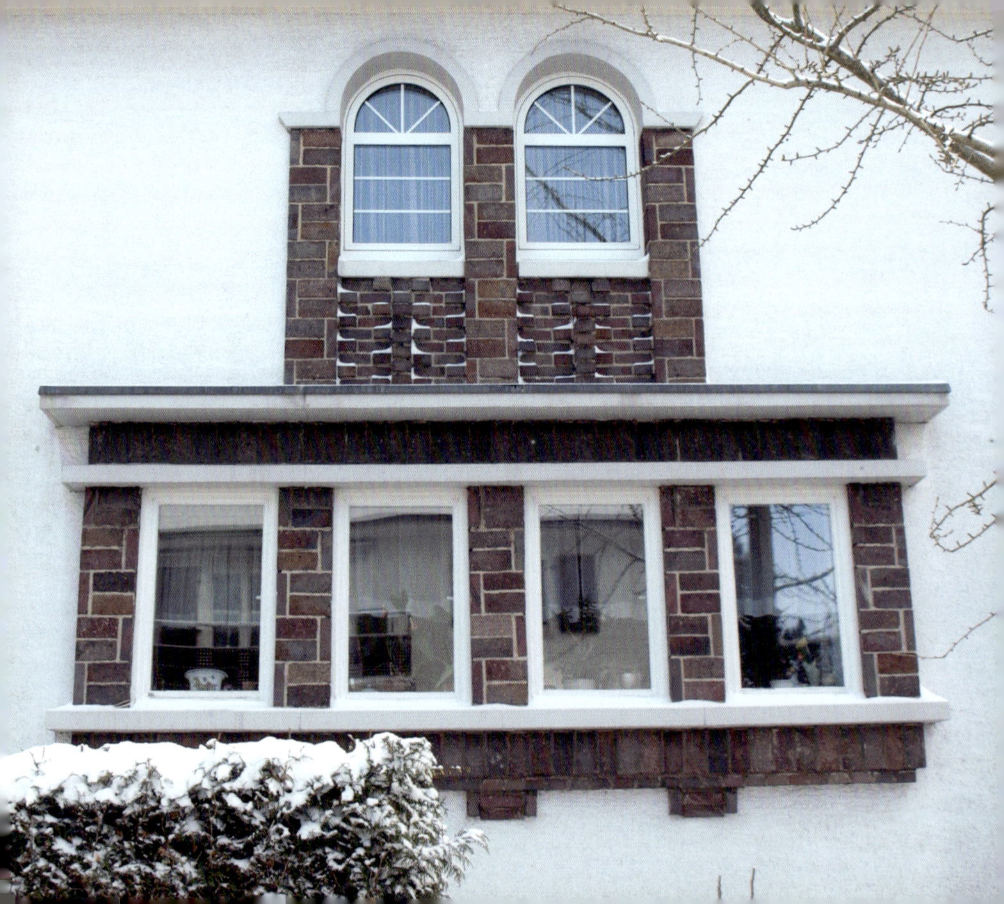

278|279

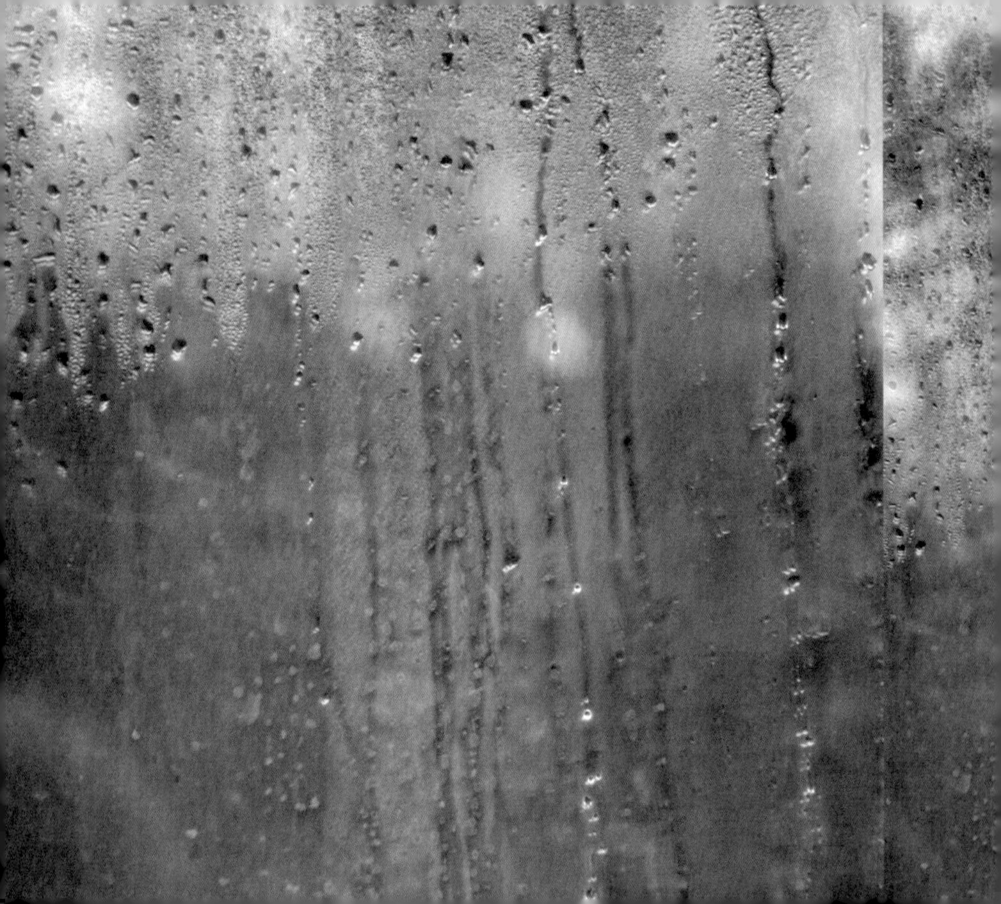

280|281

Ristorante
Delfino
am Woog

Eichbaum

282|283

DARMSTÄDTER Pilsner

GASTSTÄTTE Am·Woog

284|285

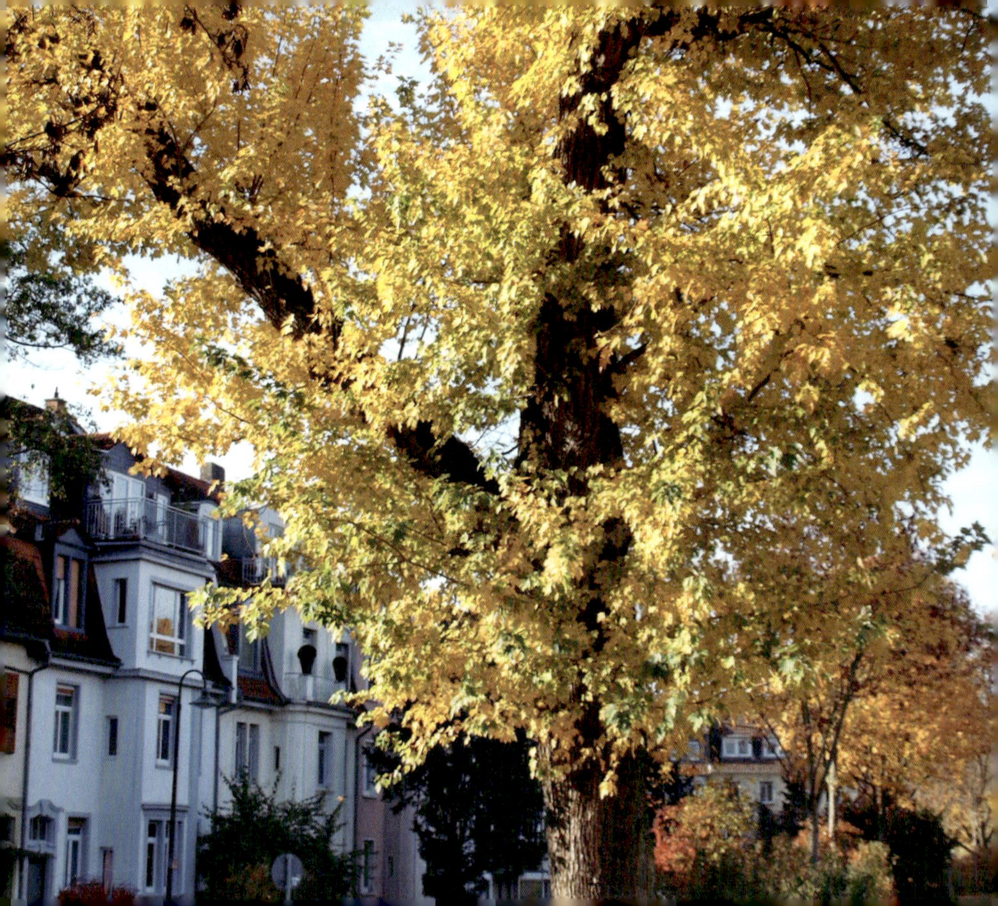

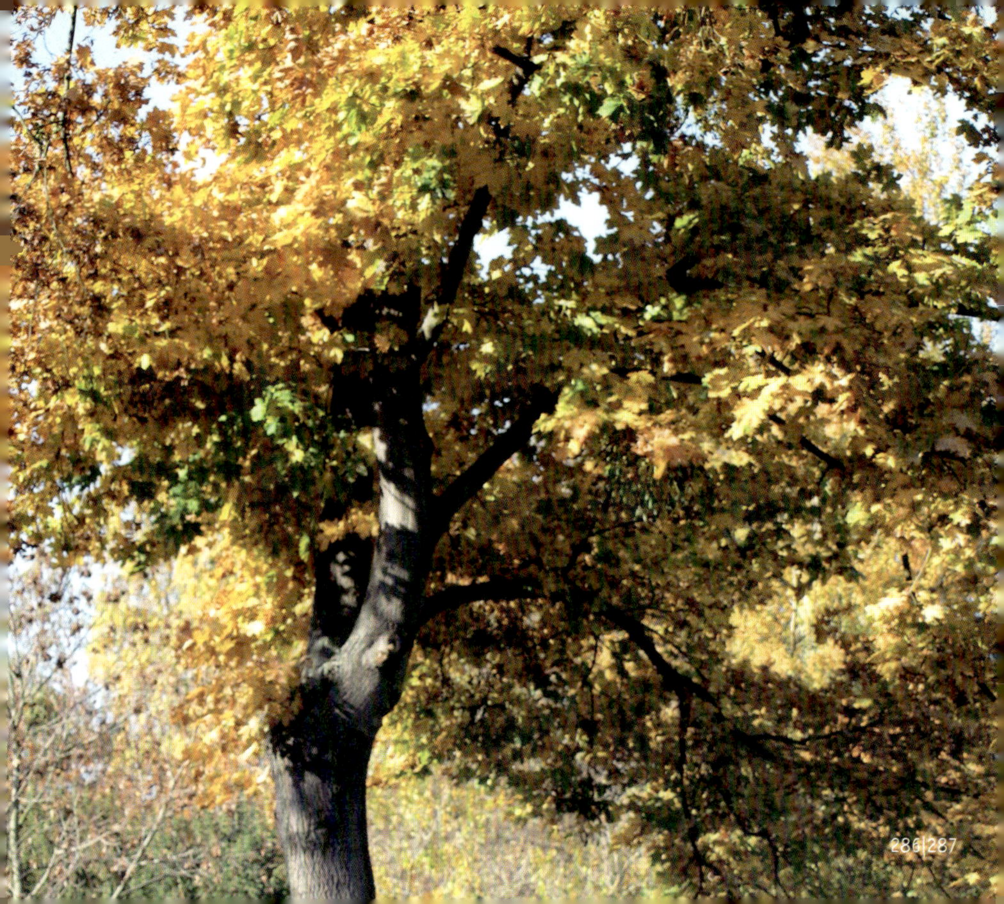

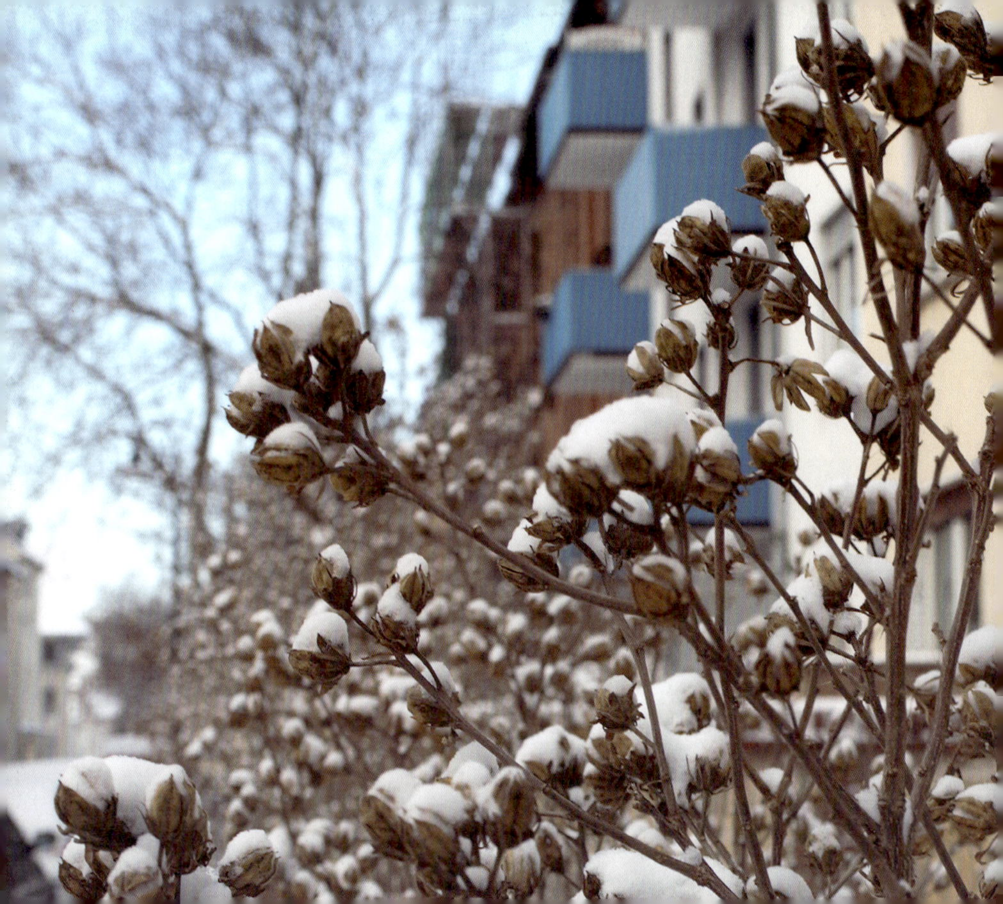

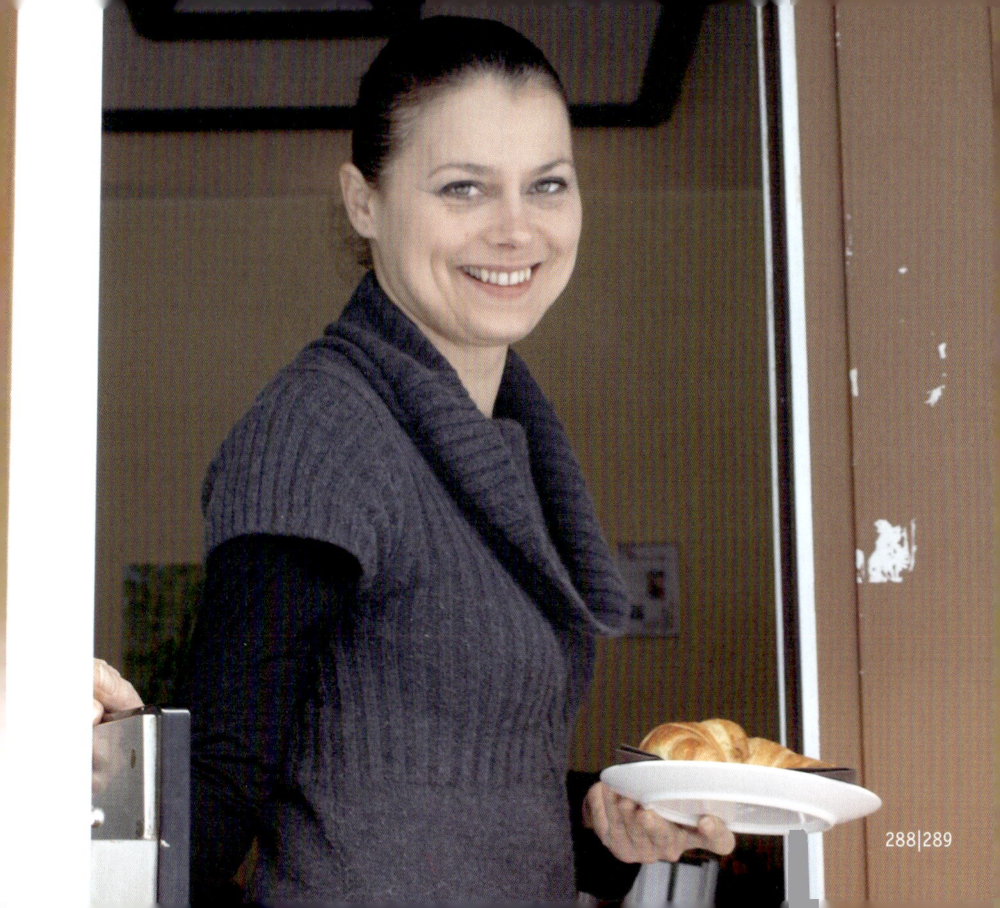

Parkplätze
nur für Kunden
u. Hausbewohner
www.schlauchomat.de
Nie mehr ohne...
Continental
Fahrradschläuche
www.conti-fahrradreifen.de
WoogRad
Soderstrasse 85 · Darmstadt
Leiba x-stream

290|291

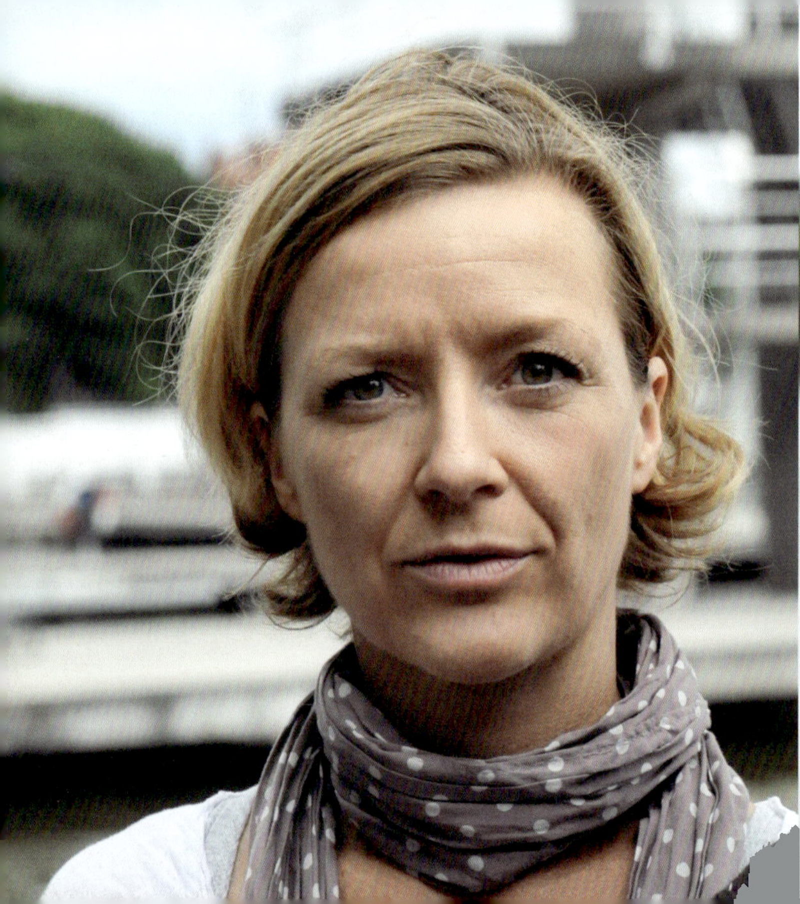
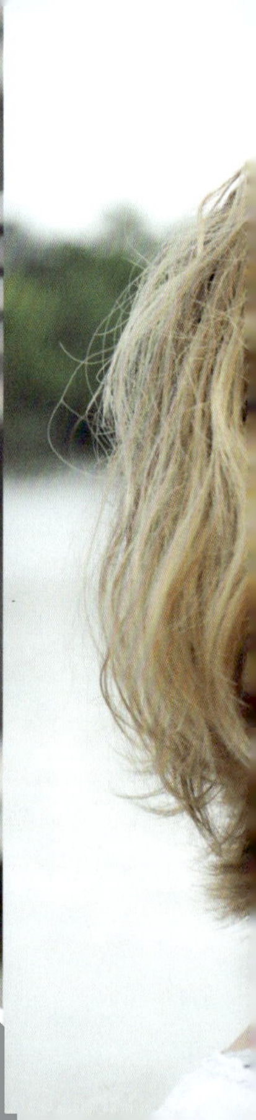

292|293

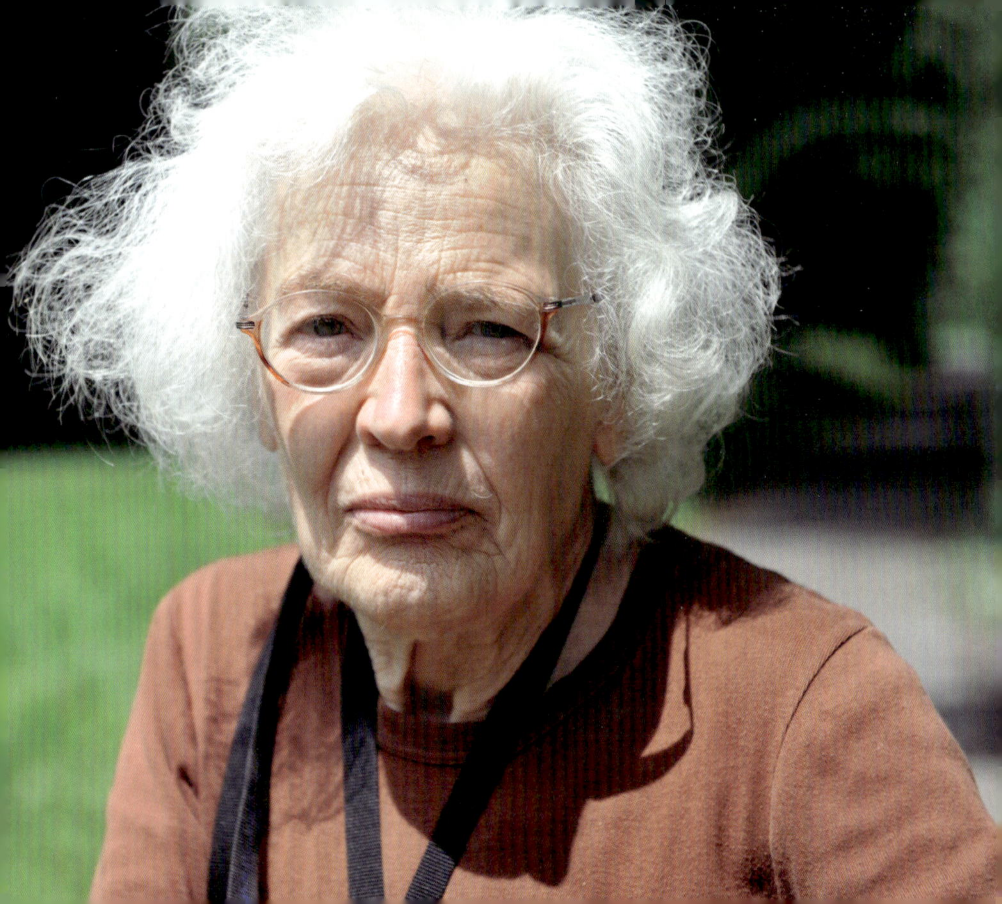

294|295

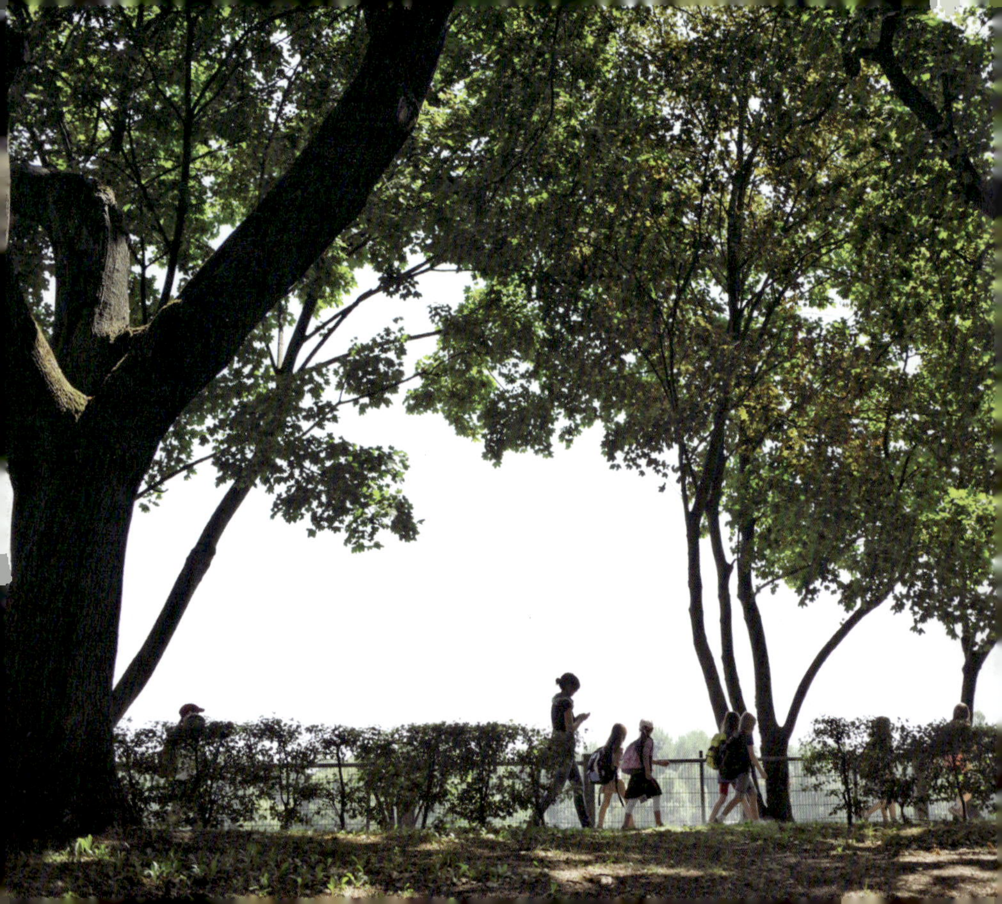

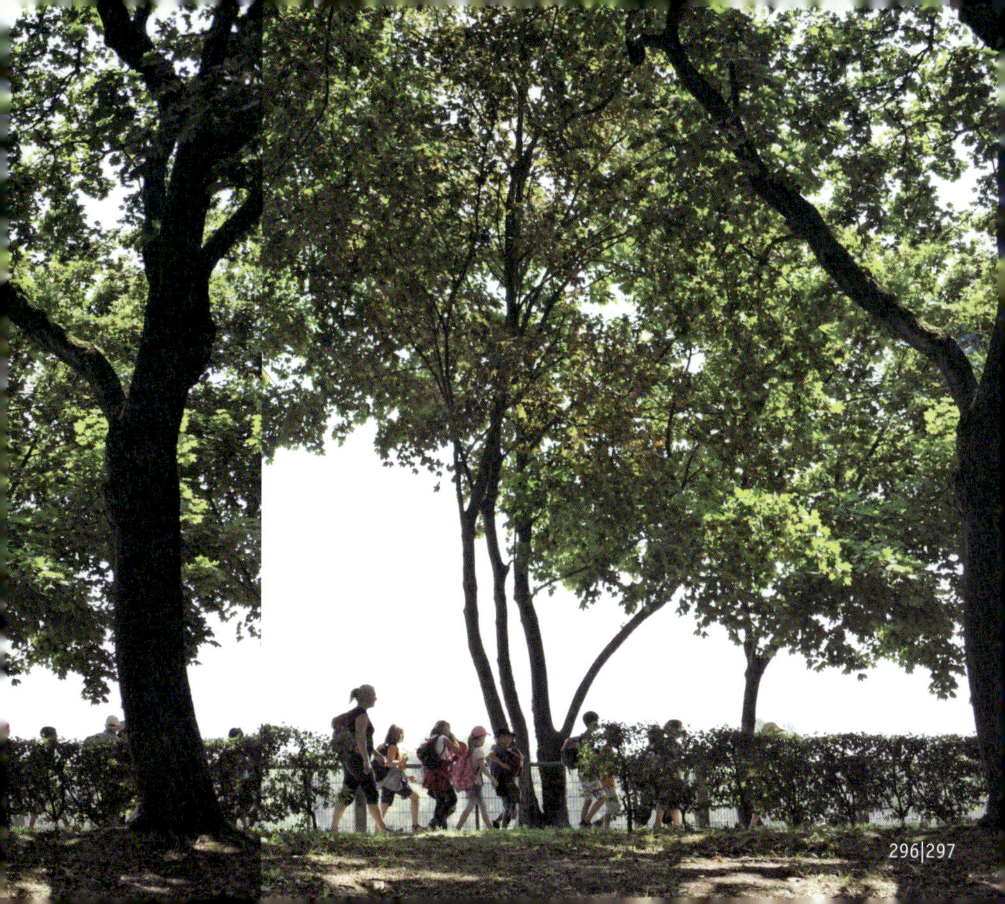

BILDLEGENDEN **56/57** Stadtgewässer in voller Pracht, gesehen aus dem Hochzeitsturm | **58/59** Abendstimmung | **60/61** Mathildenhöhe spiegelglatt | **62/63** Auf zur Brücke | **64/65** Blick auf die schöne Insel | **66/67** Platz zum Spielen | **68/69** Der Froschweg | **70/71** Ostereiersuche | **72/73** Schilfblüten | **74/75** Trauerweiden immer schön gestutzt | **76/77** Blick von der Brücke auf den Kanal | **78/79** „Gestrandeter" Graureiher | **80/81** Knorrige Schönheiten auf der Insel | **82/83** Seerosenpracht | **84/85** Auf dem kleinen Nachbarn des Großen Woog | **86/87** Baumkronen über dem Froschweg | **88/89** Kiosk im „Blauen Regen" | **90/91** Rudolf-Mueller-Anlage | **92-95** Kanadagänse beim Frühstück am Woog | **96/97** Schwimmkurs neugeborener Heiner | **98/99** Gans vergnüglich | **100/101** Entlich angekommen | **102/103** Familienbad still | **104/105** Anschwimmen im Mai 2012 | **106/107** Vorsitzender der Woogsfreunde: Reinhard Cuny | **108/109** Posaunenchor Südostgemeinde mit Pfarrerin Kluck | **110/111** Meister unter sich: Bürgermeister Reißer und Bademeister Bauer | **112/113** Anschwimmen 2012 bei 18°C | **114/115** Jetzt wird's eng | **116/117** Schlange stehen | **118/119** Rutschvergnügen... | **120/121** ...Lutschvergnügen | **122/123** Abendbrot in rot | **124/125** Buddeln am Woogsstrand | **126/127** Starke Halbstarke | **128/129** Gartenhort: Überschwemmung des Darmbachs | **130/131** Hüpfburg aus Beton | **132/133** Sprunghaftes Verhalten | **134/135** Glitzernder Abgang | **136-143** Auf die Plätze, fertig, Triathlon! Beim HeinerMan 2011 | **144/145** Architektursommer-Team Janser Castorina & Elisabeth Koller, Graz | **146/147** Installation „Ahoi" 2011 | **148/149** Kulturelle Rettungsringe, vom Wasser aus betrachtet | **150/153** Rettungsauktion Woog, glücklicher Ersteigerer | **154/155** Picknickfreude | **156/157** Skulpturaler Blick: Fischerehepaar von Miklaszewski/ Golebiewski (Plock) geschnitzt aus zwei Pappeln des Griesheimer Waldes | **158/159** Unser Woog: eine sichere Bank | **160-167** Woogstaufe mit wasserfesten

Geistlichen 2011 | **168/169** Yachthafen Woog | **170-173** Kanutag | **174/175** Baywatch en Woog / die Wasserwacht | **176/177** SchlammbeißerInnen | **178/179** Als Woogsviertler immer passend gekleidet | **180-183** Petri Heil | **184/185** Prachtstück: die Jugendherberge | **186/187** Herbststeg | **188/189** Parken nicht verbooten | **190/191** Wasserhöchststände | **192/193** Ponton Badeinsel | **194/195** DSW-Vereinsheim im Umbau | **196/197** Bojen im Winterschlaf | **198/199** Inselidyll mal bunt | **200-207** Herbstliche Stilleben | **208/209** Brunnenleihgabe von Henry Nold | **210/211** Frostige Zeiten | **212/213** Romantische Schilflandschaft | **214/215** Kormorane gelandet | **216-219** Woog wird winterlich | **220/221** Abendlichter der Heinrich-Fuhr-Straße | **222/223** Oberbürgermeister on Ice | **224/225** Woogsanhänger Alexander Marschall | **226/227** Versteckspiel | **228/229** Spuren im Schilf | **230/231** umgestürzte Bäume | **232/233** „Woogelperspektiven" | **234/235** Unterwasserwunderwelt | **236/237** Kleine am „Kleinen Woog" Rudolf-Mueller-Anlage | **238-241** Schlittschuhläufer u. -lieger | **242/243** Spuren | **244/245** Eisige Spiegelung | **246/247** Sportliche Architektur | **248/249** Rutsche | **250/251** Sprunghaftes Gelände(r) | **252/253** Schon Geschichte: DSW-Treppe | **254/255** Blaue Stühle | **256-261** Familienbad | **262/263** Frau Wolfs Handarbeiten | **264/265** Duschvergnügen | **266-271** Badestege | **272/273** Noble Nachbarin Mathildenhöhe | **274/275** Ärztehaus am Elisabethenstift | **276/277** Hauseingänge | **278/279** Mosaikpflaster denkmalgeschützt | **280/281** Spiegelblick Trainingsbad | **282/283** Ristorante Delfino & Heidenreichstraße | **284-285** Herbstrausch Woogsdamm & Heinrich-Fuhr-Straße | **288/289** Café Lotte: Wohnzimmer des Viertels | **290/291** Woog-Rad: hier gibt es auch Fahrräder | **292/293** Neue Gastronomen am Woog: Kiki und Rodi | **294/295** Gute Woogsluft hält frisch: Ilse Winkler & Alma Metha Bissinger: seit über 40 Jahren Anwohnerinnen | **296/297** Kindergartenausflug auf dem Woogsdamm

WoogRad

Die Experten am Velo.

BBF
Maxcycles
Velo de Ville
Hartje Manufaktur
Riese & Müller
Nox-Rahmen
& gebrauchte Räder

Öffnungszeiten:
Mo-Fr 15-18.30 Uhr & Sa 10-13 Uhr
Soderstrasse 85 · 64287 Darmstadt
Tel.: 06151/420580 · woograd@gmx.de

DAS BUCH „EN WOOG" UND DIE LITERARISCHEN QUELLENANGABEN

1 Vgl.: Müller, Dr. Adolf: Der Große Woog zu Darmstadt, 1934, S. 17. | **2** Michel, Wilhelm: „Darmstadt - Ein Gespräch" 1939, aus: Kumpf, Werner/Lautenschläger, Heiner, Wittwer, Gerhard: Lieber, alter Großer Woog. 1989, S. 119. | **3** Müller, Dr. Adolf: Der Große Woog zu Darmstadt", Vorwort Löwer, Vorsitzender der TSG, 1932. | **4+5** Vgl. Schmidt, Agnes/Hausberg, Elke: Waschen, Kochen, Baden. Frauenleben vom Marktbrunnen zum Großen Woog. 2009, S. 94. | **6** Vgl. Kumpf, Werner/Lautenschläger, Heiner, Wittwer, Gerhard: Lieber, alter Großer Woog. 1989, S. 160. | **7** Dr. Adolf Müller: „Der Große Woog zu Darmstadt", 1934, S. 14. | **8** Kumpf, Werner/Lautenschläger, Heiner, Wittwer, Gerhard: Lieber, alter Großer Woog. 1989, S. 20. | **9** Vgl.: Landesamt für Denkmalpflege Hessen (Hrsg.): Kulturdenkmäler in Hessen Stadt Darmstadt, 1994, S. 401ff. | **10** ebd., S. 408. | **11** Darmstädtisches von Robert Schneider. Gedichtcher un Geschichtcher in Hesse-Darmstädter

Mundart, 1972, S. 111. | **12** J.W. Goethes Bericht eines Treffens vom 14.5.1775 (Dichtung und Wahrheit) | **13** Vgl. Dedner, Burghard u.a. (Hg.), Georg Büchner „Woyzeck", Marburger Ausgabe „Georg Büchner. Sämtliche Werke und Schriften", Band 7.2: Text, Editionsbericht, Quellen, Erläuterungsteile, Wissenschaftliche Buchgesellschaft Darmstadt, 2005, S. 251-329. | **14** Darmstädter Tagblatt von 1935. Seeschlacht am Großen Woog. Abgedruckt in: Kumpf, Werner/Lautenschläger, Heiner, Wittwer, Gerhard: Lieber, alter Großer Woog. 1989, S. 258. | **15** Darmstädter Tagblatt vom Montag, dem 5. Juli 1937. Zehntausende beim Woogsfest. Abgedruckt in: Kumpf, Werner/Lautenschläger, Heiner, Wittwer, Gerhard: Lieber, alter Großer Woog. 1989, S. 309. | **16** Darmstädter Tagblatt vom Montag, dem 2. Juli 1928. Sommernachtsfest am Woog. Abgedruckt in: Kumpf, Werner/Lautenschläger, Heiner, Wittwer, Gerhard: Lieber, alter Großer Woog. 1989, S. 230. | **17** Kling, Marc-Uwe: Das Känguru-Manifest. Ullstein Verlag, 2011, S. 225f.

Ristorante Delfino

Seit 10 Jahren der kulinarische Treffpunkt am Woog.

Darmstraße 49 · 64287 Darmstadt
Telefon: 06151 / 4 29 67 67

OPTIK WERNER

Fachgeschäft für feine Augenoptik
Inh. Michael Schulze

Sehberatung kostenlos!

Die Anforderungen an unsere Augen werden höher. Profitieren auch Sie von meiner Kompetenz und Erfahrung.

Geschäftszeiten:
Mo., Di., Do., Fr. 9:00 - 18:00 Uhr
Mi. und Sa. 9:00 - 13:00 Uhr
und nach Vereinbarung

P Parkplatz vor dem Geschäft

Roßdörfer Straße 67   64287 Darmstadt
Telefon 06151 / 47816   Telefax 06151 / 421709

LITERATURVERZEICHNIS Darmstädtisches von Robert Schneider. Gedichtcher un Geschichtcher in Hesse-Darmstädter Mundart, 1972. | Dedner, Burghard u.a. (Hg.), Georg Büchner „Woyzeck", Marburger Ausgabe „Georg Büchner. Sämtliche Werke und Schriften", Band 7.2: Text, Editionsbericht, Quellen, Erläuterungsteile, Wissenschaftliche Buchgesellschaft Darmstadt, 2005. | Grimm, Jacob und Wilhelm: Deutsches Wörterbuch, Bd. 30, 1960. | Gude, Christian: Mosquito. Kriminalroman. Gmeiner Verlag, 2007. | Goethe, Johann Wolfgang von: Bericht eines Treffens vom 14.5.1775 (Dichtung und Wahrheit) | Kling, Marc-Uwe: Das Känguru-Manifest. Ullstein Verlag, 2011. | Kumpf, Werner/Lautenschläger, Heiner, Wittwer, Gerhard: Lieber, alter Großer Woog. Eine illustrierte Dokumentation mit historischen Fotos. 1989. | Landesamt für Denkmalpflege Hessen (Hrsg.): Kulturdenkmäler in Hessen Stadt Darmstadt, 1994. | Müller, Dr. Adolf: „Der Große Woog zu Darmstadt", 1934. | Schmidt, Agnes/Hausberg, Elke: Waschen, Kochen, Baden. Frauenleben vom Marktbrunnen zum Großen Woog. 2009.

> »Es gibt viele Krankheiten, aber nur eine Gesundheit«
>
> Arthur Schopenhauer

· Achtsamkeitstraining · Ältere Mitarbeiter & alternde Belegschaften führen · Resilienz-Training · Gesund & stimmig führen · Immer auf der Überholspur? Beschleunigung & Burn-Out · Schwierige Mitarbeitergespräche lösungsfokussiert führen · Umgang mit psychisch kranken Mitarbeitern · Selbstmanagement mit der Methode Getting Things done (GTD) ·

B·e·n·t·n·e·r

Systemische Organisationsberatung & Personalentwicklung

Pallaswiesenstraße 38 · D- 64293 Darmstadt
Telefon: +49 (0)6151 27 23 06
e-mail: info@bentner.de · www.bentner.de

Müller

BÄCKEREI & KONDITOREI

Wir backen gerne!

www.kleinsteuber-immobilien.de

Das moderne Immobilienbüro mit Tradition

leistungsstark – innovativ – kundenfreundlich

KLEINSTEUBER
Immobilien GmbH

Donnersbergring 22 · 64295 Darmstadt · Tel. (06151) 3 08 25-0

SCHREIBEN SIE STADTGESCHICHTE. Jetzt Mitherausgeber und Abonnent der EDITION DARMSTADT werden. Angesichts des Elends öffentlicher Kulturförderung (FAZ: „Kultur ohne Geld") organisiert Surface Book mit der EDITION DARMSTADT Kulturförderung von unten. Jeweils etwa 300-seitige Flipbooks im Format 14,3 x 12 cm über ebenso bekannte wie bislang übersehene Darmstädter Kulturgüter sollen deren Wahrnehmung und Nachfrage stärken und so die kulturelle Vielfalt, den Erlebniswert, die Attraktivität und die Bekanntheit unserer Stadt fördern. Auch Sie können das Projekt unterstützen und Mitherausgeber werden, indem Sie die EDITION DARMSTADT abonnieren.

EDITION DARMSTADT

Flipbooks 14,3 x 12 cm
ca. 300 Seiten
mit über 250 farbigen Fotoseiten

Abonnement unter
www.surface-book.de und
www.edition-darmstadt.de

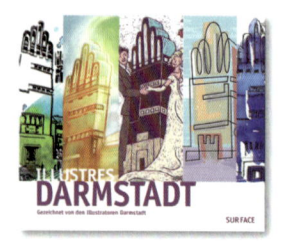

Band 106, 2012
Illustres Darmstadt, gezeichnet
von den Illustratoren Darmstadt
Hg. Illustratoren Darmstadt e.V.

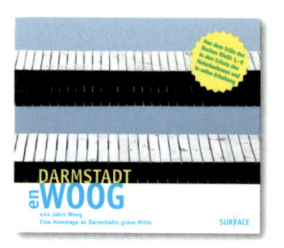

Band 105, 2012
444 Jahre Woog – Eine Hommage
an Darmstadts grüne Mitte
Hg. Woogsfreunde – Bürgeraktion
zum Schutz des Naturbadesees

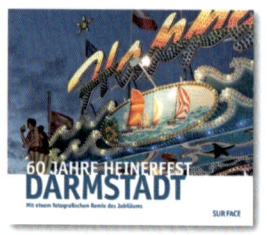

Band 104, 2011
Mit einem fotografischen Remix
des Jubiläums 2010
Hg. Heimatverein Darmstädter
Heiner e.V.

DAS ABONNEMENT beinhaltet vier in loser Reihenfolge erscheinende ca. 300-seitige Flipbooks mit ca. 250 Fotoseiten im Querformat 14,3 x 12 cm und kostet Sie 40,- EUR inkl. MwSt. + Versand. Darüber hinaus erhalten Sie jedes zusätzliche Exemplar der EDITION DARMSTADT zum Vorzugspreis von 10,- EUR inkl. MwSt. + Versand (Buchhandelspreis 12,80 EUR). Das Abonnement wird über vier Ausgaben abgeschlossen und verlängert sich danach automatisch um jeweils vier weitere Ausgaben, wenn Sie es nicht spätestens einen Monat nach Erhalt der vierten Ausgabe kündigen. Die Rechnung wird Ihnen jeweils mit der ersten von vier Ausgaben zugestellt. Bei Abschluss des Abonnements erhalten Sie ein Exemplar „American Surfaces LAS VEGAS" gratis.

Weitere Themen sind Andy Warhol in Darmstadt (1971 und 1980) | Weltnaturerbe Grube Messel | Vivarium Darmstadt | Internationale Waldkunst Darmstadt | Wissenschaftsstadt Darmstadt | Architektenstadt Darmstadt | u.v.a.m.

Band 103, 2011
300 Jahre Theatertradition
1711 – 2011
Hg. Staatstheater Darmstadt

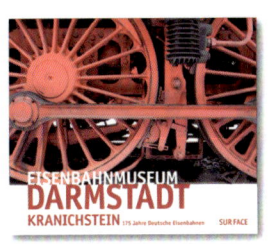

Band 102, 2010
175 Jahre Deutsche Eisenbahnen
Hg. Eisenbahnmuseum Darmstadt-Kranichstein

Band 101, 2009
25 Jahre Kunst Archiv Darmstadt
Hg. Kunst Archiv Darmstadt

EDITION SURFACE

Flipbooks 14,3 x 12 cm
ca. 200 Seiten
mit über 160 farbigen Fotoseiten

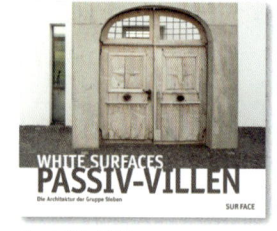

Band 004, 2010
Die Architektur der Gruppe 7

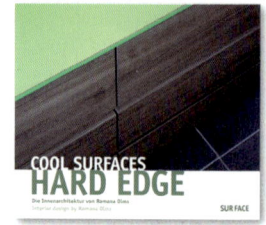

Band Volume 003, 2009
Die Innenarchitektur von Romana Olms Interior Design by Romana Olms

SURFACE BOOKS

Großformat Large Format 23 x 30 cm
Softcover
deutsch english
durchgehend farbig bebildert
all illustrations in colour

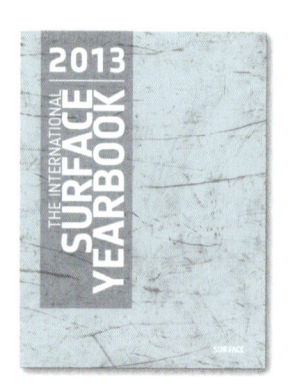

THE INTERNATIONAL SURFACE YEARBOOK 2013 Historisch und zeitlos klassisch Historical and timeless classic 224 Seiten pages, 2012

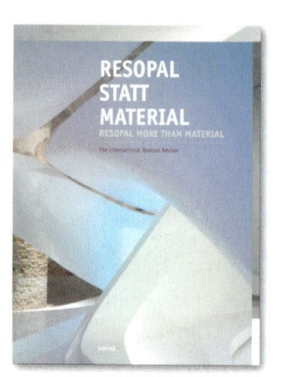

RESOPAL STATT MATERIAL The International Resopal Review
RESOPAL MORE THAN MATERIAL
224 Seiten pages, 2008

Bestellung unter www.surface-book.de
oder bei gerd@ohlhauser.de

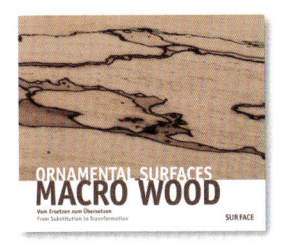

Band Volume 002, 2009
Vom Ersetzen zum Übersetzen
From Substitution to Transformation

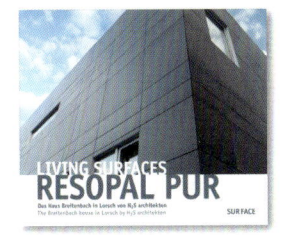

Band Volume 001, 2009
Das Haus Breitenbach in Lorsch
von H₂S architekten The
Breitenbach House in Lorsch by

Band 000, 2008
Kamera: Gerd Ohlhauser
Schnitt: Shau Chung Shin
Kritik: Gert Selle

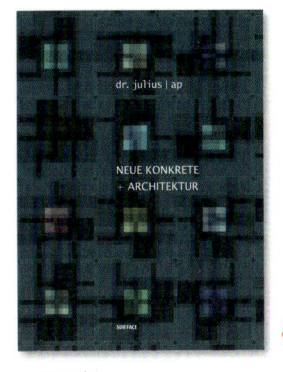

dr. julius | ap
NEUE KONKRETE + ARCHITEKTUR
The New Concrete and
Architecture

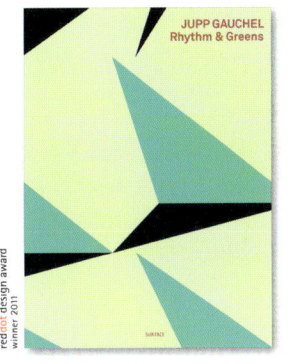

JUPP GAUCHEL Rhythm & Greens
128 Seiten pages, 2010

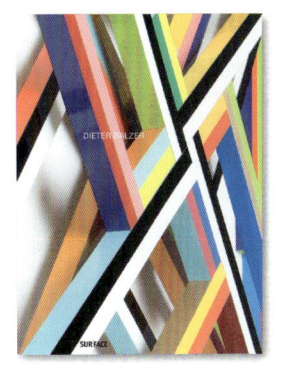

DIETER BALZER 2004–2008
+ Hardcover
144 Seiten pages, 2008

308|309

EN WOOG UND SEINE MACHERINNEN

Idee und Fotografie: Natascha Braun. Bei Ihrer Arbeit als Kommunikations-Designerin wurde der Hang zur Fotografie erkennbar, ist jedoch im Job als Art-Direktorin eine auf internationalen Foto-Shootings eher passiv ausgeübte Leidenschaft geblieben, die seit jeher jedoch nach mehr Aufmerksamkeit verlangt. Mit dem Lebensraum am Woog hat sich das Thema verselbständigt.

Text: Meike Heinigk. In Darmstadt geboren und aufgewachsen, hat sie sich nach dem Studium der Publizistik dem Kulturmanagement der Centralstation „verschrieben" und textet in ihrer Freizeit seit 2009 für das Darmstädter "Stadtkulturmagazin P" über dies und das, vor allen Dingen über aktuelle und kulturrelevante darmstädtische Themen.

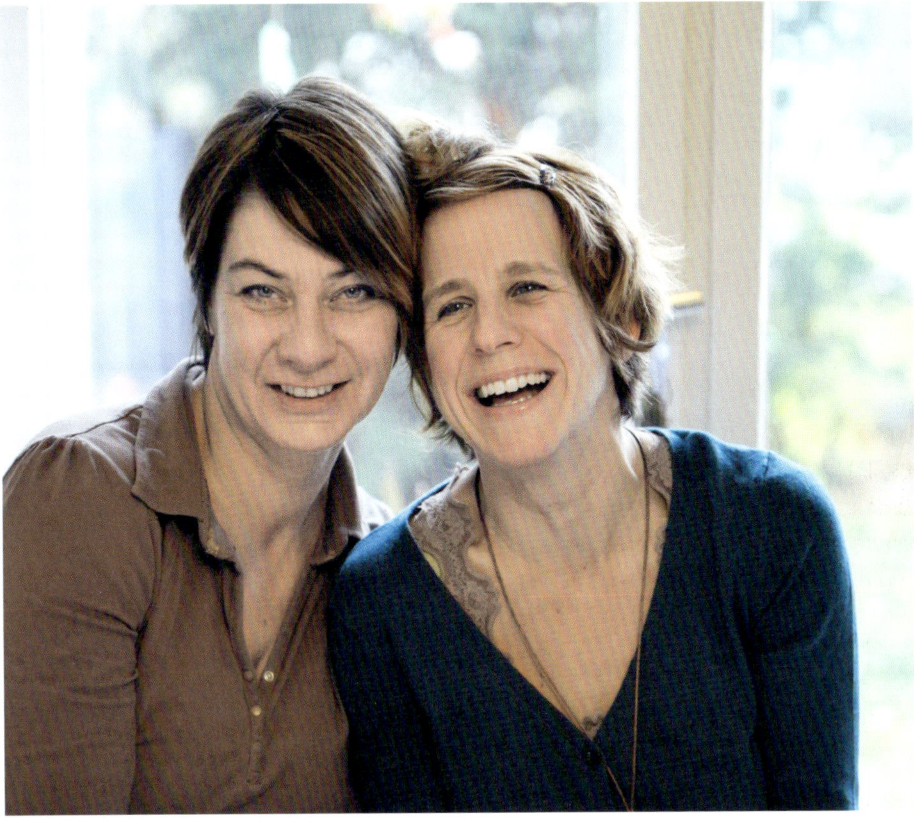

UNSER GEWOOGENER DANK GILT DEN FOLGENDEN PERSONEN UND INSTITUTIONEN FÜR IHRE UNTERSTÜTZUNG, BERATUNG, ERZÄHLUNGEN, UNTERLAGEN, BÜCHER, ANEKDOTEN, ABLICHTUNGEN UND WASSERFESTEN BELEGE :

BÜRGERSTIFTUNG DARMSTADT

HEAG-Kulturfreunde Darmstadt
gemeinnützige GmbH

Sparkasse Darmstadt

| Uwe Bauer | Silvana Battisti & Marc Herbert | Ralf Beil | Alma Metha Bissinger | Alva & Emma Braun | Janne & Michi Bode-Böckenhauer | Reinhard Cuny | Peter Engels | Anni & Walter Gnewuch | Julius & Olivia Göbel & Claudia Kliebe | Marlotta & Tilda Heinigk | Helena & Rebekka | Clara Harth | Nikolaus Heiss | Tatjana Hofmann | Jo & Fabiola | Gerhard John | Janser Kastorina & Elisabeth Koller | Kiki & Rodrigo | Werner Kumpf | Anna & Joonatan Laehdesmäki | Björn Lautenschläger | Alex Marschall mit Fran & Juraj | Hannelore Mayerhofer de Montoto & Schlammbeißer | Uschi Ott | Gordana Paricic-Hrgovan | Jochen Partsch | Achim Pohl | Gisela Preiß | Julia Reichelt | Caroline & Rolf Reutter | Rafael Reißer | Agnes Schmidt | Gerhard Schnitzspahn | Emma Schrimpf | Peter Tränklein | Thriathleten | Serena Volz dos Santos | Ilse Winkler | Paul & Heike & Andreas Wagner | Wasserwacht | Heike Wilsdorf | Woogsfreunde | Jessica Wright & allen fotografierten Anwohnern, Badegästen, Triathleten, Kanuten, Taufgästen.

A**R**TEFAKT

Volksbank
Südhessen-Darmstadt eG

KLEI**NSTEUBER**
mmobilien GmbH